TESI GREGORIANA
Serie Storia Ecclesiastica
_____ 5 _____

ANDREA MUTOLO

Gli «arreglos» tra l'episcopato e il governo
nel conflitto religioso del Messico
(21 giugno 1929).
Come risultano dagli archivi messicani

EDITRICE PONTIFICIA UNIVERSITÀ GREGORIANA
Roma 2003

Vidimus et approbamus ad normam Statutorum Universitatis

Romae, ex Pontificia Universitate Gregoriana
die 30 mensis maii anni 2002

R.P. Prof. Fidel González Fernández, M.C.C.I.
R.P. Prof. Alberto Gutiérrez, S.J.

ISBN 88-7652-957-8
© Iura editionis et versionis reservantur
PRINTED IN ITALY

GREGORIAN UNIVERSITY PRESS
Piazza della Pilotta, 35 - 00187 Rome, Italy

A Giovanni
All'Opera di Nàzaret
Alla mia famiglia

INTRODUZIONE

Gli anni tra il 1920 ed il 1930 sono critici per la Chiesa in Messico. Il governo è apertamente persecutore del cristianesimo. Nel 1925 nasce una lega d'associazioni cattoliche la *Liga Nacional Defensora de la Libertad Religiosa*, che inizialmente cerca di difendere la libertà religiosa con mezzi pacifici, ma quando scoppia una ribellione popolare chiamata la *Cristiada* (1926-1929), la *Liga* tenta di appoggiare ed organizzare questa ribellione.

Come risulta dal titolo della tesi, ho lavorato soltanto sul materiale archivistico ricercato negli Archivi Messicani elencati. Per motivi di disposizione Canonica concernente la consulta degli Archivi Ecclesiastici della Santa Sede, al tempo delle mie ricerche, non sono stato in grado di consultare questi archivi, per questo mi sono limitato a quelli messicani.

Lo studio in questione verte sugli accordi, *arreglos*, che la Chiesa ha stipulato con il governo messicano il 21 giugno 1929 e sul dialogo che l'episcopato messicano, durante gli anni del conflitto religioso, che inizia con la sospensione dei culti il 31 luglio 1926, intrattiene.

Il lavoro si divide in quattro capitoli.

Il primo capitolo riguarda gli anni precedenti il conflitto. In particolare si vuole dare una panoramica dei rapporti Stato-Chiesa a partire dalla fine del *Porfiriato* fino agli anni precedenti il conflitto religioso. Si vuole analizzare la legislazione, soprattutto quella della Costituzione di Querétaro, che è veramente anticlericale.

I capitoli due e tre sono specifici sugli *arreglos*: i tentativi fatti sia nel 1927 sia nel 1928, come si arriva a questi accordi, i protagonisti sia dalla parte della Chiesa sia del governo, le varie fasi ed il contenuto degli accordi del 1929.

Il capitolo quattro riguarda gli anni successivi al conflitto e le conseguenze degli *arreglos*. Si accentuerà il fatto che gli *arreglos* non migliorano le relazioni tra Stato e Chiesa e che rimane, di fatto, la persecuzione continua anche se cessa il conflitto armato.

Questo studio è un piccolo contributo per una maggiore conoscenza della storia della Chiesa in Messico durante gli anni del conflitto religioso. Sono state utilizzate in parte fonti inedite che meglio possono chiarire le molteplici posizioni che ha avuto la Chiesa riguardo al conflitto armato. In modo particolare, dalla corrispondenza dell'arcivescovo di Città del Messico, Pascual Díaz, si sono meglio chiarite le posizioni dell'episcopato messicano nei confronti del conflitto religioso e degli *arreglos*.

CAPITOLO I

Una breve panoramica dei rapporti Chiesa-Stato in Messico dal 1856 al 1929

In molti scritti messicani del XIX secolo di derivazione Massonico-liberale vi è l'idea ricorrente che le iniziali 13 colonie inglesi si siano maggiormente sviluppate rispetto a quelle spagnole, in quanto di religione prevalentemente protestante. La colpa dell'arretratezza del Messico, sarebbe quindi della Chiesa cattolica, che ha rallentato il progresso e l'industrializzazione che invece hanno avuto gli Stati Uniti.

In realtà, di fronte all'instabilità politica ed ai cambi continui di governi, una Chiesa che riesce a conservare l'unità, la struttura ed i principi è, per il Governo, una costante minaccia in tutti i sensi e su tutti i piani.

1. Dalla «Reforma» alla Rivoluzione

Il 27 febbraio 1854 un gruppo di capi ed ufficiali dell'esercito si riunisce in Ayutla per studiare le condizioni politiche del Messico. I capi di questo movimento ribelle sono il generale Alvarez[1] e Comonfort[2]. Il

---

[1] Alvarez Juan nasce il 27 gennaio del 1790 a Guerrero. Dopo l'indipendenza viene nominato comandante militare del porto di Acapulco. Nel 1849 diviene governatore dello stato di Guerrero. Il 1° marzo del 1854 si riuniscono attorno a lui per il «Plan de Ayutla», in cui si cerca di sconfiggere la dittatura di Santa Anna. Nel 1856-57 appoggia il governo Comonfort. Muore nel 1867.

[2] Comonfort Ignacio, generale e politico messicano. Nasce a Puebla il 12 marzo 1812. Viene nominato comandante militare del distretto di Izùcar quando trionfa il movimento rivoluzionario del 1834. Il 1° marzo 1854 proclama il «Plan de Ayutla».

plan de Ayutla[3] include la nazionalizzazione dei beni della Chiesa ed offre in cambio il sostentamento per vescovi e parroci. Gli uomini del *plan de Ayutla* che vogliono una riforma liberale sono Comonfort, Alvarez, Juárez[4], Ocampo[5] e Lerdo de Tejada[6]. La ribellione di Ayutla impiega tre anni prima di imporsi. Alla fine Comonfort, con l'aiuto di armi nordamericane, riesce a sconfiggere definitivamente Santa Anna[7], che abbandona il paese.

Nel 1855 viene eletto presidente. Nel 1857 Juárez non lo riconosce. Nel 1858 abbandona la capitale e si rifugia negli Stati Uniti. Muore nel 1863, viene ferito mortalmente mentre combatte i Francesi.

[3] «Plan de Ayutla», dichiarato Presidente della Repubblica Santa Anna nel 1854, il colonnello Florencio Villarreal, il 1° di marzo 1854, convoca un incontro con alcuni dissidenti ad Ayutla nello Stato di Guerrerro, con il «Plan de Ayutla» si disconosce il presidente eletto e si decide di sostenere un presidente ad interim che convochi un congresso costituente. Come conseguenza viene sconfitto Santa Anna e nel 1857 si redige una nuova Costituzione.

[4] Juárez Benito nasce a Oaxaca il 21 marzo 1806. I suoi genitori sono «indios» di razza pura. Studia in seminario con ottimi risultati. Nel 1846 viene nominato Governatore ad interim di Oaxaca. In seguito viene eletto governatore. Quando giunge al potere il partito conservatore, si ritira a vita privata. Entrata in vigore la Costituzione del 1857, viene eletto governatore del suo stato, ed in seguito, ministro degli Interni. Con l'investitura di Vicepresidente della Repubblica, si dirige a Querétaro e dopo a Guanajuato, dove stabilisce un suo governo il 19 gennaio 1858. Per circa un decennio, pur in una situazione di grossa instabilità, rimane al potere. Condanna a morte Massimiliano II e il 12 giugno 1867 entra trionfalmente a Città del Messico. Dopo 4 anni di normale governo costituente, Juarèz vuole essere rieletto. Porfirio Díaz si ribella. Il 18 luglio 1872 Juarez muore.

[5] Ocampo Melchor, politico messicano. Nasce il 6 gennaio del 1814 a Michoacán. Nel 1846 viene nominato Governatore del suo Stato natale. Nel 1852, con il trionfo del partito conservatore, è costretto ad esiliare. Con il trionfo del «Plan de Ayutla» rientra nel Paese. Viene eletto deputato del Congresso Costituente nel 1856. A lui si devono gli articoli 3, 5, 7, 15, 23 e 27 della Costituzione. Il 3 giugno del 1861 viene fatto fucilare dai conservatori.

[6] Lerdo de Tejada Sebastián nasce a Veracruz il 25 aprile 1820. Viene nominato ministro degli Esteri a fine 1857. Dopo la morte di Juárez, nel 1872, lo sostituisce nella guida del governo fino al 1876. È un periodo caratterizzato da lotte con la Chiesa. Riforma la Costituzione. Nel 1876 tenta di essere rieletto ma alcuni generali insorgono contro di lui. È costretto ad esiliare. Muore a New York il 24 aprile 1899.

[7] Santa Anna Antonio Lopez, 1794 Jalapa, Veracruz - 1876 Città del Messico, politico e militare. Partecipa alla lotta per l'indipendenza del Messico, appoggiando Iturbide, da cui si allontana per unirsi al pronunciamento repubblicano. Nel 1833 è eletto presidente. Assume poteri dittatoriali, avvia una politica accentratrice, che nel

La *Reforma* vuole fare della Chiesa una parte dell'amministrazione pubblica ed intervenire direttamente nelle questioni religiose. Ciò è molto più grave che confiscare i beni ecclesiastici. L'idea dei riformatori è di dare leggi alla Chiesa nella sua organizzazione perché sia conforme al nuovo regime politico[8].

Due sono gli atti legislativi che caratterizzano la riforma liberale: *leyes preparatorias* della Costituzione e leggi di *Reforma*.

Comonfort, con le leggi *preparatorias,* per la prima volta in Messico, priva il clero, dei suoi diritti politici. Una delle leggi *preparatorias* più nota è quella del 23 novembre del 1855: *Ley Juárez,* in cui sono soppressi i tribunali ecclesiastici. Il 25 giugno del 1856 la *Ley Lerdo* restringe il diritto delle corporazioni religiose fino a non permettere il possesso di beni di qualsiasi genere, tranne degli edifici che ospitano una comunità. L'ultima legge *preparatoria* della Costituzione è la *Ley Iglesias,* in cui è consentito alle parrocchie di avere il minimo indispensabile per il sostentamento e nessun altro bene.

Il 5 febbraio 1857, viene ratificata dal Congresso Costituente la nuova Costituzione, mentre il 1° dicembre dello stesso anno è nominato Presidente Comonfort e Juàrez diviene presidente della Suprema Corte di Giustizia. In particolare gli articoli che a noi interessano sono:

> Art. 5. La ley no puede autorizar ningún contrato que tenga por objeto la pérdida o el irrevocable sacrificio de la libertad del hombre, ya sea por causa de voto religioso. Art. 27. [...] Ninguna corporación civil o eclesiástica, cualquiera que sea su carácter, denominación u objeto, tendrá capacidad legal para adquirir en propiedad o administrar por sí bienes raices, con la única excepción de los edificios destinados inmedita y directamente al servicio u objeto de la institución[9].

1835 causa la sommossa del Texas di cui, dopo la sconfitta di San Jacinto (aprile 1836), è costretto a riconoscere l'autonomia. Obbligato ad abbandonare il potere, partecipa alla lotta contro i francesi e riottiene la presidenza nel 1841. Per un colpo di stato nel 1844 perde la carica che riconquista nel 1846. Vinto a Buena Vista (1847) dagli americani, dopo il degradante trattato di Guadalupe Hidalgo (1848) è obbligato all'esilio. Nel 1853 rientra in patria con l'appoggio dei conservatori e si proclama dittatore a vita, ma trascorsi due anni, per una sommossa liberale è costretto ancora all'esilio. Isolato e senza alcun potere, ritorna in patria e muore nel 1874.

[8] J. MEYER, *La Cristiada 2,* 25-31.
[9] L. J. DE LA PEÑA, *La legislación Méxicana,* 35.

I vescovi fanno le rispettive proteste. Famosa è quella del vescovo di Michoacán Clemente de J. Munguía[10]:

> todo, todo manifiesta que la Carta constituyente, tal como ésta, lejos de haber sido promulgada en el nombre de Dios y con la autoridad del pueblo, importa una grave ofensa de la Divinidad, un violento despojo de los derechos de la religión y una contrariedad manifiesta de los intereses más caros y la voluntad más explícita de la Nación mexicana[11].

In questo periodo il secondo atto legislativo contro la Chiesa sono le leggi di *Reforma* che vengono firmate a Veracruz nel 1859, da Juárez, Melchor Ocampo e Lerdo de Tejada, durante la guerra, durata tre anni, tra liberali e conservatori. Il 12 luglio del 1859, con la legge di nazionalizzazione dei beni, si decreta il sequestro totale di tutti i possedimenti della Chiesa che passano così al dominio diretto dello Stato e alla soppressione completa di tutti gli ordini religiosi.

Juárez entra trionfalmente a Città del Messico e, sei giorni dopo, chiede l'espulsione dell'Arcivescovo di Città del Messico D. Lázaro Garza[12], del vescovo di Michoacán J. Munguía, dell'arcivescovo di Guadalajara, D. Pedro Espinosa[13], e del vescovo di San Luis Potosí, D. Pedro Barajas[14], dà loro tre giorni di tempo per uscire dal paese[15].

Per i liberali, il Secondo Impero Messicano (1863-1867) è un colossale intrigo organizzato dalla Chiesa e dai conservatori al fine di salvare i beni del clero ed i propri privilegi; ma tutta la lotta tra liberali e

---

[10] Munguía Clemente de Jesús, Arcivescovo di Michoacán (1810-1868). Nasce il 22 novembre 1810. Nel 1840 diviene sacerdote. Diviene rettore del seminario di Michoacán. Nel 1852 viene nominato vescovo di Michoacán. Con la Costituzione del 1857 emana un decreto in cui dichiara illecito per i cattolici giurare o obbedire alla «Carta Magna». Nel 1861, considerato un nemico del governo, esilia a Roma. Viene nominato Arcivescovo; rientra nel Paese con Massimiliano I, ma è costretto nuovamente ad esiliare a Roma, dove muore il 14 dicembre del 1868: Cfr. *Hierarchia Catholica*, VIII, 374.

[11] L. J. DE LA PEÑA, *La legislación Méxicana*, 37.

[12] Lázaro de la Garza y Ballesteros, vescovo di Sonora e Arcivescovo del Messico (1785-1862): Cfr. *Hierarchia Catholica*, VIII, 382. 524.

[13] Pedro Espinosa y Cávalos, ultimo vescovo e primo Arcivescovo di Guadalajara (1793-1866): Cfr. *Hierarchia Catholica*, VIII, 292.

[14] Pedro Barajas y Moreno, primo vescovo di San Luis Potosì (1795-1868): Cfr. *Hierarchia Catholica*, VIII, 353.

[15] L. J. DE LA PEÑA, *La legislación Méxicana*, 33-44.

conservatori in rapporto ai loro atteggiamenti di fronte alla Chiesa è molto ambigua e spesso è perfino coincidente. In entrambi gli schieramenti troviamo anticlericali, affiliati alla massoneria e propulsori convinti di nuove forme di *patronato* repubblicano.

Così nel 1864 arrivano Massimiliano[16], principe d'Asburgo, e Carlotta[17]. Tutti i cattolici sono fiduciosi, ma il 27 dicembre del 1864, Massimiliano pubblica un decreto che fa continuare le confische e le vendite dei beni ecclesiastici. Il 26 febbraio 1865 decreta la libertà di tutti i culti; il 27 dicembre, con una legge, regola l'insegnamento in modo che tutta l'educazione sia posta sotto la vigilanza del Governo.

Ben presto l'Arcivescovo di Città del Messico dichiara:

> La Iglesia sufre hoy los mismos ataques que en tiempos del gobierno de Juárez, en la plenitud de sus inmunidades y derechos; jamás se vio perseguida con tanto encarnizamiento; y según la posición en que se nos ha colocado, nos encontramos peor que en aquel tiempo[18].

La fine del Secondo Impero, il trionfo di Juárez e l'uccisione di Massimiliano sono fatti storici che non c'interessano in questo lavoro.

Morto Juàrez, diviene presidente dal 1872-1876 Lerdo de Tejáda, che comincia un governo con tendenze conciliatorie per i conservatori e i cattolici, ma, forse spinto dalle logge massoniche, incorpora le leggi di *Reforma* alla Costituzione.

---

[16] Massimiliano Ferdinando Giuseppe D'Asburgo (1832 Vienna – 1867 Cerro de las Campanas, presso Querétaro), arciduca d'Austria, fratello minore dell'imperatore Francesco Giuseppe e imperatore del Messico. Nel 1857 ottiene la carica di governatore del Lombardo-Veneto, succedendo al generale Radetzky. Nel 1864 cedendo alle pressioni di Napoleone III, che gli offre il suo aiuto militare, accetta la carica di imperatore del Messico. Ma terminata la guerra civile, gli Stati Uniti obbligano la Francia al richiamo delle proprie truppe, e Massimiliano deve far fronte improvvisamente alla volontà dei repubblicani di riappropriarsi del potere. È imprigionato a Querétaro dai combattenti messicani che lo fucilano.

[17] Carlotta Amalia del Belgio, imperatrice del Messico. Nasce nel palazzo di Laeken (Bruxelles) il 7 giugno 1840. È figlia di re Leopoldo del Belgio e Maria Luisa di Orleans. Nel 1857 si sposa con Massimiliano D'Asburgo. È imperatrice dal 1864 al 1867. Dopo la fucilazione del marito, ritorna a Bruxelles dove muore nel 1897.

[18] L. J. DE LA PEÑA, *La legislación Méxicana*, 47.

1.1 *Porfirio Díaz (1876-1911)*

Durante il periodo della *Reforma*, la situazione religiosa in Messico è arrivata ad un clima di tensione ed il Paese si proietta così nell'era di Porfirio Díaz[19], che va dal 1876 al 1911. Il *porfirismo* instaura gradualmente uno stato di tolleranza, mentre la legislatura continua ad essere anticlericale.

Cosa, in definitiva, in una prospettiva amplia, la Chiesa ha potuto ottenere in questa lunga tappa, in cui le leggi sono anticlericali, ma durante il quale si preferisce rimandare la loro applicazione?

Il numero di diocesi cresce, i seminari passano da 10 del 1851, ai 19 del 1917. I sacerdoti che erano 3232 nel 1851, diventano 4461 nel 1910, anche se così mal distribuiti: 569 a Jalisco, 457 a Michoacán e 431 a Città del Messico. A Tabasco sono solo 25, a Campeche 8 e nella Baja California 5[20].

Tra il 1876 ed il 1888 (con un breve intervallo, tra il 1880 e 1884, in cui governa Manuel González[21]), Díaz ottiene quella totale pacificazione del paese che Juárez aveva sognato[22].

Il suo modo di operare con la Chiesa è magistrale: «*política de conciliación*». Díaz vuole porre fine alla discordia religiosa. Nel 1881 un suo

---

[19] Díaz Porfirio, militare e Presidente della Repubblica Messicana. Nasce il 15 settembre del 1830 a Oaxaca. Rieletto Benito Juarèz alla presidenza, al grido di «no reelección» si ribella, sostenendo la costituzione del 1857 e la libertà elettorale. Díaz convoca le elezioni per il Congresso, che si riunisce il I° aprile 1877, dichiarandosi Presidente Costituzionale del Messico. In seguito viene eletto il Generale González e poi, nel 1884, Díaz si fa rieleggere come presidente. Fino al 1910 viene sempre rieletto. Solo nel 1911, con il sorgere del movimento rivoluzionario, è costretto a rinunciare alla carica di presidente e ad esiliare. Muore il 2 giugno 1915 a Parigi lontano da tutte le questioni politiche.

[20] C.E. ACEVEDO, *Episodios de la revolución Mexicana*, 32.

[21] González Manuel nasce a Matamoros il 17 giugno 1832. Nel 1871 è deputato locale per Oaxaca, avendo disapprovato la condotta di Lerdo de Tejada si riunisce ai generali Díaz, Rocha e Cortina nel «Plan de Tuxtepec». Nel 1876, proclamano la «No Reelección». Nel 1878, chiamato da Díaz, è ministro di Guerra Marina. Nel 1880 viene dicharato Presidente per sostituire Díaz. Rimane in carica fino al 1884 ed in seguito viene nominato governatore dello stato di Guanajuato; carica che ricopre fino alla sua morte: 10 aprile 1893.

[22] E. KRAUZE, *Biografia del poder (1810-1910)*, 305.

amico, padre Eulogio Gillow[23], celebra il matrimonio tra Porfirio Díaz, rimasto vedovo, e una creola diciassettenne, Carmelita Romero Rubio. Nel 1887 Díaz appoggia la nomina di Gillow come primo arcivescovo di Oaxaca. Alla fine dell'epoca *porfiriana* è evidente che la Chiesa Messicana ha recuperato forza spirituale e politica: moltiplica scuole, ospedali, diocesi, arcidiocesi e giornali. Si fondano diverse congregazioni religiose, ritornano i gesuiti ed altri ordini.

Con la pace e l'ordine giunge il progresso. È dalla fine del secolo XVIII, periodo nel quale, con la riforma borbonica, il paese aveva aperto lentamente la sua economia al commercio estero, che non si vedeva in Messico qualcosa di simile.

La chiave di tutto il processo è la rielezione: la Costituzione liberale del 1857 lo ha permesso. Díaz è sempre il candidato unico. Viene rieletto ogni quattro anni. Diviene il *caudillo* necessario, l'uomo indispensabile, l'inviato dalla provvidenza, la provvidenza liberale.

In realtà, per la Chiesa, ciò che si nota chiaramente è che una cosa è la legislazione messicana ed altra cosa è l'applicazione.

1.2 *Francisco Madero e Victoriano Huerta (1911-1914)*

Nel 1910 il *porfirismo* giunge al termine come tappa storica, anche se la conclusione definitiva avviene l'anno successivo. Un libro che diviene rivelatore di uno spirito preoccupato per il futuro immediato è «*La Sucesión Presidencial*» di Francisco Madero[24]. Madero nasce a Coahuila il 30 ottobre 1873 da una ricca famiglia del Messico. L'autore non disconosce l'opera di Díaz, ammette che solo se il Presidente Díaz

---

[23] Eulogio Gregorio Gillow y Zavalza, Arcivescovo di Oaxaca (1841-1922). Nasce a Puebla l'11 marzo 1841. Di nobile famiglia, studia in Europa. Il 23 giugno 1891 Oaxaca è elevata alla categoria di arcivescovado ed è il primo arcivescovo ad essere nominato. Assiste a Roma al Concilio Plenario Latino Americano del 1899. Molto legato al regime Porfirista, sotto la persecuzione carrancista nel 1913, emigra negli Stati Uniti fino al 1921. Ritorna nella sua diocesi nel 1921, ma muore nel 1922.

[24] Madero Francisco nasce a Coahuila il 30 ottobre del 1873 da una ricca famiglia del Messico. A fine 1908 pubblica un libro: «La sucesión Presidencial de 1910». Con il «Plan de San Luis Potosí» dichiara illegale la rielezione di Díaz. Dopo essere stato, per un breve periodo Presidente, viene travolto dal generale De la Huerta. Nel febbraio 1913 viene ucciso.

crea una situazione rigida ed intollerante, Madero sarebbe disponibile ad una lotta civica frontale.

Si crea un *Partido Antireeleccionista,* Madero proietta il partito in una dimensione nazionale e, dalla seconda metà del 1909 all'inizio del 1910, raccoglie un enorme consenso. Il clima sociale mostra già i segni di violenza: vi sono sommosse e atti ribelli. Madero, ormai in enorme pericolo, scappa da San Luis Potosí e si dirige negli Stati Uniti a San Antonio, dove scrive a fine ottobre 1910 il *Plan de San Luis*. Nonostante la data del *Plan*, 5 ottobre 1910, corrisponda all'ultimo giorno in cui Madero sta a San Luis, bisogna ammettere che in realtà il piano viene redatto negli Stati Uniti.

Nel gennaio del 1911 Venustiano Carranza[25] si riunisce con Madero a San Antonio Texas. Carranza nasce a Coahuila il 29 febbraio 1959, nel 1908 è governatore *ad interim* di Coahuila, nel febbraio 1911 Madero lo designa governatore di Coahuila e comandante in capo della Rivoluzione di Coahuila, Nuevo León e Tamaulipas.

Il 21 maggio 1911 si firmano i trattati di Ciudad Juárez che impongono le dimissioni a Porfirio Díaz. Madero è all'apice della popolarità. Il 7 giugno del 1911 fa un'entrata trionfale a Città del Messico, dove è accolto da 100.000 persone euforiche. Tutti gridano: «¡Viva Madero!».

Nel novembre del 1911, Madero arriva alla presidenza grazie alle votazioni più libere, più spontanee e maggioritarie della storia messicana contemporanea. Madero non è diplomatico, non agisce mai per calcolo. Il suo gabinetto diviene instabile e poco efficiente.

Oltre l'opposizione politica, Madero deve affrontare e superare tre ribellioni particolarmente serie capitanate da Bernardo Reyes[26], Pascual

---

[25] Carranza Venustiano, militare e politico messicano. Nasce a Coahuila il 29 febbraio 1859. Nel 1908 è governatore ad interim di Coahuila. Con il «Plan de Guadalupe», che sconfigge definitivamente Huerta, viene diciharato Primo Capo dell'Esercito Costituzionalista. Il 20 agosto 1914 installa il suo governo rivoluzionario. A fine 1916 convoca il Congresso Constituiente a Querètaro ed elabora una nuova Costituzione. Il 21 maggio 1920 viene tradito ed ucciso.

[26] Reyes Bernardo nasce a Guadalajara il 20 agosto 1850. Nel 1903 diviene governatore di Nueva León. Nel 1909 molti lo vedono come il più indicato per la Presidenza della Repubblica. Per evitare rischi decide di fuggire dal Messico. Caduto Díaz, ritorna. Si candida contro Madero, poi, vista la forte opposizione, decide di ritirarsi. In seguito viene incarcerato. Muore assassinato il 9 febbraio 1913.

CAP. I: RAPPORTI CHIESA-STATO DAL 1856 AL 1929

Orozco[27] e Felix Díaz[28]. Alla fine del 1912, si trova ad essere politicamente solo[29].

Il 19 febbraio 1913 militari di Victoriano Huerta[30] arrestano Madero. Huerta, nasce nello stato di Jalisco il 23 marzo 1845. Come generale aiuta notevolmente Porfirio Díaz in particolare negli ultimi anni: l'ambasciatore americano Henry Lane Wilson[31] non perde tempo e fa un patto tra Huerta e Felix Díaz, mediante il quale entrambi sarebbero divenuti presidenti[32]. Il 22 febbraio Madero con il pretesto di essere trasportato in carcere, viene barbaramente eliminato, non è un segreto che a dirigere questa azione vi è Huerta, che assume immediatamente il potere.

Il 4 marzo 1913 Carranza rompe apertamente con Huerta. Il 26 marzo 1913, con alcuni ufficiali, lancia il celebre *Plan de Guadalupe* nel quale si stabilisce che:
1) Non si riconosce il generale Victoriano Huerta come presidente della Repubblica.
2) Non si riconoscono neanche il potere legislativo della federazione.
3) Si disconoscono i governi degli stati che riconoscono i poteri federali che formano l'attuale amministrazione.

---

[27] Orozco Pascual nasce a Chihuahua il 28 gennaio 1882. Quando comincia la rivoluzione è un semplice contadino. Si unisce al Maderismo ed opera nel suo stato. In seguito si unisce a Huerta passando a fare parte dell'esercito e diviene generale di divisione, ma, cadendo il governo, è costretto ad esiliare negli Stati Uniti ad El Paso, dove verrà ucciso nel 1915.

[28] Díaz Felix nasce ad Oaxaca nella II metà del XIX secolo. È nipote di Porfirio Díaz. Diviene governatore di Oaxaca e capo della polizia del Messico. Nel 1912, insieme a Huerta, si ribella contro Madero. In seguito verrà esiliato. Ritorna in Messico nel 1941 e muore nel 1945.

[29] E.KRAUZE, *Biografia del poder (1810-1910)*, 58-63.

[30] Huerta Victoriano nasce nello stato di Jalisco il 23 marzo 1845. Come generale aiuta notevolmente il governo Díaz, in particolare negli ultimi anni. Nel 1911 comincia a collaborare con Madero. In seguito si allea con Felix Díaz contro Madero. Viene esiliato e muore a El Paso nel 1916.

[31] Wilson Henry Lane nasce negli Stati Uniti in Indiana nel 1857. Dal 1897 al 1905 è ambasciatore in Cile. Dal 1905 al 1910 è rappresentante degli Stati Uniti in Belgio. Nel 1910 viene nominato ambasciatore in Messico. Nel 1912 osteggia il maderismo, inizialmente approvato. Appoggia il governo Huerta. Muore nel 1955.

[32] E.KRAUZE, *Biografia del poder (1810-1910)*, 67-71.

4) Il primo capo dell'esercito è il cittadino *costitucionalista* Venustiano Carranza, governatore dello stato di Coahuila.
5) Il Presidente *ad interim* della Repubblica convoca le elezioni generali, dando il potere al presidente che dovesse essere eletto.

Le tappe in preparazione della ribellione durano sei mesi: da marzo ad agosto del 1913. Carranza divide la Repubblica in 7 zone d'operazione, delle quali solo tre funzionano in modo effettivo. Carranza riesce a sconfiggere Huerta.

1.3 *Venustiano Carranza (1914-1920)*

Carranza è il primo capo della rivoluzione, ma non è l'unico. Francisco Villa ed Emiliano Zapata sono gli altri due e non si vogliono piegare alla sua autorità, anzi Villa, il 23 settembre, disconosce Carranza.

Villa Francisco, nasce nello stato di Durango nel 1878. Sotto Carranza diviene governatore dello Stato di Chihuahua. In seguito si allea con Zapata. Verrà sconfitto militarmente da Alvaro Obregón[33]. Costretto a ritirarsi con pochi uomini, trova asilo in un'azienda agricola a Chihuahua, dove verrà assassinato nel 1923.

Emiliano Zapata nasce nello stato di Morelos l'8 agosto 1873. Di famiglia contadina nel 1910 si ribella seguendo il movimento *maderista*. Sempre viene perseguitato da tutti i governi sia militari sia rivoluzionari. Muore assassinato il 10 aprile 1919.

Villa e Zapata non tradiscono il proprio patto, ma non riescono neanche a compierlo. Zapata passa dalla vita contadina alla guerriglia. Il suo progetto è pura utopia. Durante la lotta contro i federali *maderisti* e, soprattutto, contro l'esercito *huertista*, si è delineata una società contadina che segue la fedeltà a se medesima: dispersa in piccole unità decentrate, attenta alle proprie radici indigene, devota alla religione[34].

La strepitosa sconfitta del *villismo* per mano di Alvaro Obregón avvenuta nel 1915 a Celaya, chiude una parentesi storica. Ora gli sforzi *carrancisti* possono concentrarsi per ridurre il fenomeno *zapatista*. Nell'agosto del 1915 inizia la rovina della rivoluzione *zapatista* che per

---

[33] Obregón Alvaro nasce nello stato di Sonora il 19 febbraio 1880. Nel 1910 viene incaricato dal vicegovernatore di Sonora di reclutare combattenti per la rivoluzione. Dal 1920 al 1924 è presidente. Viene rieletto nel 1928, ma pochi giorni dopo la sua rielezione, verrà assassinato.

[34] E.KRAUZE, *Biografia del poder (1810-1910)*, 119.

John Womack non è una sconfitta «*sino un confuso, amargo y desgarrador ir cediendo*»[35].

Uno dei fatti storici più notevoli del nuovo capitolo di violenza, che dura dagli ultimi mesi del 1915 fino alla fine del 1916, è che è accompagnato da una grande creatività legislativa da parte di 5 membri della giunta intellettuale dello *zapatismo*[36].

Una cosa è chiara: senza Zapata la riforma agraria risulta incomprensibile, ma solo una parte di questa è essenzialmente *zapatista*. Il resto è più un frutto della città che della campagna, del progresso che dell'autarchia, del potere che della libertà, dei banchetti elettorali più che della terra[37].

Come per tutte le rivoluzioni contadine del XX secolo, il destino del movimento *zapatista* e del proprio capo è essenzialmente tragico[38].

Agli inizi del 1916 il panorama nazionale segue desolato, povertà e fame colpiscono le masse. Ciononostante Carranza pensa che la situazione richieda le basi legali e che il suo Governo di fatto necessiti di un riconoscimento *de iure*[39]. Carranza distingue tra riforme che non coinvolgono l'organizzazione, il funzionamento dei poteri pubblici ed altre, di tipo politico, che coinvolgono questi aspetti. Di conseguenza fare queste riforme diventa importante perché si corre il rischio che la Costituzione del 1857 continui ad essere inoperante.

È importante confrontare le Costituzioni del 1857 e del 1917 per diverse ragioni: prima di tutto perché quella del 1917 si intitola «*Constitución Política de los Estados Unidos Mexicanos que reforma la del 5 febraio de 1857*». Di fatto, non è una riforma, ma una nuova Costituzione. Per Carranza la Costituzione del 1857 è inoperante.

Il progetto della Costituzione che presenta Carranza è differente da quello della Carta Magna del 1857. Apparentemente l'obiettivo di Carranza è detto davanti all'assemblea:

---

[35] E.KRAUZE, *Biografia del poder (1810-1910)*, 130.
[36] E.KRAUZE, *Biografia del poder (1810-1910)*, 130-131.
[37] E.KRAUZE, *Biografia del poder (1810-1910)*, 141.
[38] Zapata viene ucciso a tradimento il 10 aprile 1919. Come nelle storie di tutti gli eroi popolari sulla sua morte si è discusso molto, soprattutto sul fatto che chi è stato ucciso non era Zapata, ma un suo compagno Jesús Delgado.
[39] E.KRAUZE, *Biografia del poder (1810-1910)*, 197-198.

en las reformas a la Constitución de 1857 [...], se conservaría intacto el espíritu liberal de aquélla y la forma de Gobierno en ella establecida; que dichas reformas sólo se reducirían a quitar lo que lo hace inaplicable, a suplir sus deficiencias, a disipar la obscuridad de algunos de sus preceptos, y a limpiarla de todas las reformas que no hayan sido inspiradas más que en la idea de poderse servir de ella para entronizar la dictadura[40].

Il piano di Carranza consiste nel creare un regime presidenziale tanto solido e forte, che possa organizzare e muovere tutti i settori della nazione, *«para conducirla hacia su modernización acelerada»*[41].

Lo Stato, nato dalla rivoluzione, deve rafforzarsi, almeno come ha fatto il *porfiriato* e deve avere un forte potere esecutivo. La nuova Costituzione deve avere ben chiare le straordinarie funzioni del potere esecutivo.

La situazione politica precedentemente polarizzata intorno alle figure di Villa, Zapata, Carranza e Obregón obbliga Carranza ad eliminare una serie di questioni con il fine di appropriarsi della legittimità della Rivoluzione. La maggiore preoccupazione di Carranza è la possibilità che le riforme scappino al controllo dello Stato, perché queste *«siempre fueron para el un medio de manipulación para mantener el poder que había logrado organizar»*.

Arrivato il momento, Querétaro crea un nuovo regime con un esecutivo sommamente forte ed autonomo e una dittatura che vuole conciliare tutti gli interessi nazionali.

Se Porfirio Díaz ha chiamato il suo regime *política de conciliación*, ora la nuova Costituzione, che rompe con quella del 1857, dà origine alla democrazia della *conciliación*, diretta tanto a livello politico come economico e morale dal potere del Presidente.

Quindi la totale secolarizzazione, suscitata dalla Rivoluzione e dalla sua Carta Magna, sacralizza il potere civile, convertendolo in coscienza e modello etico per la nazione[42].

---

[40] E.KRAUZE, *Biografia del poder (1810-1910)*, 206.
[41] E.KRAUZE, *Biografia del poder (1810-1910)*, 207.
[42] E.KRAUZE, *Biografia del poder (1810-1910)*, 209.

2. La Costituzione di Querétato del 1917 elimina la libertà religiosa

La giunta inaugurale del Congresso Costituente si effettua il 1° dicembre del 1916. Luis Manuel Rójas[43], presidente del Congresso, fa una dichiarazione d'apertura dell'unico periodo di sezione[44].

Il problema religioso viene trattato nella sezione ordinaria 65, sabato 27 gennaio 1917, quando si discute l'articolo 24, che contiene il principio della libertà religiosa e proibisce il culto fuori dalla Chiesa. Lo scritto della commissione sull'articolo 24 coincide con l'articolo correlativo al progetto di Carranza, l'unica differenza è la modifica allo stile della frase.

Il dibattito è principalmente su due mozioni presentate da Enrique Recio[45], che propone di aggiungere al menzionato articolo: a) proibizione della confessione b) il matrimonio obbligatorio ai sacerdoti sotto i 50 anni. Recio difende il primo punto, affermando che la confessione è un atto che incatena le coscienze. Riguardo al secondo punto, pensa che i sacerdoti non vivano in castità, poiché questo è contro natura.

Il 23 dicembre (21° sezione ordinaria), Mugica[46] afferma che è indispensabile nominare un'altra commissione, dato che è impossibile che una sola commissione possa legiferare su tutti gli articoli nel tempo pre-

---

[43] Rójas Luis Manuel, avvocato, giornalista e politico messicano. Nato nello Stato de Jalisco il 21 settembre 1870. Nel luglio del 1912 è eletto deputato del Congresso. Trionfando il Costituzionalismo fonda la «Junta de Iniciativas» che serve per studiare i progetti di legge. È direttore della Biblioteca Nazionle. Nel 1917 è il presidente del congresso costituente tenuto a Querétaro.

[44] J.CARPIZO, *La Constitución Mexicana de 1917*, 67-86.

[45] Recio Enrique nasce nello Yucatán. Avvocato, nel 1916 è eletto al Congresso Costituente di Querétaro. Diviene poi governatore dello Stato di Querétaro.

[46] Mugica Velázquez Francisco J. nasce nello Stato di Michoacan il 3 settembre del 1884. Nel 1909 è proteso verso il reyismo ed in seguito diviene maderista. Con il grado di generale, nel 1915 è presidente del tribunale di giustizia militare. Nel 1916 viene nominato governatore di Tabasco. Viene eletto per Michoacán deputato costituente e diviene uno dei pilastri della riforma costituzionale e con altri deputati, forma un gruppo radicale che si schiera contro la riforma più moderata che avrebbe voluto Carranza. Nel 1917 viene battuto da Ortíz Rubio per il governatorato di Michoacán. Solo nel 1921 riuscirà a diventare governatore. Nel 1939 tenta la sua candidatura alla Presidenza ma, considerato radicale ed identificato nella corrente di León Trotsky, viene allontanato dalla politica. Muore a Città del Messico nel 1941.

visto. Si propongono membri della nuova commissione Machorro y Narváez[47], Méndez[48], Jara Corona[49] e Garza González[50].

La II commissione supera le idee di Carranza in materia religiosa. I motivi principali che formano l'ossatura dell'art. 129 (diviene l'art. 130) sono punitivi contro la Chiesa, in particolare la Chiesa è ritenuta responsabile: a) di essere intervenuta contro Madero b) di aver dato aiuto morale ed economico a Huerta.

Per questo non si sostiene più la tesi che la Chiesa e lo Stato sono indipendenti tra loro, ma si sostiene la supremazia del potere civile; si nega personalità giuridica alla Chiesa ed alle corporazioni religiose. I sacerdoti vengono considerati come professionisti e, come tali, dovranno avere una loro legislazione. Si devono eliminare le attività politiche dei sacerdoti per impedire che un potere morale influisca notevolmente nella vita politica della nazione.

Riassumiamo il contenuto degli articoli 3, 5, 24, 27, 130 che, di fatto, negano il diritto alla libertà di coscienza in Messico:

1. *Personalità giuridica della Chiesa*
Non si definisce se la Chiesa sia unita allo Stato o sia indipendente, ma si disconosce tutta la personalità giuridica (art. 130 comma 5).

2. *Indipendenza della Chiesa nel suo regime interno*
La legge non riconosce questa indipendenza:
- Dà la facoltà alla Legislatura Locale di limitare il numero di sacerdoti (art. 130 comma 7).
- Impone il requisito d'essere messicano di nascita per esercitare il sacerdozio (art. 130 comma 8).

---

[47] Machorro y Narváez Paulino nasce a Durango il 14 settembre del 1877. Deputato federale nella XXVIII Legislatura. Nel 1928 è Ministro della Suprema Corte di Giustizia. fino al 1934. Muore a Città del Messico nel 1957.

[48] Méndez Alcalde Carlos nasce a Veracruz nel 1877. Partecipa al movimento maderista. Nel 1917 è eletto deputato al Congresso Costituente.

[49] Jara Corona Heriberto nasce a Veracruz il 10 luglio 1880. Nel 1909 entra nel Maderismo. Nel 1914 diviene generale di brigata. Diviene deputato del congresso costituente nel 1916-1917, dove è parte del gruppo progressista. Diviene anche governatore di Veracruz. Dal 1920 al 1924 è senatore. Muore a Città del Messico nel 1968.

[50] Garza González Cecilio nasce a Nuevo Leòn il 31 dicembre del 1883. Dal 1909 è Maderista. Diviene deputato Federale per il primo distretto di Nuevo León.

- Si pretende un registro per tutti coloro che sono incaricati delle chiese (art. 130 comma 11).

3. *Garanzie d'eguaglianza e libertà di diritti civili e politici*
A. Si negano ai sacerdoti le seguenti garanzie e diritti dell'uomo:
- Voto attivo, passivo e diritto di associarsi con fini politici (Art. 130, comma 9).
- Libertà d'espressione per criticare la Legge alle autorità o in generale al Governo, anche in riunioni private (art. 130 comma 9).
B. Si negano ai fedeli di qualsiasi confessione religiosa, le seguenti garanzie e diritti dell'uomo:
- Libertà di scrivere e pubblicare scritti su argomenti politici nazionali (art. 130 comma 13).
- Libertà di riunione ed associazione per la formazione di Partiti Politici Confessionali (art. 130 comma 14).

4. *Libertà d'insegnamento*
- Si prescrive l'insegnamento laico in scuole private o pubbliche elementari e superiori (art. 3 comma 1, 2 e 3).
- Le scuole elementari non possono essere fondate o dirette da ordini religiosi o sacerdoti (art. 3 comma IV).
- I titoli di studio conferiti in seminario non hanno alcun valore (art. 130 comma 12).

5. *Libertà di lavoro o professioni: voti religiosi e ordini monastici*
   Si proibisce qualsiasi genere di voto, promessa o giuramento (art. 5 comma 3).

6. *Libertà religiosa e culto pubblico*
   Si stabilisce la libertà di credenza e culto per tutte le religioni (art. 24), però si proibisce il culto pubblico fuori dalle chiese (art. 24 comma 2).

7. *Abolizione del diritto di proprietà per la Chiesa*
- Si nega la capacità di acquistare, possedere o amministrare beni immobili, terreni e capitali (art. 27 comma 2).
- Tutti gli edifici della Chiesa devono passare di proprietà allo Stato (art. 27 comma II).
- Gli edifici sottratti alla Chiesa devono destinarsi esclusivamente ai servizi pubblici (art. 27 comma 2).

– Qualsiasi cittadino può denunciare proprietà che, attraverso prestanome, sono ancora della Chiesa; basta per tale denuncia la prova di presunzione (art. 27, comma 2).
– Tutte le chiese sono proprietà della Nazione (art. 27 comma 2).
– Il governo federale determina quali chiese siano destinate al culto religioso e quali no. (Art. 27 comma II).

8. *Registro dei sacerdoti e delle chiese*
– Si stabilisce un doppio registro: delle Chiese e dei sacerdoti. (art. 130 comma 11).
– Il registro delle chiese è obbligatorio per poterle aprire al culto religioso (art. 130 comma 10-11).
– Il registro dei sacerdoti è obbligatorio per esercitare il culto. (art. 130 comma 10-11).

3. I protagonisti del conflitto religioso

Molti sono i protagonisti del conflitto religioso che dura tre anni dal 1926 al 1929. Qui analizziamo cinque soggetti in particolare: 1) il governo anticattolico che con Plutarco Elías Calles[51] fa di tutto per arrivare ad uno scontro diretto con la Chiesa. 2) La LNDLR[52] che tenta di prendere il controllo della ribellione popolare contro il governo. 3) I vescovi, rappresentati da Leopoldo Ruíz[53] e Pascual Díaz[54]. 4) Il popolo

---

[51] Calles Plutarco Elías nasce a Sonora il 25 settembre del 1878. In gioventù è maestro di scuola rivoluzionario prima maderista, poi costituzinaista. Dal 1924 al 1928 è Presidente e fino al 1936 domina la scena politica. In seguito verrà esiliato da Cárdenas. Rientrato nel 1941, muore in Messico nel 1945.

[52] LNDLR: «Liga Nacional Defensora de la libertad Religiosa».

[53] Leopoldo Ruíz y Flores nasce il 13 novembre del 1865 nella diocesi di Querétaro. A 11 anni, nel 1876, entra nel Collegio Giuseppino a Città del Messico. Visto l'eccezionale talento, viene mandato a Roma nel 1881 al Collegio Pio Latino e studia alla Gregoriana. Arriva a prendere tre dottorati: filosofia, teologia e diritto canonico. A Roma viene ordinato sacerdote nel 1888. Torna in Messico nel 1889. Nel 1892 ha la cattedra in filosofia nel seminario di Città del Messico e la nomina di parroco di Tacubaya. Partecipa a Roma come notaio dal 28 maggio al 9 luglio al Concilio Plenario del Latino America. Nel 1900 diviene vescovo di León. Nel 1907 è promosso nell'arcidiocesi di Linares (Monterrey). Nel 1912 viene nominato a Morelia. Nel 1914 è esiliato e va a vivere a Chicago. Nel novembre del 1925, per i suoi 25 anni d'episcopato, ha il titolo da Pio XI di Assistente al Solio Pontificio. Nel 1929 è nominato Delegato Apostolico e firma gli «arreglos» con lo stato; è il

che decide di ribellarsi contro un governo che non lascia alcuna libertà di religione 5) Gli Stati Uniti, sempre ambigui, inizialmente sembrano interessati ad appoggiare la *Liga* per un cambio di governo, poi nominano un nuovo ambasciatore Morrow[55]. Calles cede e permette alle Compagnia Petrolifere Americane di estrarre liberamente petrolio dal territorio Messicano. A questo punto cambiano politica ed appoggiano Calles.

3.1 *Plutarco Elías Calles e la legislazione anticattolica*

Plutarco Elías Calles, nasce a Sonora il 25 settembre del 1878. Il giovane Calles segue i corsi specialistici per maestri. Osserva da vicino il conflitto sull'educazione tra la Chiesa ed il governo. È, per sua convinzione, profondamente anticlericale. Ricorda che da piccolo nelle chiese

---

primo prelato Messicano ad avere questo incarico. È in seguito esiliato, ma nel 1938 può festeggiare, nella sua diocesi a Morelia, i 50 anni del suo sacerdozio. Muore nel 1941.

[54] Pascual Díaz y Barreto nasce il 22 giugno del 1875 a Zapopán vicino a Guadalajara. Nel 1887 entra nel Seminario di Guadalajara. Riceve gli ordini minori nel 1886 e nel 1899 il Vescovo di Colima, Atenógenes Silva, lo ordina sacerdote. Entra nella Compagnia di Gesù il 6 ottobre del 1903, professa i primi voti nel 1905, in seguito viene mandato a Burgos in Spagna per perfezionare la Filosofia. Prende il dottorato in Belgio nel 1913. Pronuncia gli ultimi voti nel 1918. Pio XI, l'11 dicembre del 1922, lo nomina vescovo di Tabasco. Dal Delegato Apostolico, Caruana, viene nominato Segretario del Comitato Episcopale appena formato. Il 29 gennaio del 1927, per ordine di Calles, è esiliato in Guatemala. Intraprende un viaggio a Roma dove arriva l'11 aprile del 1927, dove viene accolto da un sottocomitato episcopale che rappresenta i vescovi messicani a Roma: González Valencia (Durango), Méndez del Río (Tehuantepec) e Emeterio Valverde (León). Nel giugno del 1929, Mons. Ruíz e Pascual Díaz vengono chiamati in Messico, dato che il Presidente Portes Gil è disposto a trattare con la Chiesa. Il 25 dello stesso mese, viene nominato arcivescovo di Città del Messico. Il 12 dicembre del 1934 viene nominato dal Papa Assistente al Sacro Solio Pontificio, alto titolo onorifico. Muore il 19 maggio del 1936 a Città del Messico.

[55] Morrow Dwight Whitney (1873-1931), avvocato, banchiere e diplomatico. Al Amherst College è compagno di classe di Calvin Coolidge. Si laurea alla «Columbia Law School» nel 1899. Nel 1905 diviene socio del prestigioso studio «Reed, Simpson Thacher and Barnum». Nal 1914 diviene socio della J.P. Morgan & Co. Nel 1927 il Presidente Coolidge lo nomina Ambasciatore in Messico. Tiene questo incarico per tre anni. Nel 1930 è delegato alla «London Naval Conference» e viene poi eletto senatore per lo Stato del New Jersey. Sua moglie Elizabeth, che sposa nel 1903, scrive alcuni volumi di prosa e poesia.

«*me robaba la limosna para comprar dulces*». Calles è figlio illegittimo, dato che suo padre non si è sposato e lo è ancora di più davanti alla religione. Un modo per non farsi considerare illegittimo è delegittimare la Chiesa. Nel 1899 il caos comincia a risolversi. Plutarco prende un cammino distinto da suo padre: si sposa solo civilmente con Natalia Chacón ed un anno dopo comincia a creare un'estesa famiglia. Tenta di riprendere in mano l'azienda agricola del padre ma fallisce. Nel 1906 sollecita, senza esito, una concessione mineraria. Gestisce poi un mulino che, nel giro di quattro anni, fallisce. Nel 1910 gestisce in società una compravendita di cereali. Nel 1911 il negozio chiude. Nel settembre del 1911 il governatore di Sonora lo nomina commissario. La sua responsabilità maggiore è mantenere l'ordine e amministrare la giustizia. Con l'inizio della Rivoluzione, Calles non vacilla. Una volta che prevale Carranza, Calles diviene governatore di Sonora. Dal 1924 al 1928 è Presidente e fino al 1936 domina la scena politica. In seguito sarà esiliato da Cárdenas. Rientrato nel 1941, muore in Messico nel 1945.

Calles proviene da Sonora uno stato che confina con gli Stati Uniti e l'anticlericalismo in Messico è *norteño*, urbano e governativo; gli anticlericali di cui Calles è il maggiore rappresentante appartengono soprattutto alla categoria di quei professionisti che si possono definire di servizio: funzionari, avvocati, giuristi, commercianti e dirigenti sindacali. Tutto questo vale in modo molto generale: nordico, urbano e di governo. L'anticlericalismo messicano, nella tradizione dei liberali della riforma, vede con simpatia il successo nordamericano ed il protestantesimo, che deve diffondersi anche in Messico.

Dal 1914, la Rivoluzione è fatta dalla gente del nord: Carranza, Obregón, Calles ed i *sonorenses*. Valenzuela[56], Eulogio Ortíz[57], Aarón

---

[56] Valenzuela Gilberto nasce nello stato di Sonora il 27 aprile 1891. Deputato sonorense, costituzionalista. Nel 1920 si unisce al movimento del «Plan de Agua Prieta». Ministro degli Interni con Calles, ambasciatore del Messico in Svizzera e Inghilterra. Candidato alla Presidenza nel 1929, entra nel movimento Escobarista nello stesso anno. Nella convenzione dei partiti oppositori, celebrata nel marzo del 1934, viene eletto candidato alla Presidenza della Repubblica.

[57] Ortíz Eulogio nasce nello stato di Chihuahua, costituzionalista inizialmente, poi villista e infine, nel 1920, obregonista. Generale di divisione, combatte il delahuertismo del 1923 e l'escobarismo nel 1929.

Sáenz[58], tutti uomini del nord, lontani dal vecchio Messico *indio* o meticcio, cattolico ed ispanico. La loro ideologia è in termini radicali e semplicisti: una lunga tradizione vissuta da un lato all'altro della frontiera, tra i protestanti nordamericani della *Cruzada* ed i *chinacos* messicani della *Reforma*.

Nemici degli *indios*, dei contadini, dei parroci di questo vecchio Messico che non capiscono, perché non è parte di esso, ecco perché il generale J. Vargas[59] può dire al capo *Cristero* Pedro Quintanar[60]:

> A mí me gustaría mucho la secta católica de ustedes si ésta fuera nacional es decir, si nombraran ustedes su Papa que fuera mexicano... y que aboliera la inmoral confesión y la soltería de los ministros... Soy de la frontera y en mi pueblo casi nunca conocí la Iglesia católica[61].

Nel 1922, 261 missionari protestanti lavorano in Messico in collaborazione con 773 messicani. Vi sono 703 luoghi di culto per 22.000 fedeli. Nel 1926, solo i metodisti hanno 200 scuole ed il vescovo metodista statunitense in Messico, Georges Miller, non fa altro che ringraziare Calles per l'aiuto che sta dando.

Grazie al vescovo episcopale Moisés Sáenz[62], fratello del ministro degli esteri Aarón Sáenz, le missioni protestanti incontrano ogni genere di facilitazioni, viste le intense relazioni con il governo: i protestanti controllano la *Secretaría de Educación*.

In gran parte la chiesa protestante si oppone alla Chiesa Cattolica che è accusata di: 1) sostenere il latifondismo per mantenere le masse indigene nell'ignoranza 2) non dare un'educazione utile o pratica per

---

[58] Sáenz Aarón nasce a Monterrey il 1° giugno 1891. Con la rivoluzione arriva ad essere nello Stato Maggiore di Obregón con il grado di Generale. Diviene ministro degli Esteri e governatore del suo stato natale. Nel 1930 è segretario dell'Educazione pubblica e poi, nel 1931, dell'industria, lavoro e commercio.

[59] Vargas Juan nasce nello stato di Durango il 24 giugno del 1891. Appartiene al partito «antireeleccionista» e maderista. In seguito costituzionalista, è uno degli uomini di fiducia di Villa con cui opera nella «División del Norte» fino al 1918 quando si unisce a Obregón. Riconosce nel 1920 il «Plan de Agua Prieta». Generale di Brigata dal 21 di dicembre del 1926.

[60] Quintanar Pedro, generale di brigata Cristero. Aveva il comando della «Brigada Quintanar» formata da 6 reggimenti con un totale di 5.000 uomini.

[61] J.MEYER, *La Cristiada 2*, 195.

[62] Sáenz Moises nasce a Nueva León, professore e vescovo della Chiesa Episcopale. Sotto-segretario alla Pubblica Istruzione.

tutti i messicani. Invece i protestanti: 1) fondano tutti i generi di scuole 2) organizzano, per mezzo della cooperazione, un sistema economico strutturato in tutto il Messico 3) introducono nuovi metodi educativi 4) insegnano igiene, agricoltura, ecc.

Per i cattolici è cosa chiara che il governo appoggia i protestanti.

Anche la massoneria messicana influisce moltissimo nella politica del governo, se si pensa che Portes Gíl[63], presidente nel 1929, potrà esclamare: «*En México, el Estado y la masonería en los últimos años han sido una misma cosa*».

In effetti, massoneria e governo sono strettamente in relazione. È normale appartenere alla massoneria per riuscire ad occupare un posto di una certa importanza: senatore, ministro, deputato, governatore e generale. La massoneria, controllata e diminuita da Porfirio Díaz, dal 1914, è tornata ad avere il proprio ruolo attivo che esercitava nell'epoca della *Reforma* ed è tornata ad avere un'organizzazione che è a tutti i livelli anche e non solo ai vertici politici ed economici, ma anche a livello locale: presidente municipale, capo di comunità agraria, leader sindacali e maestri, sono con molta frequenza massoni. È quindi chiaro, in queste condizioni, che la massoneria appoggia, o forse decide, la politica religiosa del governo e in questo periodo, è convinta che il clero romano causi il male nel mondo.

Calles proviene da queste realtà, odia la Chiesa e per questo il 19 giugno del 1926 Calles pubblica la «*Ley Reformando el Código Penal para el Distrito y Territorios Federales sobre delitos de fuero común y delitos contra la Federación en materia de culto religioso y disciplina externa*». Questa legge ha 33 articoli che punisce penalmente qualsiasi violazione della Leggi Costituzionali in materia di religione. Viene punito con anni di carcere l'emettere voti religiosi, l'insegnare religione a scuola, ed ogni trasgressione alle leggi costituzionali.

Calles si legittima così davanti alla stampa lo stesso 25 luglio:

> no hemos tenido necesidad, ni deseo, de hacer una sola ley nueva en esta materia. Nos hemos limitado a hacer cumplir las que existen, una

---

[63] Portes Gíl Emilio nasce a Tamaulipas il 3 ottobre 1890. Riconosce il «Plan de Agua Priete» e ciò gli permette di divenire governatore di Tamaulipas. Dopo l'assassinio di Obregón nel 1928 diviene provvisoriamente Presidente. Nel 1930 cede il potere a Ortíz Rubio, ma rimane sempre un influente politico: Ministro degli Interni con Ortíz Rubio, Ministro degli Esteri con Cárdenas.

desde el tiempo de la Reforma, hace más de medio siglo, y otra desde 1917, en que expedió la Contitución vigente, y se han expedido reglamentos y se han establecido sanciones de acuerdo con la ley... Naturalmente que mi Gobierno no piensa siquiera suavizar las reformas y adiciones al código penal[64].

Il 31 luglio s'intensificano le sommosse popolari. Gli Stati Messicani più colpiti da questa esplosione sono quelli con maggior tradizione cattolica, quelli centrali ed occidentali della Repubblica, tra i quali si distinguono: Jalisco, Colima, Guanajuato, Michoacán, Querétaro, Estado de México; un po' più a nord, Zacatecas e Durango.

Il popolo cattolico, non contento per il procedere del governo *callista*, arriva al massimo dello scontento con la *Ley Calles* e con la sospensione del culto. Inutili le manifestazioni e le proteste pubbliche. Il popolo cattolico, indignato da tanta ingiustizia, è calmato dai sacerdoti e dai militanti cattolici pacifisti. In quest'ambiente d'agitazione nazionale, assume un ruolo preponderante, come unificatrice e coordinatrice di tutte le forze cattoliche, un'organizzazione da poco fondata: la LNDLR.

3.2 *La Liga Nacional Defensora de la Libertad Religiosa*

La *Liga Nacional Defensora de la Libertad Religiosa* è un'organizzazione che pretende di unire tutte le forze cattoliche del Messico, ed ha lo scopo di difendere le libertà di religione e civiche. Il manifesto di fondazione scritto da Bernardo Bergöend[65] della *Liga* spiega le ragioni di quest'istituzione:

> pues bien, ¿qué hemos hecho y qué hacemos los católicos mexicanos para poner coto a tamañas injusticias y un dique a la devastación comunista que ya nos ahoga? ¿qué hacemos actualmente para detener al enemigo?

---

[64] E.OLMOS VELAZQUEZ, *La Liga Nacional*, 86

[65] Bergöend Lachena Bernardo nasce il 4 aprile 1871 in Francia ad Annency, capitale dell'Alta Savoia. Nel 1889 entra nella Compagnia di Gesù. Giunge in Messico per la prima volta nel 1891. Successivamente approfondisce i propri studi in Spagna e negli Stati Uniti. Nel 1907, a Guadalajara, organizza i primi esercizi spirituali per operai. Fondatore della ACJM e ispiratore della LNDLR. Nel 1940, in netto contrasto con la gerarchia, lascia la ACJM. Muore nel 1943; cfr. *DHCJ*, I, 415-416.

> Es preciso, pues, que nos unamos, concertando todas nuestras fuerzas, para que a su tiempo y a una hagamos un esfuerzo enérgico, tenaz, supremo e incontenible, que de una vez para siempre arranque de raíz de la Constitución, todas las injusticias, sean las que fueran, y todas las tiranías vengan de donde vinieren. Se nos ha llamado al combate, se nos obliga a ello con persecuciones injustas y tiránicas; lamentamos la guerra, pero nuestra dignidad ultrajada y nuestra fe perseguida nos obligan a acudir para la defensa, al mismo terreno en que se desarrolla el ataque. Esta es la única manera de que tengamos libertad y de que se nos haga justicia; y para esto precisamente se funda la LIGA NACIONAL DE DEFENSA RELIGIOSA [sic][66].

La *Liga* è un'associazione di cattolici, organizzata e diretta principalmente da laici. Di fatto, i posti direttivi sono in mano ai laici. Dagli ecclesiastici la *Liga* riceve aiuto ed orientamenti[67].

Alla fine del 1918 nasce a P. Bergöend l'idea di formare una *Liga* per la difesa delle libertà. Non è possibile realizzare l'idea di una *Liga Cívica de Defensa Religiosa*. Senza dubbio la gerarchia cattolica messicana non vede molto urgente un'associazione di questo genere, in particolare modo l'idea non piace ai vescovi, che vorrebbero, in qualche modo, accordarsi con il governo. Così passa il periodo presidenziale di Obregón, senza che i leader cattolici si decidano a realizzare il proprio progetto di organizzare la riconquista e la difesa delle libertà, anche se mai perdono di vista il progetto di P. Bergöend[68].

La *Liga* nasce in un contesto di forte conflitto tra Chiesa e Stato. Questo scontro non è tra istituzioni con strutture incompatibili che si affrontano tra loro, ma riguarda tutto un popolo, in maggioranza cattolico, che si sente ferito nei sentimenti religiosi e si solleva contro gli oppressori. Inoltre la LNDLR nasce da un contesto di agitazioni sociali provocata dalla politica giacobina del governo messicano che è esercitata nel nome della Rivoluzione[69].

La LNDLR è formata da associazioni cattoliche eterogenee tra loro in quanto a naturalezza, a fini ed a organizzazione. Confluiscono nella formazione della *Liga* organizzazioni giovanili: la ACJM[70], le Congre-

---

[66] E.OLMOS VELAZQUEZ, *La Liga Nacional Defensora*, 89.
[67] E.OLMOS VELAZQUEZ, *La Liga Nacional Defensora*, 90.
[68] E.OLMOS VELAZQUEZ, *La Liga Nacional Defensora*, 96-98.
[69] E.OLMOS VELAZQUEZ, *La Liga Nacional Defensora*, 99.
[70] ACJM: «Asociación Católica de la Juventud Mexicana».

gazioni Mariane Giovanili, sindacati di lavoratori, associazioni come l'Adorazione Notturna.

Se la ACJM è una confederazione di associazioni giovanili che conservano la propria identità ed uniscono gli sforzi per una obbedienza comune, la LNDLR è una confederazione di associazioni cattoliche che risulteranno molto più eterogenee della ACJM[71].

Le aristocrazie e le vecchie famiglie cattoliche si mantengono al margine della *Liga* che non ottiene alcun aiuto finanziario dai ricchi cattolici[72]. Già ai tempi della *Reforma*, Mons. Labastida[73], arcivescovo di Città del Messico, fa un commento sui ricchi cattolici e dice: «*Aquellos cadáveres no se mueven ni quieren tomar parte*»[74].

La gente d'ordine apprezza la riorganizzazione amministrativa e finanziaria patrocinata da Calles e realizzata da banchieri cattolici. Non avendo alcun eco nelle classi superiori, la *Liga* recluta tutti i suoi capi nel ceto medio, base sociale del regime *callista*. Tra fedeli e rivoluzionari la differenza non è sociale, ma ideologica. Tutti sono nati e vivono nelle città.

Giuristi, ingegneri, medici, funzionari, uomini di Chiesa o vincolati alla Chiesa, questi sono i capi della *Liga*, aiutati da alcuni militari dell'antico esercito federale e da giovani studenti che militano nella ACJM e partecipano alla direzione del movimento nelle piccole decisioni[75].

Il progetto di una *Liga Cívica de Defensa Religiosa*, del P. Bergöend, parte dalla presentazione della situazione della Repubblica Messicana:

> todo trabajo que no se inspira en las realidades imperantes del medio en que pretende desarrollarse y no busca las adaptaciones necesarias que condicionan el éxito, no puede aspirar a surtir efecto alguno probable[76].

---

[71] E.OLMOS VELAZQUEZ, *La Liga Nacional Defensora*, 107.

[72] J.MEYER, *La Cristiada 1*, 52.

[73] Pelagio Antonio de Labastida y Dávalos, vescovo di Puebla e Arcivescovo di Città del Messico (1816-1891). Nasce a Morelia il 21 marzo 1816. Nel 1831 entra nel seminario di Morelia. Nel 1855 diviene vescovo di Puebla. Nel 1863 diviene arcivescovo di Città del Messico, carica che ricopre fino alla sua morte.

[74] J.MEYER, *La Cristiada 1*, 52.

[75] J.MEYER, *La Cristiada 1*, 53.

[76] E. OLMOS VELAZQUEZ, *La Liga Nacional*, 95.

Per tanto si parte dal fatto che la Costituzione è contro la libertà della Chiesa e, anche se le leggi persecutorie non si applicano rigorosamente, in qualsiasi momento il governo può applicarle.

Questo progetto di *Liga Cívica* non si riesce a realizzare così facilmente. I vescovi pensano che una lotta aperta e frontale, per avere la riforma costituzionale, non sia conveniente.

La *Liga Nacional Defensora de la Libertad Religiosa* nascerà solo nel 1925 in un contesto di maggior contrasto tra Chiesa e Stato. La LNDLR nasce nella capitale, anche se possiamo affermare che è negli stati centrali e centro-occidentali dove si diffonde e consolida con più facilità[77].

La *Liga* riconosce la sua dipendenza dall'Episcopato nel senso che, nell'aspetto morale e religioso, segue l'orientamento ed i suggerimenti dei vescovi. Ma nelle azioni pratiche si considera indipendente: organizzazione e governo. Teoricamente questo sembra chiaro tanto alla *Liga* quanto all'Episcopato.

Quando la *Liga* viene fondata, ciò è visto con simpatia dall'Episcopato; il progetto di Padre Bergöend, della *Liga,* viene appoggiato soprattutto dall'Arcivescovo del Messico, José Mora y del Río[78].

Con il fine di *«conquistar la libertad religiosa y todas las libertades que se derivan de ella»*, la LNDLR ha come principale obiettivo ottenere la riforma delle leggi costituzionali, con gli articoli che si oppongono alla libertà religiosa. Ma la *Liga* si confronta con un Governo Centrista, che è lontano dal riformare la Costituzione.

Entrata in vigore la *Ley Calles* la *Liga* promuove il *boycot*, l'obiettivo è

> crear en la nación entera un estado de intensa crisis económica, que obligue al gobierno a cesar la situación de opresión legal en que vive la Iglesia Católica en nuestra Patria[79].

Il programma d'azione del *boycot* è il seguente:

> este bloqueo consistirà en la paralización de la vida social y económica [...]:

---

[77] E. OLMOS VELAZQUEZ, *La Liga Nacional,* 90-103.
[78] José Mora y Del Rio, vescovo di Tehuantepec, di Tulancingo, di León ed Arcivescovo di Città del Messico (1854-1928).
[79] E. OLMOS VELAZQUEZ, *La Liga Nacional,* 306.

a) Abstención de dar anuncios y comprar aquellos periódicos que se opongan a esta acción o no le presten su apoyo. [...]
b) Abstención de hacer compras que no sean indispensables para la subsistencia de cada día. [...]
c) La mayor abstención posible en el empleo de vehículos, especialmente de los particulares, y en caso indispensable, elegir los menos costosos.
d) Abstención de costruir a toda clase de diversiones, tanto públicas como privadas (teatros, cines, bailes, paseos, etc.)
e) Limitación del consumo de energía eléctrica.
f) Abstención total de comprar billetes de Lotería.
g) Abstención total de concurrir a las escuelas laicas[80].

Il *boycot* è certamente più efficace fuori della capitale. Un esempio d'azione ben coordinata è quella di Jalisco. Tutti i gruppi cattolici di Guadalajara, uniti nella *Liga*, si distribuiscono efficacemente i ruoli.

Senza grossi clamori Guadalajara si converte in una città socialmente paralizzata. 800 maestri elementari per non servire il governo si dimettono e la *Liga* s'incarica del mantenimento. Dei 25.000 bambini che frequentano le elementari proseguono la scuola solo 300, alcuni giornali messi al bando dalla *Liga* falliranno.

In realtà il *boycot* funziona solo in certe zone ben controllate, ma a livello nazionale sarà un fallimento; a Guadalajara si deve il successo soprattutto all'*Unión Popular*[81] organizzazione nata e ben radicata nello Stato di Jalisco.

Un'altra azione non violenta della *Liga*, a favore della libertà religiosa, è la raccolta di quasi 2 milioni di firme su un *Memorial* dell'Episcopato che invoca la riforma della Costituzione; naturalmente il parlamento respinge la mozione.

---

[80] E. OLMOS VELAZQUEZ, *La Liga Nacional*, 306-307.
[81] *Unión Popular* fondata da Anacleto González Flores, è una organizzazione enormemente importante ed ha tutti gli elementi necessari per una azione efficace nei territori che può contrallare. González Flores è un leader carismatico ed organizzatore in gran parte dell'occidente del Paese, dove questa organizzazione ha un enorme prestigio. Il fondatore, «el maestro», ha un enorme ascendente soprattutto tra la gioventù cattolica di Guadalajara. Tutto questo spiega perchè il «boycot» economico contro il governo ha un grande esito nei territori controllati dall'UP. Si capisce perchè il «maestro» diventa rapidamente il nemico numero uno del governo e, non per niente, sarà tra le prime vittime.

Ma mentre la *Liga* organizza e promuove il *boycot*, vari gruppi di contadini si armano, stanchi delle atrocità del governo. Davanti a questo fatto, i leader della *Liga* pensano anch'essi ad un conflitto armato, dato che le proteste fino ad ora non sono servite.[82] L'Episcopato, come già detto, non crea alcun ostacolo ai piani della *Liga*.

Alla fine la decisione che prende il Comitato Direttivo della *Liga* di cominciare il «Movimento Armato», è frutto di un accordo unanime tra tutti i Delegati Regionali. Alcune organizzazioni appartenenti alla *Liga*, quando si tratta della guerra, non si compromettono in quanto tali, come la *Adoración Nocturna*, senza però che sia impedito ai propri soci di aderire all'azione armata.

3.3 *I vescovi*

L'episcopato messicano, negli anni del conflitto religioso, è composto da 38 vescovi, la maggioranza vive fuori del Messico, sia perché sono stati espulsi dal Governo, sia per ragioni di sicurezza. Quasi tutti i prelati vivono negli Stati Uniti (in particolare a San Antonio e Los Angeles), mentre i pochi che risiedono in Messico (circa una decina) si sono dovuti nascondere.

Il 10 maggio 1926, per iniziativa del Delegato Apostolico, Caruana, si costituisce un Comitato Episcopale. Si tratta, in totale, di 5 vescovi: Mora y del Río, arcivescovo di Città del Messico è presidente; Vicepresidente è Leopoldo Ruíz y Flores, arcivescovo di Morelia; Segretario Pascual Díaz Barreto, vescovo di Tabasco; consiglieri sono Francisco Orozco y Jiménez[83], arcivescovo di Guadalajara, e Pedro Vera y Zuria[84], arcivescovo di Puebla.

---

[82] E. OLMOS VELAZQUEZ, *La Liga Nacional*, 285.

[83] Francisco Orozco y Jiménez, vescovo del Chiapas e arcivescovo di Guadalajara (1864-1936), nasce nello Stato di Michoacán il 19 novembre del 1864. Riceve una solida educazione a Roma. Nel 1888 viene ordinato sacerdote, nel 1902 diviene vescovo dei Chiapas, mel 1912 diviene arcivescovo di Guadalajara. Nel 1914 a causa delle persecuzioni emigra negli Stati Uniti. Nel 1919 ritorna nella propria diocesi. Durante la guerra Cristera è uno dei pochi vescovi che rimane nella propria diocesi. Dal 1929 al 1935, su richiesta del governo, è costretto nuovamente a esiliare.

[84] Pedro Vera y Zuria nasce il 14 gennaio 1874 a Querétaro. Nel 1884 entra nel Seminario Conciliare Diocesano. Viene ordinato nel 1897. Nel 1924 diviene vescovo di Puebla. Muore a Puebla il 28 luglio del 1945.

Il Comitato Episcopale nasce con l'intento di uniformare le differenti opinioni all'interno dell'episcopato, è evidente che l'intero Episcopato non procede in modo uniforme. In particolare, il dibattito verte su come difendersi dalla *Ley Calles* e, se necessario, sospendere il culto. Questo, come già precedentemente detto, divide l'episcopato in tre correnti: i più pacifisti, come Ruíz y Flores, Antonio Guízar y Valencia[85], vescovo di Chihuahua e Serafin Armora[86], vescovo di Tamaulipas sono disposti ad accettare la *Ley Calles*, cercando di migliorare i rapporti con il governo. Al contrario vi sono alcuni vescovi, come Manríquez[87], vescovo di Huejutla, disposti a disobbedire al Governo fino all'ultimo. La relativa maggioranza è per la sospensione del culto.

Compito non facile del Comitato Episcopale è far convergere tutti i vescovi su un'unica decisione. Su questo interviene in modo diretto la Santa Sede che richiama i vescovi all'unità e a prendere, davanti alla *Ley Calles*, una soluzione unanime:

> Santa Sede condena ley a la vez que todo acto que pueda significar o ser interpretado por el pueblo fiel como aceptación o reconocimiento de la misma ley. A tal norma debe acomodarse el Episcopado de México en su modo de obrar, de suerte que tenga la mayoría y, a ser posible, la unanimidad y dar ejemplo de concordia[88].

Così il 25 luglio del 1926 si firma una pastorale collettiva che decreta la sospensione di tutti i culti per il 31 luglio, data in cui entra in vigore la

---

[85] Antonio Guízar y Valencia nasce il 28 dicembre 1879 a Cotíja, diocesi di Zamora. Nel 1903 diviene sacerdote. Perfeziona gli studi a Roma. Nel 1919 diviene rettore del seminario di Zamora. Nel 1920 viene nominato vescovo di Chihuahua. Nel 1921 suo fratello diviene vescovo di Veracruz. Dal 1926 al 1929 si rifugia negli Stati Uniti.

[86] Serafin María Armora González nasce il 6 ottobre del 1876 nello Stato di Guerrero. Entra nel Seminario Diocesano di Chilapa. Viene ordinato sacerdote il 21 dicembre 1899. Nel 1910 diviene rettore del seminario di Chilapa. Nel 1923 è vescovo di Tamaulipas, incarico che mantiene fino alla morte.

[87] José de Jesús Manríquez y Zárate nasce il 7 novembre del 1884 a León. Nel 1896 entra nel «Seminario Conciliar» di León. Dal 1903 al 1909 è al Collegio Pio Latino Americano. Nel 1907 diviene sacerdote. Nel 1922 è il primo vescovo della nuova diocesi di Huejutla. Nel 1926, dopo aver scritto la sesta Carta Pastorale, viene incarcerato per 11 mesi. Nel 1927 viene espulso e costretto a vivere negli Stati Uniti, dove rimarrà per decenni; per questo è costretto a rinunciare alla sua diocesi.

[88] A BARQUIN Y RUÍZ, *El clamor de la sangre*, 237.

Ley Calles. In nome del Comitato Episcopale, il 21 agosto del 1926, i vescovi Díaz e Ruíz s'incontrano con Calles; ma Calles si mantiene inflessibile. I giorni 22-23 settembre del 1926 l'episcopato chiede ai parlamentari la riforma della costituzione in modo da eliminare le leggi persecutorie, ma la proposta è respinta.

Il Comitato Episcopale vuole orientare l'opinione cattolica e l'opinione pubblica in generale. Fino alla fine del 1926 non ha seri problemi, però una volta che la LNDLR si schiera per l'azione armata, il Comitato Episcopale è in una situazione molto difficile, visto che alcuni prelati approvano pubblicamente quest'azione armata.

3.3.1 La Commissione Episcopale

Il Comitato Episcopale, davanti alla necessità di tenere informata la Santa Sede sulla situazione della Chiesa in Messico, nomina una Commissione di Vescovi da inviare a Roma con il compito di informare la Santa Sede. Gli incaricati sono: González y Valencia[89], arcivescovo di Durango, che è presidente di questa commissione, Emeterio Valverde Téllez[90], segretario, e Genaro Méndez del Río[91]. La Commissione giunge a Roma verso la metà d'ottobre del 1926.

La Commissione Episcopale rimane a Roma dall'ottobre del 1926 fino verso la fine del 1927.

Questa Commissione di vescovi appoggia la LNDLR e rimane nelle grazie della Santa Sede, fino a quando la diplomazia Vaticana ha ancora speranze nel trionfo dei cattolici messicani. Però, quando Pascual Díaz si presenta a Roma, appoggiato dal Delegato Apostolico negli Stati

---

[89] José Maria Gonzàlez y Valencia nasce il 27 settembre 1884 a Cotija, diocesi di Zamora. A Zamora entra in seminario, nel 1907 è ordinato sacerdote a Roma, nel 1922 è nominato vescovo ausiliare di Durango. Nel 1924 il Santo Padre lo nomina Vescovo Metropolitano di Durango. Nel 1926-1927 è a Roma come rappresentante dei vescovi messicani.

[90] Emeterio Valverde Téllez nasce il 1 marzo 1864 a Villa del Carbon, arcidiocesi del Messico, viene eletto vescovo di León il 7 agosto 1909.

[91] Jenaro Méndez del Río nasce il 20 gennaio 1867 nello stato Michoacán. A 11 anni entra nel Seminario diocesano di Zamora. Nel 1890 viene ordinato sacerdote. Nel 1923 viene eletto vescovo della diocesi di Tehuantepec. Nel 1926 parte per Roma ed entra a far parte della commissione di vescovi che rappresentano l'Episcopato Messicano. Nel 1933 viene trasferito nella diocesi di Huajuapán.

Uniti Fumasoni Biondi[92] e dal Cardinale di New York Hayes[93], convince il Vaticano che non è possibile questo trionfo cattolico.

I membri della commissione, dopo il viaggio di Díaz, sembrano ora, agli occhi del Vaticano, idealisti illusi, incapaci di vedere la verità. Convinta la Santa Sede dell'impossibilità di un trionfo cattolico in Messico, si decide di negare qualsiasi appoggio alla LNDLR, che ha scelto il movimento armato.

3.3.2 Il «Subcomité Episcopal»

Espulso Pascual Díaz dal Messico, il vescovo di San Luis Potosì Miguel de la Mora[94] è incaricato di sostituirlo nell'incarico di Segretario del Comitato Episcopale, ma per non essere a sua volta espulso, deve nascondersi. De la Mora si accolla presto il compito di formare un *Subcomité* di vescovi residenti in Messico: mentre Mora y del Río vive in San Antonio e dirige il Comitato Episcopale, il *Subcomité* è subordinato al Comitato Episcopale che risiede negli Stati Uniti.

Il *subcomité* viene costituito nel maggio 1927 e tutti i vescovi che lo formano devono stare nascosti per non essere espulsi dal governo: per queste difficoltà, certamente le attività sono ridotte. Formano il *Subcomité Episcopal*: José Othón Núñez[95], arcivescovo di Oaxaca, che è Presidente; Miguel de la Mora, vescovo di S. Luis Potosí, che è segretario. I consiglieri sono: Serafin Armora González, vescovo di Tamauli-

---

[92] Pietro Fumasoni Biondi nasce a Roma il 4 settembre 1872. Cardinale, ordinato sacerdote nel 1897, ha una brillante carriera nella diplomazia Vaticana; viene nominato Delegato Apostolico negli Stati Uniti; nel 1933 diviene cardinale e prefetto alla Congregazione Propaganda Fide, incarico che mantiene fino alla sua morte nel 1960.

[93] Patrick Joseph Hayes nasce a New York il 20 novembre del 1867, Cardinale. É ordinato sacerdote nel 1892. Quando Farley è nominato nel 1902 arcivescovo di New York, Hayes diviene presidente del Cathedral College. Nel 1914 diviene vescovo titolare di Tagaste. Con la prima guerra mondiale riorganizza i cappellani militari di tutti gli Stati Uniti che passano da 25 a 900. Nel 1919 è arcivescovo di New York e nel 1924 Cardinale. Fonda 60 nuove parrocchie. Muore a New York nel 1938.

[94] Miguel M. de la Mora y Mora, nasce nello stato di Jalisco il 14 agosto 1874. Entra nel seminario di Guadalajara e nel 1897 viene ordinato sacerdote. Nel 1911 diviene vescovo di Zacatecas. Nel 1922 è trasferito a San Luis Potosí. Muore il 14 luglio 1930.

[95] José Othón Nuñez y Zárate, Vescovo di Zamora, Vescovo titolare di Cabasa, Arcivescovo di Oaxaca. (1867-1941).

pas, Manuel Fulcheri Pietrasanta[96], vescovo di Zamora, Leopoldo Lara y Torres[97], vescovo di Tacámbaro e Maximino Ruíz y Flores[98], vescovo ausiliare di Città del Messico.

Questo *Subcomité* continua a funzionare clandestinamente fino al 21 giugno 1929: giorno degli *arreglos*.

3.3.3 I Vescovi contro il conflitto armato

Sono gli stessi vescovi che riescono a realizzare gli *arreglos*, con il governo, in particolare coloro che firmano gli accordi, in altre parole Leopoldo Ruíz e Pascual Díaz. Tra Díaz e Ruíz, dopo essere diventati colleghi nel Comitato Episcopale, nasce una grossa intesa: anche successivamente agli *arreglos* avranno un costante accordo nelle dichiarazioni e nei giudizi.

Sicuramente sono i due vescovi che più influenzano il Vaticano. Con i loro viaggi a Roma, prima di Díaz nel 1927 poi di Ruíz nel 1928, riescono a fare in modo che il Vaticano segua sempre più la loro linea; tutto questo si dimostra con l'allontanamento della Commissione Episcopale residente a Roma, che ha idee contrastanti con quelle di Ruíz e Díaz.

Ruíz e Díaz, subito dopo la sospensione del culto, cominciano un intenso lavoro per riuscire a prendere accordi con il governo. Ruíz, molto più che Díaz, è considerato dall'opinione generale pacifista e mediatore.

Dal novembre del 1927 Ruíz vive a Washington per stare vicino al Delegato Apostolico negli Stati Uniti, Fumasoni Biondi, che è compe-

---

[96] Manuel Fulcheri y Pietrasanta nasce a Città del Messico il 18 maggio 1874. Entra nel «Seminario Conciliar» e viste le sue notevoli capacità, studia a Roma alla Gregoriana e al Pio Latino. Nel 1898 viene ordinato sacerdote. Nel 1912 viene eletto vescovo di Cuernavaca. Nel 1922 viene trasferito nella diocesi di Zamora. Muore a Città de Messico nel 1946.

[97] Leopoldo Lara y Torres nasce il 15 novembre 1874 nello stato di Michoacán. Entra nel Seminario di Morelia. Per parecchi anni è vicario nell'importante parrocchia di Celaya. Nel 1920 Benedetto XV lo promuove primo vescovo di Tacámbaro. Muore il 30 novembre del 1939.

[98] Maximino Ruíz y Flores nasce il 19 agosto 1875 nello Stato di Messico. Entra nel seminario dell'arcivescovato nel 1893. Nel 1901 diviene sacerdote. Nel 1913 è vescovo del Chiapas. Per sei anni amministra questa lontana diocesi con spirito missionario. Nel 1920 diviene Vescovo Ausiliare a Città del Messico. Diviene poi Vicario Generale.

tente anche per il Messico; mentre Díaz vive a Brooklyn, per stare vicino al Cardinale di New York, e frequentemente si reca a Washington.

Questi due vescovi ed altri che seguono la loro linea; non credono assolutamente nello scontro armato e non vedono nella lotta armata alcuna prospettiva di una possibile soluzione. Francisco Banegas[99], vescovo di Querétaro, afferma che in due anni di conflitto la lotta non è scesa dalle montagne di Jalisco, Colima e Zacatecas[100]. Díaz, in particolare, crede che la LNDLR abbia cominciato il conflitto perché imbrogliata da René Capistrán Garza[101], loro rappresentante negli Stati Uniti, che aveva promesso armi e denaro dagli Stati Uniti, ma che, di fatto, non aveva portato risultati concreti. Sostiene anche, che non sarebbe mai stato possibile contrapporsi militarmente ad un esercito messicano, appoggiato dagli Stati Uniti[102].

Non credendo nella LNDLR e nello scontro armato, i vescovi conciliatori cominciano da subito ad avere rapporti con il governo. Fin dall'inizio della sospensione dei culti, alcuni vescovi s'incontrano con un gruppo di politici; soprattutto nasce un'intesa con gli *Obregonistas*.

Un altro vescovo pronto al dialogo con il governo è Vera y Zuria, arcivescovo di Puebla: in un questionario, che Díaz fa avere a molti vescovi nell'ottobre del 1927, assicura che non è necessaria una riforma delle leggi per riprendere il culto, mentre tutti i vescovi intransigenti avrebbero prima voluto una riforma delle leggi costituzionali e solo in una seconda fase avrebbero voluto una ripresa del culto[103].

Díaz ha piena fiducia in Vera y Zuria, tanto che nell'ottobre del 1928 gli scrive affermando che alcuni vescovi si sarebbero riuniti a San Anto-

---

[99] Francisco Banegas Galván nasce il 5 marzo nello Stato di Guanajuato. Nel 1891 diviene sacerdote. Nel 1914 al 1918 vive negli Stati Uniti. Nel 1919 viene eletto vescovo di Querétaro. Muore il 14 novembre del 1932.

[100] Cfr. ACAM, in *Fonti Inedite*, doc. 1.

[101] René Capistrán Garza nasce a Tamico, Tamaulipas nel 1898. Passa la sua gioventù a Città del Messico. Come studente fa parte del primo gruppo della ACJM di cui è il primo presidente a soli 20 anni. Dirige il bisettimanale *El Futuro* dove critica aspramente il governo. Nel 1925 partecipa alla fondazione della *Liga* di cui diviene Vicepresidente. In seguito diviene rappresentante della *Liga* negli Stati Uniti. Con gli *arreglos* passa nel campo liberale anticlericale. Muore a Città del Messico il 15 settembre 1974.

[102] Cfr. ACAM, in *Fonti Inedite*, doc. 6.

[103] Cfr. ACAM, in *Fonti Inedite*, doc. 31.

nio e che, nel caso fosse stato chiamato, doveva far prevalere la posizione comune.

Con il vescovo di Chihuahua, Guízar y Valencia, si notano maggiori difficoltà, nel senso che, pur seguendo la stessa linea di Díaz e Ruíz, rimane abbastanza indipendente. In particolare su alcune questioni critica Díaz: assicura che trattare con il governo è giusto, ma non si possono mescolare questioni differenti come le leggi anticattoliche, il ritorno dei vescovi nelle proprie diocesi e la ripresa del culto. Per Guízar, riguardo alle leggi anticattoliche, occorre fermezza, non si può vacillare e bisogna fare in modo che il governo le modifichi, poiché nessun vescovo le può approvare; mentre sul ritorno dei vescovi nelle proprie diocesi e la ripresa del culto vi possono essere opinioni discordi e Guízar è dell'idea di accordarsi con il governo tenendo ben distinta ogni questione.[104]

Il disaccordo tra Díaz e Guízar in realtà è solo interno a loro, in fondo hanno posizioni molto simili, e quando il Delegato Apostolico Fumasoni Biondi afferma che ha un cattivo giudizio di Guízar, Díaz difende il vescovo.

Díaz e Ruíz sono molto netti nei giudizi, i vescovi che non approvano la loro linea conciliare nei confronti del governo sono aspramente criticati. In un rapporto consegnato al Vaticano affermano che Mora y del Río, presidente del Comitato Episcopale, che non ha mai nascosto la sua simpatia per i *Cristeros*, è debole di carattere, avanti nell'età e facilmente influenzabile. Mora y del Río muore nel 1928 permettendo a Ruíz e Díaz di avere sempre più influenza all'interno dell'episcopato. Sempre nello stesso rapporto Manríquez y Zárate viene in sostanza accusato di essere un ladro: infatti, riceve una buona parte dei 24.000 dollari che il Santo Padre ha destinato al Messico, ma secondo Ruíz e Díaz quel denaro non è donato ai poveri come sarebbe dovuto avvenire, ma viene utilizzato per comprare armi. Assicurano che i tre vescovi della Commissione Episcopale, che vivono in un territorio perfettamente sicuro come il Vaticano, si sono convinti che la soluzione armata sia l'unica possibile, ma non hanno idea della reale situazione.[105] La cosa interessante è che Ruíz e Díaz ricevono le stesse accuse dai vescovi favorevoli al movimento armato: in particolare sono accusati di non cono-

---

[104] Cfr. ACAM, in *Fonti Inedite*, doc. 21-22.
[105] Cfr. ACAM, in *Fonti Inedite*, doc. 33.

scere le reali condizioni in cui si trova il Messico, dato che vivono da alcuni anni negli Stati Uniti, territorio perfettamente sicuro.

3.3.4 Favorevoli al movimento armato

Dei 38 prelati solo 3 continuano ad appoggiare, anche pubblicamente, la lotta armata. Questi tre vescovi sono: González y Valencia, arcivescovo di Durango e presidente della Commissione Episcopale Messicana, residente a Roma; Mons. Leopoldo Lara y Torres, Vescovo di Tacámbaro; José de Jesús Manríquez y Zárate, vescovo di Huejutla.

González y Valencia risiede a Roma e presiede la Commissione Episcopale: a fine 1926 sembra che la Curia Romana sia molto vicina alle sue posizioni, tanto che scrivendo a Díaz assicura che il Papa vuole che in Messico non si dialoghi assolutamente con il governo se prima non si fosse fatta la riforma delle leggi costituzionali[106].

González y Valencia a Roma si preoccupa subito di consultare alcuni professori della Pontificia Università Gregoriana, che appoggiano la legittimità della difesa armata, e suggerisce a Mons. Pascual Díaz Barreto di lavorare per aiutare sempre più coloro che combattono. Già agli inizi del 1927 si delinea molto chiaramente la diversità di vedute che lui ha con Díaz. Díaz fa in Guatemala dichiarazioni conciliatorie nei confronti del governo Calles. González gli intima di non dare più simili giudizi in pubblico[107], ma Díaz ormai ha l'appoggio dell'influente Cardinale di New York e del Delegato Apostolico U.S.A. e le sue affermazioni sono state anteriormente approvate da loro[108]. Díaz e Ruíz non sono più semplici vescovi che sostengono determinate posizioni all'interno del loro episcopato, ma hanno l'appoggio della Chiesa Americana e del Delegato Apostolico negli Stati Uniti. Díaz ora ha fretta e desidera giungere a Roma il prima possibile, per esporre al Cardinale Segretario di Stato, Gasparri[109], le sue posizioni.

---

[106] Cfr. ACAM, in *Fonti Inedite*, doc. 17.
[107] Cfr. ACAM, in *Fonti Inedite*, doc. 18.
[108] Cfr. ACAM, in *Fonti Inedite*, doc. 18.
[109] Gasparri Pietro nasce il 5 maggio 1852 in provincia di Macerata, diocesi di Norcia. Nel 1877 è ordinato sacerdote. Nel 1880 è professore di diritto canonico all'«Institut catholique» di Parigi. Nel 1894 è consigliere della delegazione apostolica a Washington e nel 1897 è incaricato di preparare e guidare il concilio prelanario dell'America Latina. Nel 1898 a Parigi diviene vescovo. Nel 1901 è segretario della

Díaz s'incontra due volte con il Papa e due volte con Gasparri, mentre la Commissione Episcopale non sa di cosa effettivamente parlano. Ciò che è certo, è che le posizioni del Vaticano cambiano nettamente, perché González e la Commissione viene allontanata da Roma. È lo stesso González, in una lettera a Díaz, a dichiarare che la Santa Sede desidera gli *arreglos*, che sono per lui una vergogna, e che il Vaticano non approva più il movimento armato[110]. González ha relazioni sempre più tese con la linea ufficiale dell'episcopato, fino a non riconoscere più il Comitato Episcopale: con la morte di Mora y del Río e la nuova presidenza Ruíz, il comitato per lui non ha più alcun valore[111].

Chi ha posizioni molto simili a quelle di González, è il vescovo di Huejutla Manríquez, con il quale González è legato da una profonda amicizia che comincia dal seminario e che prosegue negli studi a Roma al Pio Latino fino al momento in cui sono ordinati sacerdoti insieme.

José Jesús Manríquez y Zárate è stato il primo a denunciare pubblicamente la politica del governo Calles già dal 1925, mostrandosi un attivista nella difesa delle libertà della Chiesa.

Nella sua VI Carta Pastorale, pubblicata il 10 marzo del 1926, Mons. Manríquez dichiara che gli articoli della Costituzione violavano i diritti umani. Per questo, per ordine di *Gobernación*, viene processato ed arrestato, per poi essere espulso dal Messico nel 1927. Considera la LNDLR come benedetta dal Papa, assicura che tutti i vescovi devono il più possibile aiutare la LNDLR[112], cosa che lui fa con armi e denaro. Manríquez è forse il vescovo più intransigente, visto che per lui, qualsiasi accordo con lo Stato non si può fare senza prima una riforma della Costituzione[113].

Questo vescovo rimane fedele alla LNDLR, anche dopo gli *arreglos*, ed è l'unico tra tutti i vescovi che si dichiara apertamente contro gli *arreglos*. Perfino il Papa in persona lo ammonisce al silenzio. Paga a

---

Congregazione degli Affari Ecclesiastici Straordinaria, che cura i rapporti della Chiesa con gli Stati. Entrato in contrasto con il Segretario di Stato, Merry del Val, dal 1904 al 1914 lavora esclusivamente all'opera di redazione del codice canonico. Nel 1914 Benedetto XV lo nomina Segretario di Stato, incarico che tiene fino al 1930. Muore a Roma il 18 novembre 1934.

[110] Cfr. ACAM, in *Fonti Inedite*, doc. 19.
[111] Cfr. ACAM, in *Fonti Inedite*, doc. 20.
[112] Cfr. ACAM, in *Fonti Inedite*, doc. 24.
[113] Cfr. ACAM, in *Fonti Inedite*, doc. 24.

caro prezzo le sue scelte, infatti, viene esiliato per 16 anni e potrà tornare in Messico solo nel lontano 1944, mentre tutti gli altri vescovi, anche quelli più perseguitati dal governo (come González o Lara y Torres), risiedevano nelle proprie diocesi ormai da anni. Aiuta fino all'ultimo i suoi amici della *Liga*, ma la stessa LNDLR è in netto declino. Manríquez non riesce a fare molto, dato che ha problemi persino negli Stati Uniti, dove le autorità vorrebbero la sua espulsione.

Se è giusto dividere l'episcopato in transigenti ed intransigenti, egli è il leader degli intransigenti, rimanendo anche dopo gli *arreglos*, l'unico vero intransigente.

Sia Manríquez sia González non risiedono in Messico: Manríquez viene subito espulso dal governo e vive negli Stati Unti. González vive a Roma, mentre Lara y Torres è uno dei vescovi che rimane in Messico e si nasconde per rimanere sempre vicino al suo gregge, è uno dei vescovi vicino al movimento armato e non vuole assolutamente dialogare con il governo, non vuole cedere in niente: ciò che chiede al governo è la riforma delle leggi costituzionali, per questo o lo Stato è disposto a riformare le leggi oppure la guerra deve proseguire[114].

3.3.5 Francisco Orozco y Jiménez

Non si possono trovare Prelati indifferenti al conflitto, ognuno ha la sua posizione. Certo la maggioranza dei Prelati si uniforma alle decisione della Santa Sede.

Le divisioni in ogni caso sono nette, soprattutto per il *SubComité*; de la Mora parla di un'ala sinistra ed un'ala destra con Guízar e Banegas. Mancano i nomi dell'ala sinistra, che censura Guízar per i suoi rapporti con il governo, quindi certamente a sinistra ci sono i vescovi più intransigenti come Lara y Torres (che è nascosto in Messico)[115].

Un vescovo che non si schiera né da una parte né dall'altra e forse è il più ascoltato non solo dagli altri vescovi, ma anche dai suoi fedeli, è l'arcivescovo di Guadalajara Orozco. Orozco non si può considerare né transigente né intransigente. Cerca in tutti i modi l'unità tra i vescovi e di evitare la guerra civile; fino all'ultimo tenta di sfruttare le sue ottime

---

[114] Cfr. ACAM, in *Fonti Inedite*, doc. 23.
[115] Cfr. ACAM, in *Fonti Inedite*, doc. 10.

relazioni con il fondatore dell'*Unión Popular*, González Flores[116], per evitare che l'intera organizzazione finisca in clandestinità e cominci la lotta armata.

Per Orozco il problema della discrepanza nell'episcopato è solo teorico: se le idee si unificano teoricamente, qualsiasi lavoro per l'episcopato diviene semplicissimo. Ogni parte non cede, non per superbia ma perché è convinta, in buona fede, che la propria soluzione sia la sola giusta.

Per lui la discussione sulla linea da seguire, transigente o intransigente, è inutile, perché, decidendo la sospensione del culto (Orozco non la voleva), si è seguita la linea intransigente e ora cambiarla è inutile, visto che molti cattolici la hanno seguita e che è stato l'episcopato stesso ad imboccarla[117].

Orozco è contrario al conflitto armato e il fatto che, dopo il 1927, sembra che simpatizzi con gli intransigenti è perché capisce che questa corrente è sempre meno rappresentata e debole. Questo è dimostrato dal fatto che Orozco, chiede alla Santa Sede un rappresentante dei vescovi favorevoli alla lotta armata, in un momento in cui i vescovi sostenitori del conflitto non hanno più alcuna importanza[118].

Interessante è anche il fatto che il governo, dopo gli *arreglos*, chiede l'espulsione d'alcuni vescovi, tra cui anche Orozco, che sarà il solo ad essere difeso da Díaz e Ruíz che lo stimano sinceramente.

3.3.6 I Vescovi sono divisi

Negli anni del conflitto, dal 1926 al 1929, l'episcopato rimane profondamente diviso.

---

[116] Anacleto González Flores nasce a Tepatitlàn (Jalisco) il 13 luglio 1888 da una famiglia povera. A 20 anni entra nel seminario di «San Juan de los Lagos» dove studia per 5 anni dal 1908 al 1913. Non essendo sicuro della sua vocazione sacerdotale, non accetta l'invito dei suoi superiori di andare a Roma a continuare gli studi. Nel 1922 si laurea in diritto all'università di Guadalajara. Nel 1924 ispirato dalla «Volksverein» tedesca fonda la «Unión Popular». Il 1° aprile 1927 quando il conflitto armato è cominciato da appena tre mesi, viene catturato, torturato e ucciso insieme ad altri militanti.

[117] Cfr. ACAM, in *Fonti Inedite*, doc. 8.
[118] Cfr. ACAM, in *Fonti Inedite*, doc. 13.

L'iniziale divisione, che già è delineata e chiara con la sospensione del culto, rimane per tutti i tre anni del conflitto. I transigenti, con a capo Ruíz e Díaz, già dall'agosto del 1926, in altre parole un mese dopo la sospensione del culto, cominciano ad incontrarsi con il governo, tenendo relazioni più o meno buone, ma direi, in ogni caso, costanti. Questa è la corrente più potente e con maggiore peso. Inizialmente, nel 1927, riusciranno ad influenzare l'episcopato statunitense poi si serviranno anche dell'aiuto americano per avere una maggiore importanza in Vaticano. Dopo gli *arreglos* prevarranno definitivamente sugli altri: Díaz sarà nominato Arcivescovo di Città del Messico e Ruíz, un mese prima degli *arreglos*, Delegato Apostolico.

I Vescovi intransigenti, contrarissimi agli *arreglos*, nei tre anni del conflitto, perdono gradualmente la loro importanza. Gli *arreglos*, stipulati il 21 giugno 1929, sono la loro sconfitta. Il presidente del Messico, Portes Gíl, visto che li considera compromessi con il movimento armato, chiede a Ruíz e Díaz l'espulsione dal Messico di alcuni di questi vescovi, per un periodo non definito. Ciò, naturalmente, è subito accolto dai due vescovi firmatari degli *arreglos* che, in questo modo, in Messico, non hanno vescovi oppositori.

3.4 *Il Popolo*

Il governo non ha mai pensato ad una reazione popolare.

Quando il popolo insorge, Calles quasi non crede alla resistenza di un popolo che ha sempre considerato privo di virilità, quindi incapace di difesa.

La versione governativa della guerra *Cristera* afferma che il clero incita il popolo umile ed ignorante a ribellarsi con l'inganno, contro il governo legittimo. La verità è che il clero, in generale, si oppone alla violenza. Il popolo purtroppo non ha altre possibilità; lo scontro è stato a lungo cercato dal governo.

Tanto la Santa Sede come l'Episcopato messicano non condannano la lotta dei cattolici, riconoscono il diritto di difesa, però non approvano mai ufficialmente e pubblicamente il movimento *Cristero*. La Santa Sede insiste sempre con l'Episcopato affinché non si assuma la responsabilità del movimento.

La maggioranza dei *Cristeros* sono contadini, gente semplice del popolo, hanno vissuto pacificamente fino al momento di prendere le armi, come unica soluzione davanti ai soprusi del governo, che non ha mai voluto ascoltare la voce del popolo. Molti paesi insorgono senza prima consultare nessuno e senza aspettare ordini da nessuno.

Chi comincia la lotta sa solo che si sta lottando per la libertà della Chiesa, come un dovere di coscienza. Si considerano soldati di Cristo e difensori dei suoi diritti. Per questo con pochi soldati e pochissimi mezzi riescono ad ottenere ottimi risultati[119].

A Jalisco, a cominciare dalla sospensione del culto, in agosto si organizzano centinaia di pellegrinaggi da un paese all'altro, facendo atti di fede pubblici, così tutti i giorni, migliaia di pellegrini attraversano i campi da paese a paese. Gli scontri con il governo si moltiplicano sempre più e sfociano nella guerra. Al di là delle provocazioni pure e semplici, ogni atto dell'autorità viene considerato come un'aggressione. La chiusura delle chiese, ordinato dal governo e l'arresto dei sacerdoti sono tra i tanti motivi che causano sommosse popolari.

A Guadalajara, già dal 31 di luglio, si pensa che il governo voglia occupare il santuario della *Virgen de Guadalupe,* per questo il popolo custodisce la chiesa. Il 3 agosto il generale Muñoz[120] decide di occupare la chiesa. Mentre le donne all'interno della chiesa cantano, gli uomini si affrontano a corpo a corpo con i soldati. Alle dieci di sera il governo occupa l'intero quartiere, questo per impedire l'arrivo di nuovi manifestanti che affluiscono sempre più numerosi. Alle sei di mattina viene negoziata la resa, le donne ed i bambini si lasciano andare, gli uomini, circa 390, vengono rinchiusi in caserma, tutti gridano *«¡Viva Cristo Rey!»* Questo è il primo incidente che avviene a Jalisco, quando il governo vuole occupare la prima chiesa di Guadalajara.

Per settembre gli archivi del governo di Jalisco menzionano sommosse a Cocula, Juchitlán, Boláños, Tonalá e Teocaltitlán, ma nonostante tutto, il 25 settembre, il governo dichiara: *«No existe ningún problema miltar en Jalisco»*[121].

In ottobre otto paesi si ribellano a Jalisco: Tlajomulco, Etzatlán, Belén del Refugio dove un ex-deputato Emeterio Chávez filo-governativo viene linciato, Zapotlanejo dove Felix Barajas s'incontra con 100 ribelli. Ad Etzatlán la ribellione è provocata dall'arresto dei pellegrini che il 10

---

[119] E. OLMOS VELAZQUEZ, *La Liga Nacional*, 323-331.

[120] Muñoz Lorenzo nasce nello Stato di Chihuahua, costituzionalista, generale di brigata e ufficiale dello Stato Maggiore.

[121] J. MEYER, *La Cristiada 1*, 109.

di ottobre vanno da San Pedro a San Julián. Alla fine, con la mediazione dell'UP, si ottiene la libertà di tutti tranne del capo Francisco Badillo. I fratelli Rojas, temendo per la sua vita, assaltano la prigione con la dinamite. Alla fine oltre alla libertà del prigioniero ci s'impossessa di 23 fucili e 2.000 cartucce.

In Guerrero non vi sono persecuzioni religiose da parte delle autorità locali; governatore, Congresso e municipi desiderano non provocare un popolo facilmente ribelle. I deputati federali, al contrario, lontani dal popolo e dalla terra, fanno brevi viaggi sempre seguiti da incidenti gravi.

Così con l'assenza del governatore, le minacce di un deputato provocano il 26 settembre una ribellione in Chilapa, diretta da un uomo molto popolare, Antonio Vargas. Vargas recluta facilmente 400 uomini e s'impossessa di un paese Xiclala e dopo Acatlán. Ma il governo mobilita tutti gli *agraristi* di Guerrero, oltre 3.000 soldati ed i *Cristeros* si disperdono nelle montagne.

Questo è il momento in cui, persa ogni possibilità di un *arreglo* ragionevole, Mons. Orozco, da sempre contro la lotta armata, ritorna a Guadalajara per tentare l'impossibile: impedire che i suoi fedeli comincino la lotta armata ed obbligare l'UP a non entrare in clandestinità.

Il 2 novembre il Ministero di Difesa dichiara:

> ningún problema militar afecta a la República hoy... Hay gavillas...formadas en una parte por fanáticos que se han lanzado a aventuras rebeldes, instigados por determinados elementos...otra parte por profesionales[122].

Il 3 novembre, si combatte vicino Tepatitlán (Jalisco), il 5 vicino Zapotlanejo e Tlajomulco, il 7 San Juan de los Lagos diviene teatro di una rivolta. È domenica ed il tenente Marcos Coello ordina di togliere dai cappelli dei pellegrini in una processione il motto: «*Viva Cristo Rey*». Alla fine il tenente e quattro persone sono linciati dal popolo inferocito. Per rappresaglia l'esercito fa fucilare altre tre persone.

In Jalisco, avvicinandosi la festa dell'Immacolata, cresce notevolmente l'agitazione. A Tenamaxtlàn 5.000 pellegrini, dei quali 1.000 a cavallo sfilano nelle strade e a Guadalajara tutti gridano: «¡Viva la Vir-

---

[122] J. MEYER, *La Cristiada 1*, 118.

gen de Guadalupe! ¡Viva el Papa! ¡Viva el Arzobispo!», mentre le truppe occupano nella notte il santuario[123].

Tra agosto e dicembre a Jalisco 20 municipi su 118 insorgono contro il governo. Certamente i movimenti insurrezionali in Jalisco non hanno più di tanto danneggiato l'esercito. La situazione è molto più grave a Zacatecas, Durango e Guanajuato.

A Guadalajara solo a fine dicembre Anacleto González Flores, fondatore dell'*Unión Popular*, accetta la ribellione armata ed opta per la *Liga*. In realtà la *Liga* ha ordinato la ribellione generale per il 1° gennaio, visto che, la pressione popolare è irresistibile. La moltiplicazione dei sollevamenti spontanei e disordinati diviene assolutamente inutile alla causa, ed è molto pericoloso permettere al governo di spegnere una alla volta le insurrezioni.

I paesi del nord di Jalisco si sollevano in massa; uno dei leader è Pedro Sandoval[124] che è considerato «*no de muy buenas costumbres pero todo un hombre y de buen corazón*»[125]. Sandoval si ribella il 26 dicembre con i suoi due figli adottivi. Alla fine del mese viene catturato ed il governo pensa che sia cessata la ribellione, però Sandoval scappa dalla prigione e in maggio si hanno circa 1300 uomini in armi.

Con eccezione di Cañadas, tutti i paesi di Los Altos si sollevano in armi tra il 4 e il 10 gennaio 1927. Per essere così generale, il movimento coglie il governo di sorpresa.

Miguel Hernández[126] diviene il leader dei *Cristeros* a San Julián il 1° gennaio. In realtà in questo paese vi sono armi e cavalli per un massimo di 30 persone, «*pero todos se quedaron satisfechos y llenos de entusiasmo*»[127]. San Julián è solo il primo paese che insorge; nel giro di qualche giorno tutti seguono quest'esempio, con la maggioranza della popolazione sfornita d'armi e cavalli.

Da tutte le parti, fino alle porte di Guadalajara, una moltitudine innumerevole di persone senza armi si lancia localmente nella guerra. Al

---

[123] J. MEYER, *La Cristiada 1*, 99-118.

[124] Pedro Sandovol diviene comandante del Reggimento «Florencia» della Brigata Anacleto González Flores.

[125] J. MEYER, *La Cristiada 1*, 126.

[126] Miguel Hernández diviene comandante del Reggimento San Julián della Brigata de los Altos.

[127] J. MEYER, *La Cristiada 1*, 132.

primo scontro con l'esercito vengono sconfitti. Calles, tranquillizzato, dirà al governatore di Jalisco Silvino Barba González[128] che è questione di massimo uno o due mesi per terminare il movimento, al che il governatore risponderà: «*Ojalá que sean nada más dos o tres años*»[129].

Il Ministro di Guerra, Amaro[130], dirige personalmente un esercito di 10.000 uomini a Los Altos; si vuole impedire che la ribellione si estenda in altre zone.

Già il 31 gennaio a Los Altos il generale Ferreira[131] crede terminata la campagna militare anche se dichiara: «*Los revoltosos están protegidos por todos los habitantes de la región de Los Altos*»[132].

Nei primi mesi del 1927 appaiono i principali capi del Movimento: P. Aristeo Pedroza, Parroco che arriva ad essere generale e capo della Brigata de Los Altos, P. Reyes Vega, Vicario Parrocchiale che arriva al grado di generale ed è un ottimo stratega, il Generale Pedro Quintanar che sarà il Comandante Generale della Brigada Quintanar.

Nel maggio del 1927, il governo, per togliere il principale appoggio ai *Cristeros*, ordina la *concentración* della popolazione de «*Los Altos de Jalisco*»: ciò consiste nel fare accampare la gente fuori dei paesi, sotto il controllo dell'esercito, per impedire che si aiutino i *Cristeros*. La *concentración* avrebbe potuto durare una settimana, 15 giorni o di più. Con la prima *concentración* che inizia il 5 maggio del 1927, quasi si estingue il movimento a Los Altos, almeno apparentemente[133].

Nel piccolo stato di Colima, in cui già da tempo è iniziata la persecuzione, il 6 gennaio alcuni uomini senza armi se ne vanno dalla città e cominciano a reclutare ribelli. Il 13 gennaio Dionisio Ochóa, giovane mi-

---

[128] Silvino Barba González nasce a Jalisco, è avvocato e governatore costituzionale di Jalisco nel 1926. Viene nominato capo di gabinetto del Ministero del Lavoro durante la presidenza Cárdenas.

[129] J. MEYER, *La Cristiada 1*, 134.

[130] Amaro Joaquín nasce nello stato di Zacatecas nel 1889. Iniziata la rivoluzione si unisce al Maderismo e poi passa al costituzionalismo. Durante i governi Calles e Portes Gíl è ministro della guerra.

[131] Jesús M. Ferreira ancora giovane entra nell'esercito constituzionalista. Segue il «Plan de Agua Prieta» nel 1920. Generale di divisione e capo di operazioni militari a Colima e Jalisco. Nel 1929 si crede coinvolto nell'escobarismo, per questo viene espulso dall'esercito.

[132] J. MEYER, *La Cristiada 1*, 135.

[133] E. OLMOS VELAZQUEZ, *La Liga Nacional*, 336.

litante della ACJM, incontra a Guadalajara Anacleto González Flores per chiedere istruzioni. Il 31 gennaio il Generale Talamante[134] si dirige con 300 uomini a Colima, mentre il generale Ferreira, proveniente da Jalisco, arriva con 600 soldati[135]. I Federali subiscono grosse perdite. È a Colima, stato in pratica privo di difese naturali, attaccabile sia per mare sia per terra, piccolissimo e facilmente controllabile territorialmente, in cui sempre sarà difficile ai *Cristeros* nascondersi, dove l'esercito subisce le più gravi sconfitte.

3.5 *La politica degli Stati Uniti nei confronti del Messico*

Il 26 agosto 1924 il presidente Coolidge[136] annuncia la nomina di James R. Sheffield come nuovo rappresentante nel Messico. Il nuovo ambasciatore nordamericano presenta le sue credenziali ad Obregón il 4 ottobre dello stesso anno. A partire da questo momento comincia per Sheffield un periodo agitato e difficoltoso. La filosofia politica di Sheffield è basata su un intenso nazionalismo. L'ambasciatore è un fervente sostenitore della legge, dell'ordine e del diritto di proprietà.

Partendo da tali presupposti è logico che Sheffield non simpatizzi con gli aspetti sociali della Costituzione messicana del 1917, né con le intenzioni che ha il governo messicano di fare leggi che limitano il diritto di proprietà agli investitori stranieri. L'ambasciatore si mostra incapace di rispettare un regime tanto contrario alle sue convinzioni politiche.

Sheffield pensa che il Messico necessiti un governo autoritario e paternalista, come quello che Porfirio Díaz ha presieduto in anni anteriori.

L'Ambasciatore si mostra davanti a questo paese come un perfetto rappresentante dell'imperialismo repubblicano di Washington. Ha servito tradizionalmente il partito al potere ed è in intima amicizia con alcuni leader, in particolare con il Ministro di Giustizia, Cherles Evans Hughes[137].

---

[134] Talamante Rodrigo M. nasce a di Sonora. Generale di Brigata dal 24 marzo del 1924. Comandante della 18° Zona Militare.

[135] J. MEYER, *La Cristiada 1*, 139.

[136] Calvin Coolidge, 30° Presidente degli Stati Uniti (1872-1930). Nasce nel New England ed occupa la Casa Bianca per sei anni, durante i tumultuosi anni 20. È Repubblicano.

[137] Cherles Evans Hughes (1862-1948), politico e diplomatico statunitense. È ministro di giustizia.

Molto spesso gli ambasciatori americani sono più che altro rappresentanti non tanto del governo, ma delle imprese che investono ingenti capitali in Messico. Nonostante Sheffield confidi in queste grosse imprese, mostra poca abilità nel modo con cui si relaziona con i messicani e frequentemente deride i politici, il governo ed il paese[138].

A partire dal 1927, tanto il governo nordamericano come quello messicano, particolarmente quest'ultimo, si mostrano ansiosi di un accordo, vista anche l'instabilità generata dal conflitto religioso.

Con l'inaugurarsi del primo collegamento telefonico tra Messico e Washington, il 30 settembre, entrambi i presidenti stabiliscono una conversazione amichevole, che per molti diviene il simbolo di una nuova tappa tra le relazioni Messico-Stati Uniti.

L'8 luglio 1927, Sheffield rinuncia al suo incarico.

Con l'intenzione di risolvere le difficoltà, Coolidge nomina, in ottobre, Dwight D. Morrow, nuovo ambasciatore del Messico. Già da prima, tramite Thomas Lamont[139], lavorando per la banca d'affari Morgan, Morrow riceve informazioni sulle attività del Comitato Internazionale di Banchieri e nel 1926 Morrow comincia a lavorare sulla questione messicana[140].

Per il biografo Harold Nicolson, Morrow è il creatore di una nuova pratica e teoria diplomatica. I suoi negoziati sono sempre verbali ed evita ogni forma scritta, violando così i principi più stretti della diplomazia, che esige di registrare in forma scritta tutte le comunicazioni che avvengono tra governi. Morrow è abituato a trattare per telefono con la Segreteria di Stato americana, procedimento non solo costoso, ma anche imprudente, visto che le conversazioni sono intercettate dal governo messicano. Inoltre l'ambasciatore si occupa dei problemi importanti parlando personalmente, non solo con il presidente Calles, ma anche con tutti i ministri che potevano interessarli, escludendo così il Ministero degli Esteri[141].

---

[138] E. HOFMAN, *La Controversia*, 32-35.

[139] Lamont Thomas William nasce nello stato di New York nel 1879, laureato ad Harvard nel 1892. Nel 1909 è nominato vice-presidente della «First National Bank» e nel 1911 entra nella banca d'affari J.P. Morgan. Nel 1929 è uno dei due delegati per la «German Reparations». Muore nel 1948.

[140] E. HOFMAN, *La Controversia*, 98-108.

[141] E. HOFMAN, *La Controversia*, 109.

Con Morrow come ambasciatore si normalizza la situazione delle relazioni diplomatiche con il Messico. Le sue istruzioni consistono, nel far sì, che le compagnie petrolifere mantengano un ritmo normale di produzione e cerchino una soluzione permanente al problema della statalizzazione attraverso una decisione della Suprema Corte del Messico favorevole agli interessi dell'industria petrolifera nordamericana. Morrow si rende conto dell'importanza di guidare i problemi diplomatici dal punto di vista messicano[142].

Il primo incontro tra Morrow e il presidente Calles si svolge il 2 novembre 1927. In questa prima occasione non si trattano i temi del petrolio, della proprietà o dei debiti, ma la conversazione riguarda il progetto che Calles ha in materia d'irrigazione.

La settimana successiva Morrow s'incontra nuovamente con Calles. Questa volta arrivano a parlare dell'irritante questione petrolifera.

La decisione della corte, che dichiara anticostituzionali gli articoli 14 e 15 della Legge petrolifera del 1925, risulta favorevole alle compagnie. In particolare si specifica:

> a) los derechos de las compañías sobre el subsuelo no eran simples expectativas sino derechos adquiridos, b) la fijación de un límite de cincuenta años a las concesiones confirmatorias tenía un carácter confiscatorio, c) la negativa de las compañías a pedir la confirmación de sus derechos no había revestido un carácter ilegal y por lo tanto no habían incurrido en sanción alguna, y d) a pesar de lo anterior continuaba siendo necesario que, bajo nuevas condiciones, las compañías obtuvieran de la Secretaría de Industria la confirmación de sus derechos[143].

La nuova legge viene approvata dall'Esecutivo il 3 gennaio 1928 e più tardi è pubblicata nel diario ufficiale.

L'ambasciatore Dwight Morrow ha molte difficoltà a negoziare con il presidente messicano. Il suo maggiore problema consiste nel convincere le compagnie petrolifere ad accettare quello che considera una ragionevole soluzione. Per questo motivo Morrow si mantiene, dalla fine di novembre al 26 dicembre 1927, data in cui il Congresso messicano riceve la riforma della *Ley Petrolera* del 1925, proposta dal presidente Calles, in costante contatto con i rappresentanti delle imprese[144].

---

[142] E. HOFMAN, *La Controversia*, 100-102.
[143] E. HOFMAN, *La Controversia*, 103-104.
[144] E. HOFMAN, *La Controversia*, 107.

3.5.1 La politica americana è divisa

I Democratici perdono forza e perciò i repubblicani, cominciando da Warren Harding[145], il primo presidente repubblicano di questo periodo, si mantengono al potere per 12 anni.

Nel 1923 Harding muore prima di terminare il periodo presidenziale e lo sostituisce il Vicepresidente Calvin Coolidge. Alle elezioni del 1924 Coolidge è il vincitore[146].

Gli Stati Uniti sono un paese egemonico, come risultato dello sviluppo interno e della congiuntura mondiale, tendono all'isolazionismo nei confronti dell'Europa e concentrano i propri interessi economici in America Latina; ciò ha come conseguenza una politica imperialista completamente logica dal punto di vista capitalista.

L'intervento degli Stati Uniti in problemi interni al Nicaragua non viene accettato da vari paesi, soprattutto latinoamericani[147]. Un altro fattore che determina l'interventismo nordamericano in America Latina, è l'interesse a frenare tutta l'influenza bolscevica in questo emisfero e si teme molto per alcune tendenze radicali del Messico e per Sacasa[148] in Nicuaragua, che gli Stati Uniti non vogliono che raggiunga il potere. Questi timori accrescono di fronte all'appoggio che il governo Calles manifesta verso la causa di Sacasa.

Kellogg[149], il Segretario di Stato, a questo punto presenta al Congresso un documento: *«Bolshevik Aims and Policies in Mexico and Latin America»*. Questo testo presenta il regime *Callista* come il centro delle agitazioni comuniste, che pone in pericolo le posizioni del Nord

---

[145] Harding Warren Gamaliel, (1865-1923), 29° Presidente degli Stati Uniti, repubblicano. Eletto nel 1920, ha organizzato la conferenza di Washington nel 1921.

[146] C.I. BEGNE GUERRA, *Morrow y Calles*, 42.

[147] C.I. BEGNE GUERRA, *Morrow y Calles*, 43.

[148] Sacasa Juan Bautista, medico e politico nicaraguense, nato in Leòn e morto a Los Angeles (1874-1946). Vicepresidente della repubblica (1925-28) e rappresentante del paese negli Stati Uniti (1929-31), viene eletto presidente costituzionale (1933) però non conclude il suo mandato perchè sconfitto da Anastasio Somoza (1936).

[149] Kellogg Franklin, (1856-1937), avvocato e Senatore. È nominato consulente per il governo americano contro i «Trust» della Standard Oil Company, Union Pacific e Southern Pacific. Nel 1916 viene eletto Senatore Repubblicano. Dal 1925 al 1929 è Segretario di Stato con Coolidge.

America in tutta l'America Latina, con questa relazione si arriva ad un passo dall'impiego delle forze armate sul Messico[150].

Al di là della paura per l'espansione del comunismo, il governo nordamericano vuole evitare che i propri interessi economici, nel continente latinoamericano, siano danneggiati.

In questa campagna contro il regime di Calles, partecipano petrolieri e cattolici nordamericani. Questa coincidenza d'idee, tra petrolieri e cattolici, porta Calles a pensare che dietro alla ribellione *Cristera* vi sia l'intenzione dei petrolieri di promuovere una crisi interna per far cadere il suo governo[151].

Per tentare di contrastare l'influenza cattolica negli Stati Uniti, il governo messicano ricorre al Supremo Consiglio del 33° Rito Scozzese perché influisca sui gruppi massonici nordamericani per poi riuscire ad influenzare l'opinione pubblica.

Coolidge comincia la chiamata *diplomacia del dólar*:

> Coolidge fue defensor de la «diplomacia del dólar» y desde un principio estuvo dispuesto a dar la máxima protección a la inversión de sus ciudadanos en el extranjero; llegando a afirmar que intervendría militarmente [...] en cualquier parte del globo donde el desorden y la violencia amenacen los pacíficos derechos de nuestro pueblo[152].

Di conseguenza gli Stati Uniti vogliono controllare la produzione e il commercio dei paesi latinoamericani a proprio beneficio. Nel caso concreto del Messico, per evitare che i paesi Europei commercino con questo Paese, e in particolare sul petrolio, è necessario controllare la produzione petrolifera. Calles, d'altra parte, necessita dell'appoggio dei petrolieri visto che la tassa sulla produzione petrolifera è una delle fonti d'ingresso più importanti nell'economia nazionale.

Coolidge si rende conto, influenzato forse dai banchieri, che, data la situazione interna del Messico, è necessario appoggiare Calles nel suo compito di ristabilire l'ordine politico.

Vi è solo da segnalare che anche se si ricorre alla via pacifica per risolvere il conflitto con il Messico, la politica estera nordamericana continua nella sua caratteristica di voler mantenere l'egemonia politica ed

---

[150] C.I. BEGNE GUERRA, *Morrow y Calles*, 44.
[151] C.I. BEGNE GUERRA, *Morrow y Calles*, 45.
[152] C.I. BEGNE GUERRA, *Morrow y Calles*, 46.

CAP. I: RAPPORTI CHIESA-STATO DAL 1856 AL 1929

economica[153]. La politica degli Stati Uniti verso il Messico effettivamente cambia nel senso che dalla minaccia di un intervento militare si arriva ad una tendenza a conciliare, da cui si ottengono maggiori benefici per entrambi i paesi.

Nel 1927, il periodo presidenziale di Coolidge si avvicina alla fine, il quale agisce con cautela per essere rieletto per altri 4 anni. È prima di tutto indispensabile mantenere buone relazioni con le lobby di potere, dentro al Congresso e ben inserite nell'economia nazionale, che spingono per una politica interventista sul Messico[154].

È importante segnalare che Calles, nonostante la sua difesa nei confronti della supremazia messicana, vuole arrivare a degli accordi con il suo potente vicino. Dichiara nell'aprile del 1927:

> desde el fondo de todas nuestras dificultades hay sólo falta de entendimiento o diferentes opiniones en la apreciación de materias de carácter legal, teóricas o técnicas, las cuales no afectaban hechos y no afectarán intereses legítimos y no han lastimado los sentimientos de las dos naciones, no hasta la fecha. Afortunadamente no ha habido en tiempos recientes alguna herida a nuestra dignidad. Estoy seguro que el camino está abierto para un más fácil y mejor entendimiento, el cual definitivamente asegurarà el satisfactório apaciguamento de nuestras dificultades[155].

I giornali nordamericani, i petrolieri e un settore dell'opinione pubblica sono a favore di una soluzione bellica, mentre il settore finanziario, i gruppi di liberali e democratici, si oppongono a questa soluzione.

Dentro il Senato nordamericano, William E. Borah[156], presidente del Comitato di Relazioni Estere e Robert M. La Follete[157] cominciano una campagna contro la politica di mano dura di Coolidge verso il Messico. Quest'opposizione è attribuibile al fatto che i senatori sono democratici mentre il presidente è repubblicano.

---

[153] C.I. BEGNE GUERRA, *Morrow y Calles*, 48.
[154] C.I. BEGNE GUERRA, *Morrow y Calles*, 49.
[155] C.I. BEGNE GUERRA, *Morrow y Calles*, 50.
[156] Borah William Edgar, (1865-1940). Politico americano. Senatore dell'Idaho per 33 anni.
[157] Robert Marion La Follete, (1855-1925), Politico americano. Dal 1855 al 1891 è rappresentante del Congresso per il Wisconsin. Nel 1905 viene eletto al Senato per il Partito Repubblicano.

Borah pensa che sia necessario smettere di appoggiare incondizionatamente le attività dei petrolieri. Calles, per questi senatori, è ben lontano dall'essere comunista, come lo classificano certi ambienti a Washington. Borah stabilisce contatti con il governo messicano per trattare di arrivare ad un accordo pacifico e così bloccare l'offensiva contro il Messico[158].

All'opposizione congressista democratica si uniscono gruppi liberali e antimperialisti i quali si schierano contro la *política del dólar* e l'appoggio incondizionato che Coolidge dà agli uomini d'affari in Messico, sostenendo, invece, la necessità del governo messicano di disciplinare i diritti degli stranieri per arrivare ad una struttura sociale moderna e indipendente.

Viene fatta propaganda con molti libri a favore della politica di Calles e contro l'imperialismo in America Latina. Questa propaganda acquista maggiore forza tra l'opinione pubblica nordamericana, grazie allo scandalo del Teapot Dome che mette in mala luce i petrolieri: Albert B. Fall[159], Ministro degli Interni e il Segretario di Marina, Denby[160], si alleano con le Compagnie di Doheny e Sinclair per avere il controllo delle riserve navali di petrolio di Elk Hill in California e di Teapot Dome nel Wyoming. In cambio Fall riceve una grande somma di denaro.

Vi è anche da segnalare che nel settore finanziario degli Stati Uniti vi è una grande opposizione alla politica di Coolidge e Kellogg:

> es interesante tomar nota de la actitud del mundo financiero y de negocios de Nueva York, en lo referente a la situación mexicana. Casi sin excepción, todos los expertos en estos ramos están de acuerdo en que no debe haber intervención en México. Cualquier estudiante de las condiciones económicas y políticas, aplicadas al Comercio exterior, comprende que las disposiciones dictadas por el actual Gobierno de México respeto al registro de los títulos de las tierras son medidas que se han tomado para protección del país y éstas han sido inevitables para que el Gobierno pueda continuar su programa de adelanto en las actividades industriales[161].

---

[158] C.I. BEGNE GUERRA, *Morrow y Calles*, 51.

[159] Fall Albert Bacon, (1861-1944), Politico americano. Nel 1912 nel viene eletto senatore. Sotto Harding è ministro degli Interni.

[160] Denby Edwin, (1870-1929), dal 1905 al 1911 è rappresentante repubblicano al Congresso per il Michigan. Nel 1921 Harding lo nomina Ministro della Marina.

[161] C.I. BEGNE GUERRA, *Morrow y Calles*, 53.

Per una causa o per l'altra, è sicuro che la politica di Coolidge verso il Messico cambia. Le compagnie petrolifere non hanno altra soluzione che contestare le leggi messicane, visto che l'intenzione di fare in modo che il governo messicano retroceda per forza nell'applicazione delle leggi non ha eco nel governo nordamericano.

Alberto J. Pani[162] viaggia a New York per stabilire contatti con i direttori delle imprese petrolifere e con il Comitato Internazionale di Banchieri. L'importanza di questi incontri è che dai negoziati di Pani con i banchieri, e con la J.P. Morgan in particolare, sorge la nomina di un collaboratore di questa banca, Morrow, come nuovo ambasciatore in Messico.

Nel luglio 1927 Sheffield, vista la tensione che si è creata con i dirigenti politici, rinuncia come ambasciatore in Messico. La sua politica nei confronti del Messico non è più utile al governo nordamericano.

La nuova tattica degli Stati Uniti, ora, è per la via del negoziato e, secondo queste direttive, il nuovo ambasciatore Dwight Morrow prende possesso del suo incarico nell'ottobre dello stesso anno, ricevendo ordini precisi da Coolidge in questo senso. Occorre evitare la guerra con il Messico senza sacrificare gli interessi degli investitori, in particolare dei banchieri e dei petrolieri ed arrivare al pagamento del debito estero da parte del governo messicano[163].

3.5.2 Le Compagnie Petrolifere

Come antecedente immediato del conflitto tra Messico e Stati Uniti negli anni 1926 e 1927, per la regolamentazione dell'Articolo 27 costituzionale nel settore petrolifero, si fanno gli Accordi di Bucareli nel 1923, che non hanno un valore ufficiale in quanto non sono stati ratificati dal Congresso del Messico e degli Stati Uniti.

I tre aspetti più rilevanti di questi accordi che sono da menzionare sono: in primo luogo la nomina di una Commissione Speciale Mista, incaricata di risolvere ciò che è richiesto dagli stranieri colpiti dalla Rivoluzione; in secondo luogo, la creazione di una Commissione Mista Generale che si occupi dei reclami dei cittadini nordamericani e messicani

---

[162] Pani Alberto nasce il 12 giugno 1878 ad Aguascalientes. Nel 1921 è Ministro degli Esteri. Ministro del Tesoro dal 1923 al 1927.
[163] C.I. BEGNE GUERRA, *Morrow y Calles*, 54.

contro altri paesi a partire dal 1868, e che non si riferisce ai danni della lotta armata degli ultimi anni. Il terzo aspetto si riferisce agli accordi che si raggiungono con l'applicazione della Costituzione del 1917, e di come questo colpisce gli interessi nordamericani in materia agraria e petrolifera. In quanto alle confische delle terre agricole, si giunge ad un accordo secondo cui possono essere colpite le proprietà con una superficie minore a 1755 ettari e si sarà pagati con buoni di debito agricolo. Se la superficie è maggiore si ricorre alla confisca e l'indennizzo deve essere in contanti e immediato[164].

Per il petrolio si stabilisce che la nazionalizzazione d'idrocarburi, decretata nell'Art. 27 della Costituzione, non sarà retroattiva se i proprietari di terra hanno fatto, prima del 1917, un atto che dimostra l'intenzione di estrarre petrolio. Se non ci sono prove di quest'atto, il governo messicano può dare una concessione ai proprietari per fare l'estrazione. In questo scenario di relazioni tra Messico e Stati Uniti, compare Calles che diviene presidente il 1° dicembre 1924[165].

Apparentemente, si stanno rispettando gli Accordi di Bucareli, ma la produzione petrolifera diminuisce. Il sistema finanziario messicano è gravemente colpito perché le tasse di questa produzione sono una delle principali fonti di reddito nazionale. La diminuzione della produzione petrolifera è calcolata dalle Compagnie che estraggono in altri Paesi dove non vi sono problemi politici, in particolare il Venezuela, castigando così il Messico che viene lasciato come semplice riserva.

A causa di questa situazione e dato che Calles vuole fare rispettare le leggi Costituzionali, e difendere i diritti nazionali del Messico di fronte agli interessi stranieri, agli inizi di giugno del 1925, il Congresso stende un progetto di regolamentazione del paragrafo IV dell'Art. 27 costituzionale. Con questa modifica si limita, ad un periodo breve, la concessione di estrarre petrolio alle compagnie straniere[166].

Il Segretario di Stato nordamericano, Frank B. Kellogg, dichiara ai giornali il 12 giugno del 1925:

> nuestras relaciones con el gobierno son amistosas; sin embargo las condiciones no son enteramente satisfactorias y esperamos que el gobierno mexicano regrese las propiedades ilegalmente tomadas y que

---

[164] C.I. BEGNE GUERRA, *Morrow y Calles*, 25.
[165] C.I. BEGNE GUERRA, *Morrow y Calles*, 26.
[166] C.I. BEGNE GUERRA, *Morrow y Calles*, 27.

indemnice a los ciudadanos americanos. El gobierno actual continuará manteniendo relaciones con el gobierno de México sólo en tanto éste proteja las vidas y los derechos de los americanos y cumpla con sus obligaciones y compromisos internacionales. El gobierno mexicano está ahora a prueba ante el mundo. Nosotros estamos muy interesados en la estabilidad y la independencia de México. Hemos sido pacientes y estamos concientes de que toma tiempo lograr un gobierno estable, pero nosotros no podemos aprobar las violaciones de sus obligaciones y las fallas de protección a los ciudadanos americanos[167].

Kellogg parla anche di una possibile ribellione in Messico contro il regime del Generale Calles.

La risposta di Calles non si fa aspettare ed il 14 giugno, davanti ai giornali, dichiara che il Messico ha dimostrato la sua intenzione di compiere con gli obblighi internazionali attraverso una Commissione Mista per considerare danni e indennizzi. Rileva quanto sia inammissibile che Kellogg alimenti i rumori di una ribellione perché ciò perturba la stabilità del Messico. In relazione all'Articolo 27, in materia di petrolio, si dichiara che il Messico non dà effetto retroattivo, com'è stato deciso nei tribunali della Suprema Corte di Giustizia.

Una volta pubblicate le leggi sul petrolio, le compagnie petrolifere ricorrono alla protezione e appoggiano il governo nordamericano attraverso l'ambasciatore Sheffield[168].

A fine gennaio 1926, le compagnie petrolifere si appellano alla Suprema Corte di Giustizia, contro la Legge Organica. La APPM[169] propone al governo «*que se anularan los artículos 14 y 15 de la nueva ley orgánica del párrafo III del artículo 27 que limitaban la duración de las concesiones y daban una mala definición del acto positivo*»[170].

Il Ministero dell'Industria, per ordine del governo, comincia a cancellare i permessi provvisori di perforazione che si sono dati nel 1926, sanzionando con multe le compagnie ribelli che lavorano senza chiedere concessioni e ordina di chiudere le valvole dei pozzi petroliferi che sono attivi senza autorizzazione. Le compagnie rompono i sigilli e continuano ad estrarre petrolio. Calles utilizza l'esercito per far sì che le compagnie

---

[167] C.I. BEGNE GUERRA, *Morrow y Calles*, 28.
[168] C.I. BEGNE GUERRA, *Morrow y Calles*, 34.
[169] APPM: «Asociación de Productores de Petróleo en México».
[170] C.I. BEGNE GUERRA, *Morrow y Calles*, 35.

rispettino ciò che è stabilito dal governo e nuovamente fa chiudere le valvole. Il governo messicano minaccia le compagnie che si negano a pagare multe per la perforazione.

Prima di arrivare a questa situazione, Calles si manifesta disposto a fare in modo che il conflitto si risolva per mezzo di una commissione d'arbitraggio internazionale, la stessa proposta del presidente degli Stati Uniti, Calvin Coolidge[171].

Durante questa tappa del conflitto esiste la minaccia di un intervento armato nordamericano in Messico al punto che:

> Calles ordenó al comandante militar de la zona petrolera, general Lázaro Cárdenas, que procediera a incendiar los campos de las compañías en caso de que las tropas norteamericanas desembarcaran. Finalmente, tanto el hecho de que Calles no nulificara los derechos de las empresas petroleras, que no habían cumplido con la nueva ley, como la opinión contraria a un conflicto militar con México, que prevaleció en ciertos círculos del Congreso norteamericano y la opinión pública de este país, evitaron el conflicto[172].

Accresce il divario del conflitto tra Messico e Stati Uniti e la discrepanza tra entrambi i paesi sul problema del Nicaragua. Il governo nordamericano appoggia Adolfo Díaz ed il Messico, le forze liberali del Vicepresidente Juan Sacasa.

Il risultato di questa politica è che Coolidge accusa il governo messicano di fomentare in America Centrale un'egemonia bolscevica, che può minacciare il controllo da parte dei nordamericani del canale di Panamá. Sacasa viene sconfitto con il disaccordo del senatore nordamericano William E. Borah e del governo messicano.

Il conflitto religioso in Messico contribuisce a moltiplicare i problemi tra Messico e Stati Uniti.

Alla fine, come già detto, si ha un cambio notevole negli orientamenti del presidente nordamericano che sostituisce l'ambasciatore Sheffield con Dwight Morrow (che appartiene al settore finanziario degli Stati Uniti).

> Desde principios de 1927, Coolidge comprendió que no eran sólo sus enemigos en el Senado quienes se oponían a su política hasta entonces

---

[171] C.I. BEGNE GUERRA, *Morrow y Calles*, 38.
[172] C.I. BEGNE GUERRA, *Morrow y Calles*, 39.

aplicada en México y Nicaragua, sino que también un sector influyente del público norteamericano exigía un relajamento de la tensión creada con ambos paises[173].

In sintesi la situazione privilegiata, che il regime di Díaz concede ai petrolieri, si altera nella Costituzione del 1917. Con l'art. 27 si restituisce, infatti, alla nazione il dominio del sottosuolo. Si apre una lunga controversia, determinata dalla relazione di dipendenza esistente tra un paese sottosviluppato e l'altro industrializzato, con eccedenze di capitali, che si sforza di mantenere ed anche estendere il proprio dominio sul Messico, che, a sua volta, offre opportunità vantaggiose d'investimenti nell'estrazione di materie prime. Dare una maggiore indipendenza economica al Messico significa, per gli Stati Uniti, perdere il potere politico ed economico[174].

Le pressioni che i petrolieri americani esercitano in Messico sono il risultato della politica economica interna al governo del paese. Una gran parte degli investimenti privati dei nordamericani all'estero, obbediscono al desiderio di controllare le fonti di materie prime. Da qui la lotta per il petrolio si converte in un obiettivo fondamentale della politica economica nordamericana. Il governo di Washington ha particolari interessi ad appoggiare questa politica per ottenere maggiori concessioni in Messico[175].

La politica estera degli Stati Uniti verso il Messico, tanto dichiaratamente aggressiva e intransigente ad inizio secolo, si trasforma nella missione diplomatica di Dwight Morrow[176]. A partire da ciò, si stabiliscono nuove relazioni tra entrambi i paesi, per questo gli Stati Uniti riconoscono la supremazia del paese.

Il presidente messicano decide di collaborare. Si modificano le disposizioni legali così da ottenere una maggior libertà d'intervento nel controllo nazionale delle materie prime, senza che si colpiscano gli interessi già esistenti. Il prezzo risulta essere molto basso però simbolicamente importante per Calles; questo significa riconoscere ufficialmente i leader rivoluzionari[177].

---

[173] C.I. BEGNE GUERRA, *Morrow y Calles*, 40.
[174] C.I. BEGNE GUERRA, *Morrow y Calles*, 116.
[175] C.I. BEGNE GUERRA, *Morrow y Calles*, 117.
[176] C.I. BEGNE GUERRA, *Morrow y Calles*, 118.
[177] C.I. BEGNE GUERRA, *Morrow y Calles*, 119.

3.5.3 I Cattolici

Morrow convince Calles a cambiare politica. Le difficoltà con gli Stati Uniti si sono risolte nel corso del 1927. I nemici di Calles, ed in particolar modo la *Liga*, speravano in una rottura per arrivare alla fine dell'appoggio militare, finanziario e politico. Di fatto, gli Stati Uniti fanno pressioni sul governo per avere le concessioni desiderate. Agli inizi del 1927, Lamont, Dwight Morrow e altri dirigenti della Banca d'Affari Morgan si riuniscono in varie occasioni con i politici messicani. Pani, Manuel C. Téllez[178] e Agustín Legorreta[179], membri della *familia revolucionaria*, sono in grado di presentare il punto di vista dei banchieri nordamericani a Calles.

Morrow e Lamont aiutano a prendere contatti ufficiali tra il governo, i petrolieri nordamericani ed il Dipartimento di Stato[180]. Nel maggio del 1927 la tensione è diminuita visibilmente e in giugno gli Stati Uniti, con cui si stabilisce un contatto, manifestano l'appoggio alla candidatura di Obregón e dimostrano di mantenere le promesse fatte nel 1923 sulla retroattività della Costituzione.

Morrow è un uomo realista, vuole arrivare ad un *modus vivendi* tra Chiesa e Stato in Messico. Per questo deve combattere con la linea intransigente dei petrolieri e con alcuni diplomatici nordamericani; lo fa tanto bene che la politica di Calles, a partire dal suo arrivo, cessa di infastidire gli interessi economici stranieri[181].

È logico che Morrow, per concludere la sua politica, tenti un avvicinamento tra Chiesa e Stato. Gli Stati Uniti da questa situazione non possono avere alcun vantaggio e sono quindi enormemente interessati ad una pacificazione del conflitto religioso. Quando arriva in Messico per la prima volta, Morrow dice al suo compagno, il colonnello MacNab[182]:

---

[178] Manuel C. Téllez nasce il 16 febbraio 1885 a Zacatecas. Inizia la sua carriera diplomatica nel periodo di Victoriano Huerta. Diviene ambasciatore a Washington con Calles, Ministro degli Interni con Ortíz Rubio e Ministro degli Esteri con Abelardo Rodríguez.
[179] Agustín Legorreta nominato da Calles presidente del «Banco de México».
[180] J. MEYER, *La Cristiada 2*, 315.
[181] J. MEYER, *La Cristiada 2*, 316.
[182] Alexander J. Macnab, colonnello statunitense, inviato militare all'ambasciata americana a Città del Messico.

Nuestro primer trabajo en México para arreglar las diferencias entre nuestros dos países es asentar a México sobre sus pies, económicamente hablando, y darle un gobierno fuerte; porque, a pesar de los comités de reclamaciones y los tribunales internacionales... nuestras dificultades continuarán mientras este país tenga un gobierno debíl y sea insolvente... Morrow tomó al Secretario de Hacienda bajo su protección, y lo formó e instruyó en la materia, invitándole dos veces por semana a hablar de cuestiones económicas... cada quince días a pasar el fin de semana[183].

Dopo aver studiato tutti i documenti riguardo al conflitto Stato-Chiesa in Messico, Morrow si fa rapidamente un'opinione:

Nadie que no sea un loco trataría de arreglar la cuestión de principios entre la Iglesia y México. Esta cuestión de principios está muy bien subrayada en el documento que los obispos han enviado al presidente Calles, el 16 agosto de 1926, y en la respuesta del Presidente, el 20 de agosto.... Si comprendo la carta (de los obispos), lo que se buscada era "una tolerancia mutua suficiente para mantener la paz pública y que permitiera a la Iglesia una libertad relativa para vivir y actuar[184].

L'ambasciatore nordamericano interviene nella questione religiosa con il proposito di risolverla:

el encarnizado combate entre le Iglesia y el Estado... era también un elemento de grave discordia entre los países, mantenía a México en el desorden absoluto y, mientras continuara la lucha, la paz y el progreso serían imposibles[185].

Dice il Colonnello Alexander J. Macnab:

Quando Morrow me dijo que quería ocuparse de la cuestión religiosa para ver si podía arreglarla, mi admiración por atrevimiento sublime y por su confianza aumentó en varios grados; pero mi opinión sobre su sensatez disminuyó momentáneamente. Le dije que aquello era un explosivo... y que yo no lo tocaría ni con un palo de mil millas de largo. El señor Morrow me contestó: -El país se halla completamente trastornado; los pobres no tienen casi otra cosa que el consuelo de la Iglesia, y no habrá paz verdadera ni progreso de no llegarse a un arreglo. No creo

---

[183] J. Meyer, *La Cristiada 2*, 317.
[184] J. Meyer, *La Cristiada 2*, 318.
[185] J. Meyer, *Historia de la Revolución Mexicana 1924-1928*, XI, 270.

que estén tan separados como ellos lo creen; viven la misma cosa desde puntos de vista diferentes, y si puedo aproximarles un poco creo que verán las cosas desde el mismo punto de vista y se darán cuenta de que difieren menos de lo que parece[186].

4. «La Cristiada»

C'è un Messico visibile ed un Messico invisibile. È invisibile, in particolare, il Messico dei contadini, che costituisce la maggioranza della nazione, pur influendo ben poco nella direzione di questa. Quando i contadini si mobilitano lo fanno come forze misteriose, come forze elementari della natura. Sia Zapata che i *Cristeros* provocano lo stesso orrore che causano i terremoti e gli uragani.

La *guerra de los Cristeros*[187] sorprende tutti: personaggi, istituzioni, l'esercito, il governo, i vescovi e i ribelli stessi che si lanciano verso una serena morte. Vi è una contraddizione spettacolare tra il conflitto politico tra Stato e Chiesa gerarchica ed il rapido sollevamento popolare. Il conflitto politico segue il proprio percorso lontano dalla ribellione, ignorandola completamente. Questo movimento rivoluzionario e popolare si mostra imprevisto, inedito, insperato, impreparato, non diretto né da partiti né da organizzazioni confessionali.

Perché si arriva a questa ribellione? Occorre dimenticare i lavori dei ricercatori o intellettuali sulle tradizioni contadine tra il 1910 e il 1926; sui sacerdoti e proprietari terrieri nello stesso periodo. Bisogna dimenticarsi della teoria del complotto[188].

Come si prende la decisione di ribellarsi? Si trasmette di bocca in bocca come qualsiasi notizia. Ovunque regna la stessa opinione, i paesi riuniti in assemblea, si chiedono: *«¿Qué vamos a hacer?»* e tutti rispondono *«¡Una revolución!»* Come organizzarla senza sapere niente né d'armi né di movimenti armati[189]?

> Todos tenían miedo, nunca nadie verdaderamente sabía ni había visto igual al asunto que se estaba acordando, trascendental por cierto, y se sentían inútiles para determinarlo[190].

---

[186] J. MEYER, *Historia de la Revolución Mexicana 1924-1928*, XI, 270.
[187] «Cristeros, Guerra de los», *DHCJ*, II, 1001-1002.
[188] J.MEYER, *Historia de la Revolución Mexicana 1924-1928*, XI, 237-239.
[189] J.MEYER, *Historia de la Revolución Mexicana 1924-1928*, XI, 240-241.
[190] J.MEYER, *Historia de la Revolución Mexicana 1924-1928*, XI, 242.

L'atteggiamento del governo non è servito a nient'altro che a far precipitare gli eventi. Mentre le organizzazioni cattoliche utilizzano le ultime possibilità pacifiche del boicottaggio e della petizione, il governo, a partire dal 31 luglio, pone l'esercito in stato di guerra; recluta gli *agraristi*, disarma la difesa sociale, confisca i cavalli e installa guarnigioni. Dopo le prime scaramucce, precipitano gli eventi e lo Stato provoca sempre più cercando lo scontro in tutti i modi: si organizzano inventari sugli arredi d'ogni chiesa, si detengono sacerdoti per semplici sospetti, provocando così l'ira del popolo che si rende conto che la pazienza, la penitenza e la preghiera di mesi non sono servite a nulla. Nel novembre 1927 si fa fucilare senza processo il responsabile di un attentato contro il generale Obregón, Luis Segura Vilchis[191] e, nello stesso tempo, due innocenti: P. Agustín Pro Juárez[192] e suo fratello Humberto. Nel 1929 un altro gesuita P. David Maduro[193] viene fucilato dal governo senza alcuna spiegazione ed in circostanze confuse.

La popolazione, con i nervi rotti dalla sospensione del culto, si decide alla fine per la guerra senza immaginare l'aumento d'orrori e ciò che

---

[191] Luis Segura Vilchis nasce a Città del Messico nel 1902. Compie i suoi studi nel Collegio Francese dei Padri Maristi. Si laurea in Ingegneria Elettronica all'UNAM. Appartenente alla ACJM fin dalla sua adolescenza, diviene capo di un comitato speciale della «Liga» che si occupa di organizzare attentati e sabotaggi. Con questo incarico tenta un attentato contro Obregón che fallisce. Per questo il 23 novembre 1927 viene fucilato insieme a Miguel Agustín Pro S.I., suo fratello Humberto Pro e Juan Antonio Tirado Arias.

[192] Pro Juárez Agustín, gesuita messicano, martire. Nasce il 13 gennaio 1891 e muore a Città del Messico il 23 novembre 1927. I suoi genitori sono Miguel Pro e Josefa Juàrez. Entra nel noviziato della Compagnia di Gesù a El Llamo Michoacàn il 10 agosto 1911. Viste le persecuzioni religiose studia a Los Gatos (California) dal 1914 al 1915 poi va in Spagna. Nel 1924 è a Enghien (Belgio) per specializzarsi in studi di sociologia, dove viene ordinato sacerdote nel 1925. Nel 1926 ritorna a Città del Messico dove celebra messe clandestinamente. Ricercato dalla polizia viene catturato con suo fratello il 13 novembre 1927. Viene accusato ingiustamente di essere il responsabile di un attentato a Obregón. Per questa ragione viene fucilato 10 giorni dopo la sua cattura. Il 25 settembre 1988 viene beatificato da Giovanni Paolo II; cfr. *DHCJ*, IV, 3233-3234.

[193] Maduro David nasce nel 1885 a Valle de Bravo (México). Entra nella Compagnia di Gesù nel 1910. Diviene compagno di studi di Padre Pro in Spagna. Rientrato in Messico vive, come altri gesuiti, in clandestinità. Il 13 febbraio 1929 mercoledì delle ceneri, durante il culto in una cappella a Parras (Coahuila), viene prelevato e immediatamente fucilato dai militari; cfr. *DHCJ*, III, 2465.

avrebbe realmente significato: non si vede altro rimedio e la *Cristiada* comincia.

Davanti ad autorità tanto razionalistiche, ma incapaci di prevedere gli eventi, si produce una ribellione completamente distinta dai tradizionali movimenti agrari o politici, un'insurrezione che ha alcune caratteristiche politiche e sociali, ma che è essenzialmente religiosa. Lo Stato ha toccato la religione; la battaglia contro il cattolicesimo ha perturbato gravemente l'equilibrio affettivo, culturale e la vita quotidiana del popolo.

Nei primi giorni dell'anno 1927 tutto il centro-ovest obbedisce all'ordine di ribellione generale data dai capi dell'*Unión Popular*, per indicazione della *Liga*. In realtà non importa sapere chi ha dato l'ordine[194].

In gennaio Jalisco, Nayarit, Zacatecas e Guanajuato si sollevano in massa. Moltitudini inermi di tutte le età si uniscono: uomini e donne, bambini e anziani. In mezzo a quest'euforia generale, si depone l'autorità, si nominano per acclamazione un nuovo sindaco e quest'ultimo elegge un capo di guerra.

> Nos espera la cruz, sustos, hambres, desvelos, cansancios, desprecios, traiciones, calumnias, burlas y el martirio que es lo mejor, y por eso no seamos asesinos, ladrones, deshonestos, inhumanos. Respetaremos al humillado, a las mujeres y a los niños, pero castigaremos a hombres y mujeres que se declaren contra Cristo y la Virgen[195].

L'esistenza d'irriducibili guerriglieri, la repressione del governo, la sospensione del culto, tutto contribuisce allo sviluppo di questa ribellione. I combattenti, dispersi nella primavera del 1927, si sono convertiti in veri guerriglieri. Dall'agosto del 1926 al luglio del 1927 la ribellione si limita a scappare dal nemico. Quando i federali arrivano in colonna nella *sierra*, ascoltano senza interruzione il corno dei ribelli, poi si scontrano con un gruppo, perdono alcuni uomini e dodici ore dopo, incontrano di nuovo lo stesso gruppo che suona il corno. Trascorsi tre anni i federali sono chiusi nei loro accampamenti. Hanno intorno il vuoto, vuoto in cui sono installate l'amministrazione e la scuola *Cristera*. Nel 1929 si prepara la presa di Guadalajara[196].

---

[194] J. MEYER, *Historia de la Revolución Mexicana 1924-1928*, XI, 243-245.
[195] J. MEYER, *Historia de la Revolución Mexicana 1924-1928*, XI, 246.
[196] J. MEYER, *Historia de la Revolución Mexicana 1924-1928*, XI, 247-248.

CAP. I: RAPPORTI CHIESA-STATO DAL 1856 AL 1929

In Messico, un movimento ribelle non ha mai avuto contro un esercito tanto forte come quello messo in piedi dal generale Amaro, né un governo tanto fermamente appoggiato dagli Stati Uniti (finanziariamente, militarmente e politicamente)[197]; mai un movimento ribelle, con così pochi mezzi, è stato animato da tanta perseveranza. L'esercito *Cristero* è condannato a prolungarsi davanti all'impossibilità di vincere una battaglia decisiva; la guerra *Cristera* mantiene il controllo sul territorio mentre il governo controlla le città e le ferrovie. Ciò sarebbe durato per moltissimi anni dato che i federali mantengono una potenza di fuoco 100 volte superiore rispetto ai *Cristeros*[198].

Tanto la Santa Sede come l'Episcopato messicano non condannano la lotta dei cattolici, riconoscono il diritto di legittima difesa, però non approvano mai ufficialmente e pubblicamente il movimento *Cristero*. La Santa Sede insiste sempre con l'Episcopato affinché non si assuma la responsabilità del movimento.

---

[197] Per evitare che i paesi Europei commercino con il Messico, in particolare sul petrolio, gli Stati Uniti devono controllare la produzione petrolifera. Calles, d'altra parte, necessita dell'appoggio dei petrolieri, visto che, la tassa sulla produzione petrolifera è una delle fonti d'ingresso più importanti nell'economia nazionale. Il presidente Americano Coolidge si rende conto, influenzato forse dai banchieri, che, data la situazione interna del Messico, è necessario appoggiare Calles nel suo compito di ristabilire l'ordine.

[198] J. MEYER, *Historia de la Revolución Mexicana 1924-1928*, XI, 249-250.

CAPITOLO II

Gli «Arreglos»

Dalla sospensione del culto del 31 luglio 1926 e con l'inizio della *Cristiada*, l'Episcopato e il governo non smettono di incontrarsi[1].

1. 1926: inizio delle trattative

I primi tentativi di dominare la crisi cominciano nell'agosto del 1926. Si risponde ad un'iniziativa del generale Obregón, che durante l'anno, con l'aiuto dei suoi amici cattolici, comincia a forzare le cose. Il suo principale agente è Eduardo Mestre Ghiglizza[2]. Con una notevole tenacia Mestre fa grossi sforzi per porre fine alla guerra, rischiando a volte di perdere la fiducia di Calles e dei cattolici. I vescovi Ruíz y Flores e Pascual Díaz sono sempre persuasi della sua buona fede e ne ricevono sempre con interesse le proposte[3].

Ancora prima del 31 luglio, Pascual Díaz comincia a dialogare con il governo. Il 26 luglio Díaz scrive una lettera a Mestre in cui vorrebbe parlare con Calles per proporre la sospensione del decreto e fare *arreglos*. Per questa ragione vorrebbe fare due commissioni, una formata da membri del governo e l'altra formata da vescovi:

> al escuchar nos, hubiera visto el Sr. Presidente la buena disposición de que estamos animados para colaborar con él, por el bien de la Patria. La razón es muy sencilla: -Estamos íntimamente persuadidos de la obliga-

---
[1] J. MEYER, *La Cristiada 2*, 303.
[2] Mestre Ghigliazza Eduardo nasce a Tabasco, avvocato e politico.
[3] J. MEYER, *La Cristiada 2*, 304.

ción que tenemos de influir al pueblo, con nuestro ejemplo y con nuestra doctrina. El respeto a las autoridades legítimamente constuídas. [...]. Si el Sr. Presidente lo considera bien, podría suspenderse la aplicación de su decreto y nombrar una comisión de su parte, para que discutiera con otra que nosotros nombramos, los punto en que hemos manifestado nuestra inconformidad.[...][4].

Ma i tentativi di Díaz, sono subito interrotti, infatti, il Delegato Apostolico gli scrive chiaramente che la Santa Sede per ora non autorizza nessuna forma di *arreglos*, neanche provvisorio per ripristinare il culto[5].

José Maria González y Valencia nella commissione episcopale a Roma afferma che in niente il Papa è più esplicito come nell'assicurare che in Messico, come prima cosa, bisogna chiedere una riforma delle leggi. Lo stesso Card. Boggiani[6] lo ripete più volte affermando che, per cominciare a trattare con il governo, occorre l'abrogazione delle leggi persecutorie:

en nada es tan explicito tan insistente el Santo Padre, como en enseñar que en México no hay otro remedio que el de seguir adelante hasta obtener la reforma misma de la Ley. Y precisamente el Card. Boggiani me repetía hace unos cuantos días que no podemos ni debemos admitir ningún otro arreglo, que no esté basado en la derogación de la ley. Por eso me sorprendió el que las declaraciones del Comité, terminan suponiendo la posibilidad de un arreglo entre la Santa Sede y el Gobierno, aun cuando este no derogue las leyes...Conferenciando con el R.P. Sandoval, él inmediatamente me aconsejó no dijera nada de eso en el Vaticano,

---

[4] Cfr. ACAM, in *Fonti Inedite*, doc. 38.
[5] Cfr. ACAM, in *Fonti Inedite*, doc. 39.
[6] Boggiani Tommaso Pio nasce a Bosco Marengo (Alessandria) il 19 gennaio 1863, entra nel 1878 nell' Ordine dei predicatori nel convento di S. Domenico a Chieri. Nell'agosto 1900 diviene parroco della chiesa di S. Maria in Castello a Genova dove è chiamato dall'arcivescovo mons. Pulciani alla cattedra di Diritto Canonico ed Ecclesiastico del seminario. Scoppia la crisi modernista, il Boggiani, apprezzato da Pio X, è nominato visitatore apostolico e inviato a visitare 23 diocesi italiane. Nel 1908 diviene vescovo di Adria, nel 1912 fino al 1914, è Delegato Apostolico del Messico. Nel 1914 è nominato amministratore apostolico della diocesi di Genova. Nel 1916 diviene Cardinale ed è destinato, nel 1919, a reggere la diocesi genovese. Nel 1921 dopo forti dissensi con elementi popolari della sua diocesi, viene richiamato a Roma. Gli vengono assegnate varie congregazioni, muore a Roma nel 1942.

pues tiene por seguro que traería algo de menoscabo al elevadísimo concepto que de nosotros se han formado ya, el que después de tantos heroísmos en la resistencia, y sobre todo después de la Encíclica del Sto. Padre, tan clara y tan enérgica, los obispos de México creyeran todavía en la posibilidad absurda de un arreglo con la Sta. Sede, sin garantía de la derogación de la Ley. También se siente mal en que los católicos acudan a Gobernación para hacer consultas sobre el culto. También el que en documentos eclesiásticos se recomiende a los fieles respecto a la Ley, pues es una Ley que el Papa ha condenado, y que por tanto no merece ningún respeto. Esto sería, me dijo también el P. Sandoval, enmendarle la plana al Papa[7].

2. 1927: proseguimento delle trattative

L'anno 1927 comincia male per chi vuole la pace: i *Cristeros* insorgono in molti Stati e ciò convince Calles ad espellere Mons. Díaz, segretario del Comitato Episcopale, personaggio molto importante per il dialogo, privando così Obregón di un interlocutore decisivo.

Il 10 febbraio del 1927, il *New York Herald Tribune* dà eco ai rumori a proposito di un accordo negoziato tra governo e Chiesa che ha come intermediari due ecclesiastici nordamericani: John Burke[8], Edmundo Walsh[9] ed un banchiere, Morrow. Questi rumori non sono confermati, anche se vi è da notare che i personaggi menzionati 30 mesi più tardi svolgono un ruolo decisivo nella conclusione degli *arreglos*.

Nel marzo del 1927 Obregón s'incontra con alcuni vescovi:

---

[7] Cfr. ACAM, in *Fonti Inedite*, doc.17.

[8] John Burke, sacerdote statunitense, segretario generale della *National Catholic Welfare Council*, nel 1928 viene incaricato dalla Santa Sede di rappresentarla nella preparazione degli *arreglos*.

[9] Edmundo A. Walsh, educatore, diplomatico e scrittore. Nasce il 10 ottobre 1885 a Boston e muore il 31 ottobre 1956 a Washington. Entra nella Compagnia di Gesù il 14 agosto 1902 a Frederick (Maryland), viene ordinato il 28 giugno 1916 a Woodstock (Maryland) e fa gli ultimi voti il 27 marzo 1924 a Washington. Nel 1922 viene chiamato dal Papa per la sua prima missione diplomatica in Russia. È vicepresidente della *Georgetown University* e fondatore della facoltà di Relazioni Internazionali. È inviato dalla Santa Sede a trattare gli *arreglos* in Messico nel 1929. Nel 1945 è a Norimberga come consultore della commissione per i crimini di guerra; cfr. *DHCJ*, IV, 4010-4011.

Obregón deseaba tener una entrevista con algunos obispos para ver si podría tenerse algún arreglo... y quiso que de manera enteramente extraoficial, sin firma de nadie, se escibieran unas bases indicando lo que perdirían los obispos y en qué casos podría acaso ceder la Sede Apostólica[10].

La mattina del 16 marzo, mentre Mons. Ruíz y Flores e Valdespino y Díaz[11], vescovo di Aguascalientes, s'incontrano con Mons. Mora y del Río al palazzo arcivescovile, gli si presentano due inviati da Obregón: Simón Ortega e l'ingegnere N. Olvera. Questi desiderano incontrarsi con i vescovi, «*ofreciendo su influencia para conseguir un honoroso advenimiento entre ambas partes*» e suggerendo il nome di Mons. Ruíz come un interlocutore. L'incontro avviene con Mestre che comincia con il ricordare l'incontro dell'agosto 1926 con Calles e «*aprovechando su acercamiento y amistad íntima con el general Obregón, y palpando los innumerables males y trastornos que venía acarreando el estado de tirante entre ambos poderes*»[12].

Scrive Ruíz:

Hoy tuvimos una conferencia al Ilmo. L. Valdespino y yo, ordenada y aceptada por el Ilmo. L. Mora con el Lic. Mestre. Parece que este Señor en nombre del Gral. Obregón trataba de tomarnos el pulso. Su proporción se reduce a que reanudemos el culto basado únicamente en una declaración del Sr. Presidente en que se haga causa que el aviso famoso de los encargados de los templos no es sino medida administrativa y que no intenta mezclarse con el dogma etc. El modo de conseguir esa declaración es que varios católicos hagan un verso(parola incomprensibile) al Episcopado y que este pregunte al Sr. Presidente el alcance de la disposición relativa al aviso: que entonces el Sr. Presidente hará su delcaración y todo queda arreglado.

Promete por supuesto el Lic. Mestre que a los pocos meses de reanudado el culto se reformará la Constitución. No salimos ni por un momento de nuestra linea de conducta haciéndole ver que la suspensión del culto no se debía sólo al aviso sino a la legislación en general y a su

---

[10] J. MEYER, *La Cristiada 2*, 305.

[11] Ignacio Valdespino y Díaz nasce il 30 luglio del 1861 a Chalchihuites (Zacatecas). Nel 1884 è ordinato sacerdote. Diviene vescovo di Sonora nel 1902. Nel 1913 è traslato alla diocesi di Aguascalientes. Dal 1914 al 1917 vive in esilio a San Antonio. Nel 1927 è nuovamente espulso. Muore a San Antonio nel 1928.

[12] J. MEYER, *La Cristiada 2*, 305-306.

espíritu de subuygar a la Iglesia y que no podríamos dar arreglos parcial no total, definitivo o proporcional sin aprobación de la Sta. Sede[13].

Di fatto, è chiaro che Obregón non ha preso precauzioni, visto che Mestre arriva a dare la sua parola d'onore che, se l'Episcopato riprende i culti immediatamente, da parte del governo non vi sarebbero state richieste particolari, né sarebbero state applicate le leggi persecutorie. I vescovi rispondono che il Vaticano vuole cambiare la legge, che non bisogna fidarsi di una persona e che loro stessi non hanno niente a che vedere con la ribellione dei cattolici, dato che la ribellione è un diritto d'ogni cittadino.

Miguel de la Mora, scrivendo a González Valencia, ha saputo che Ruíz ha ricevuto un ammonimento dalla Santa Sede perché ha tentato di fare *arreglos* indecorosi. La base fondamentale è che non si possono fare accordi senza il permesso della Santa Sede. Per questo i tentativi fatti con Obregón non sono ufficiali:

> he sabido que ahora que el Exmo. Sr. Leopoldo Ruíz está en el destierro recibió un extrañamiento de la Sede Apostólica, porque él y otro obispo trataban de hacer con el G. arreglos indecorosos. El Sr. Ruíz, aunque sintiéndolo mucho no contestará, ni se defenderá; pero a mí me parece conveniente manifestar a VV.SS. Ilmas. la verdad de las cosas, por si quisieran o creyeran conveniente tomar su defensa, ¡pobrecito!
> Obregón deseaba tener una entrevista con algunos obispos para ver si podría tenerse algún arreglo de la situación religiosa y quiso que de manera enteramente extraoficial, sin firma de nadie, sin compromiso para nadie se escribieran unas bases, indicando lo que pedirían los Obispos y en qué cosas podría acaso ceder la Sede Apostólica. LA BASE FUNDAMENTAL FUE QUE NADA PODIAMOS ARREGLAR LOS OBISPOS Y QUE TODO, ABSOLUTAMENTE TODO QUEDARA SUJETO A LO QUE DISPUSIERA LA SANTA SEDE Y QUE ANTES DE DARSE NADA POR ARREGLADO TENDRIA QUE CONSULTARSE A LA SANTA SEDE [sic] [...][14].

Mestre vuole continuare il dialogo, in particolare desidera visitare Mons. Díaz negli Stati Uniti. Ma questi incontri non sono niente più che un semplice contatto.

---

[13] Cfr. ACAM, in *Fonti Inedite*, doc. 37.
[14] Cfr. AMJR, in *Fonti Inedite*, doc. 75.

Obregón si appresta a smentire l'esistenza di contatti con i vescovi, nega apertamente gli incontri avuti membri dell'episcopato, mentre tutti si rassegnano alla guerra.

Mons. Mora y del Río scrive il 27 marzo 1927 a Mons. Valverde y Téllez, a Roma:

> Mestre y Obregón han querido tener algunas conferencias... pero como todas han sido bajo la base de sujetarse a las llamadas leyes... nada se ha obtenido... no queda, pues, otro recurso que la defensa armada[15].

Mons. Díaz dichiara alla stampa nordamericana:

> no creo que exista posibilidad de arreglo entre el gobierno de Calles y la Iglesia... porque cuando se piensa con la razón no se puede arreglar nada con una tiranía irresponsable [...] La Iglesia no encabeza ninguna rebelión armada. Es, por ejemplo, una fantástica mentira decir que el V. Arzobispo de Guadalajara, Mons. Orozco y Jiménez, se halla dirigiendo la revuelta de Jalisco. En cambio, es una buena doctrina católica oponer resistencia a cualquier tiranía injusta, así como también es éste un imperativo deber de todo ciudadano. De una vez por todas debo decir que el gobierno de Calles no representa al pueblo de México. Por eso millares de ciudadanos se hallan levantados en armas en decidida rebelión contra él, mientras que otros millones de la población del país contemplan con silenciosa simpatía el movimiento, bajo la despiadada tiranía que tiene al alcance de sus manos todos los medios de opresión....Lo que hoy se llama Constitución Mexicana... no es más que la desenfrenada expresión de una salvaje teoría política implantada por una oligarquía egoísta para darle color de legalidad constitucional a sus malignas acciones[16].

In luglio sembra che vi sia in corso un altro tentativo di arrivare ad un accordo. In effetti, il 15 luglio compaiono nei giornali questi titoli: *«El conflicto religioso va a ser resuelto. El arreglo se halla en preparación»*[17].

In realtà la proposta di Mestre è soprattutto di porre i sacerdoti allo stesso livello dei professionisti, affinché il governo si comprometta a ristabilire il culto ed a riformare la costituzione.

PROPOSICIONES [sic]

---

[15] J. MEYER, *La Cristiada 2*, 308
[16] J. MEYER, *La Cristiada 2*, 307-308
[17] J. MEYER, *La Cristiada 2*, 309

> El Sr. Mestre, enviado oficioso del Gobierno, nos propuso: 1- que los sacerdotes, como profesionistas que son considerados en la Constitución hicieran una manifestación de su oficio al Gobierno; 2- que el Gobierno se comprometía por su parte a permitir la reanudación de los cultos asegurando antes de que termine el periodo del Sr. Calles sería reformada la Constitución y que el efecto se formaría comisión mixta de ciudadanos católicos y no católicos que estudiaran un proyecto de ley de cultos que se propondría a su tiempo al Congreso.[...][18].

Mestre, in rappresentanza di Calles, si dirige a San Antonio per incontrarsi con alcuni vescovi. Affinché la conversazione sia fruttuosa, il governo pone un freno alla persecuzione religiosa, ma non alla guerra contro i *Cristeros*. I militanti della *Liga*, i deportati delle *Islas Marías*, sono lasciati in libertà. Il vicepresidente della *Liga* attribuisce il fatto a *«la necesidad de impedir que la cuestión religiosa se complique con la cuestion electoral presidencial»*.

Quindi all'inizio d'agosto, Mestre si presenta a San Antonio per parlare con Mora y del Río assicurando che in cambio della ripresa del culto, si sarebbe accettato il rientro dei vescovi. Visto, però, che tutto questo è reso pubblico, Calles ritratta, dichiara che non ha fatto niente per trattare con la Chiesa e un ritorno dei vescovi significherebbe la sottomissione della Costituzione. Inoltre, mentre erano in corso le trattative, González, da Roma, fa sapere che il Papa ordina di non arrivare ad alcun accordo:

> Mentre, dunque, si cercava di trovare una formula accettevole ad ambo le parti, l'Arcivescovo di Messico ci fece sapere che allora appunto aveva egli ricevuto una comunicazione dai Vescovi Messicani in Roma, dicendo che Sua Santità ordinava di non venire ad alcuno accordo con gl'invitati del Governo, se prima non si esigessero da loro le dovute credenziali, e se prima non fossero essi disposti a firmare qualunque accordo che si sarebbe fatto. In vista di ciò sospendemmo le riunioni [...][19].

La Santa Sede pensa in altra maniera ed il 5 agosto, per mezzo di Mons. Valverde y Téllez, vescovo di León, comunica a Mons. Mora y del Río:

---

[18] Cfr. AMJR, in *Fonti Inedite*, doc. 74.
[19] Cfr. ACAM, in *Fonti Inedite*, doc. 32.

en orden a esos pretendidos arreglos, el Santo Padre se dignó dar las siguientes normas: 1) Oigan los obispos las proposiciones hechas por los agentes del gobierno, sin hacerles ellos ninguna. 2) Si las proposiciones no son aceptables, dése por terminado el intento de arreglos. 3) Si parecen aceptables, antes de proseguir exíjanse a los dichos agentes del gobierno credenciales auténticas y satisfactorias. 4) Si no las presentaran, dése por terminadas las negociaciones. 5) Si las presentan, pídanseles sus proposiciones por escrito y firmadas. 6) Si no las dan en esta forma, ténganse por terminados los trabajos. 7) Si las proposiciones fueren presentadas en la forma dicha antes, adviértase a los representantes del gobierno que es necesario no menos de un mes para resolver; mientras tanto comunique sin demora a cada uno de los obispos y a la Liga Defensora de la Libertad Religiosa; pidiéndoles a aquéllos y a éste que den por escrito su dictamen sobre las dichas proposiciones. 8) Envíense las proposiciones del gobierno y los dictámenes de cada obispo y de la Liga a la Santa Sede. 9) Espérese la resolución del Papa [...][20].

Le informazioni dei giornalisti obbligano il governo a salvare le apparenze, a negare l'esistenza di questi incontri e ad abbandonare la trattativa. Questo spiega il cambio di tono dei discorsi che si fanno furiosi per il fallimento dei tentativi.

La Santa Sede decide così di rimandare qualsiasi accordo a quando sarà sicura la rielezione di Obregón. Le speranze ora sono su Obregón, che ha visto i cattivi risultati della politica religiosa di Calles.

È certo che vi siano membri del governo cui questo fallimento piace. Questo spiega perché, più tardi, nel 1928 e nel 1929, il segreto più assoluto regna nelle negoziazioni. La *Liga* cessa di essere informata e, per impedire che i due o tre prelati fedeli alla *Liga* rendano pubbliche queste informazioni, mantengono i propri vescovi nell'ignoranza. Il governo, da parte sua, segue la stessa condotta.

L'episcopato è molto diviso; il 5 settembre 1927 Díaz, scrivendo alla Delegazione a Washington, «spara a zero» su molti vescovi che non seguono la sua linea. Assicura che durante le trattative tra Governo e Chiesa, Mora y del Río si è dimostrato debole di carattere visto anche l'età avanzata. Sostiene che l'Arcivescovo del Messico non nasconde la sua simpatia per il movimento rivoluzionario e si mostra compiacente con i leader della *Liga*. Inoltre, circa i vescovi messicani a Roma, assi-

---

[20] J. MEYER, *La Cristiada 2*, 312.

cura che, quando la commissione era partita per Roma, c'era l'intesa che fossero i portavoce del *comité episcopal* visto che a quei tempi mancava un Delegato Apostolico, dato che Caruana era stato espulso, ma la commissione a Roma non si riferisce mai al Comitato Episcopale e diviene indipendente. Per Díaz questi vescovi lontani dal Messico e in territori perfettamente sicuri, si sono convinti che la difesa armata è l'unica soluzione: hanno scritto che è dovere d'ogni diocesi vendere i propri beni a darli alla lotta armata[21]. Inoltre Díaz afferma che il criterio che prevale negli Stati Uniti, da parte dei Cardinali e dei diplomatici in pratica le persone che possono essere meglio informate, assicura che qualunque movimento armato nelle circostanze attuali è inutile, soprattutto se di carattere religioso. I vescovi sono divisi e l'ala meno trattatista è la commissione di vescovi a Roma, che è molto legata alla *Liga*.

Nel suo discorso annuale del 1° settembre, Calles afferma che «*el conflicto religioso ocasionado por la rebeldía del clero ha concluído prácticamente; pues todas las leyes... se han cumplido no obstante la inútil resistencia del clero*». Il governo, per accreditarsi l'opinione pubblica internazionale, fa pubblicare «*las relaciones entre la Iglesia y el Estado de México*» in tre lingue; allo stesso tempo si accelera la nazionalizzazione dei beni del clero, sospesa dal 1917 e ripresa nell'agosto del 1927. Questa nazionalizzazione si stima in 26 milioni di *pesos* e la lista, che viene pubblicata sui giornali, riporta in totale, 225 possedimenti terrieri e 1433 proprietà urbane. Le canoniche si pongono a disposizione del governo per fare di questi possedimenti scuole e uffici postali.

Per questo il Vaticano si mostra molto più intransigente e Gasparri, scrivendo a Fumasoni, dice che riprendere il culto senza una modifica delle leggi scatenerebbe scandalo da parte del clero e dei fedeli:

> il Santo Padre ha deciso, che le proposte del Sigr. Mestre e del Gen. Obregón per il ritorno dei Vescovi Messicani in Patria non possono essere prese in considerazione, sia per la loro sostanza, sia per la forma con cui sono state avanzate. Per la sostanza: perché è vero bensì che i Vescovi debbono per diritto divino ritornare alle loro diocesi, ma quando possono entrarvi in aedificationem e non in destructionem. Ora nel caso presente il Governo pone condizioni inaccettabili al loro ritorno, cioè, la ripresa del culto, senza che vengano modificate le cause

---

[21] Cfr. ACAM, in *Fonti Inedite*, doc. 33.

che obbligarono il clero e la Santa Sede a sospenderlo. E per la forma: il Santo Padre fa osservare che non è possibile venire ad un accordo con il Governo Messicano, se le trattative non vengono compiute da persone munite di credenziali e se le proposte non siano scritte e firmate; pur riservandosi la Santa Sede l'ultima parola nel giudizio delle medesime[...][22].

Senza dubbio Dwight Morrow convince Calles a cambiare politica.

3. 1928: la svolta

Il Vaticano comprende immediatamente il valore delle nuove tendenze di Morrow. Una volta che Morrow ha esposto i suoi progetti, il P. Burke, che ha l'appoggio del Vaticano, chiede ai vescovi l'autorizzazione di stabilire negoziati con Calles. Questo avviene nel gennaio del 1928.

I vescovi, anche quelli più intransigenti, comprendono rapidamente la svolta del Vaticano e González, scrivendo a Díaz, gli spiega che ora il Vaticano desidera gli *arreglos* che sono da lui considerati una vergogna e che ormai la Santa Sede non approva più la *Liga* né le relazioni che lui tiene con questa:

> en efecto, por ella nos consta una vez más que la S. Sede desecha de plano los famosos arreglos, que habrían sido nuestra suprema verguenza[23].

La svolta comincia con una notizia apparsa sul *New York Herald Tribune*. Di questa notizia perfino Díaz, sempre informato, mostra la sua meraviglia e chiede spiegazioni a Ruíz:

> creo que vería en el «Herald Tribune» de hoy la pasmosa noticia de que nuestro P. Burke va a México, como enviando especial del Papa, a tratar con Calles los puntos del arreglo de la cuestión religiosa. Dígame qué hay sobre eso[24].

Successivamente Díaz si mostra dubbioso sulla nomina di Burke come Delegato per trattare gli *arreglos*. Per Díaz è difficile che Burke si adegui a trattare con tali persone, se ha avuto una nomina così impor-

---

[22] Cfr. ACAM, in *Fonti Inedite*, doc. 34.
[23] Cfr. ACAM, in *Fonti Inedite*, doc. 19.
[24] Cfr. ACAM, in *Fonti Inedite*, doc. 15.

tante dal Vaticano è perché è degno di fiducia, ma proprio per questo, visto che è abituato ad essere leale, potrebbe essere ingannato dal governo che è dominato da una massoneria radicale e non conciliare come negli Stati Uniti. Inoltre trattare con un governo in crisi significa dargli una forza che non ha:

> yo veo peligro en dos cosas: primero, en que hubiera falta de adaptación al medio, de la persona que se dice designada para tratar el asunto; y segundo, en las consecuencias fatales que pudieran resultar de ceder aunque muy poco en puntos que parecen capitales. Permítaseme una explicación.[...] Siendo Mons. Burke persona tanto honorable y estando acostombrada a tratar con personas tan leales y dignas de confianza, pudiera dejarse alucinar por nuestros enemigos y fiar de sus promesas y palabras [...] Y se agrada ese peligro, cuando veo y temo que pudiera aceptarse un arreglo provisional para reanudar los cultos, como muchas veces se ha insinuado, con la promesa que hiciera el Gobierno de que más adelante se harían en las leyes las reformas pedidas. Porque si el Sr. Delegado acepta una resolución parcial con la esperanza de que se realice esa promesa, esa promesa seguramente que jamás será cumplida, por la sencilla razón de que no tenemos medios para hacerla cumplir, dejándonos ese arreglo a medias en situación más difícil y angustiosa que ésta en que actualmente nos encontramos, con la boca amordazada y las manos atadas con las condiciones que el Gobierno nos impusiera y los compromisos que acaso contrajéramos[25].

Il 27 marzo petrolieri americani e governo messicano si accordano e, approfittando dell'euforia del momento, Morrow lancia la sua seconda operazione. P. Burke invia una lettera a Calles, che accetta di rispondere. Morrow controlla la redazione di entrambe le missive. Il 29 marzo Burke scrive a Calles:

> estoy convencido de que desean reanudar el culto público, si es que esto puede hacerse de acuerdo con su lealtad a la República Mexicana y con sus conciencias. Creo que ello podría llevarse a efecto si estuvieran seguros de una tolerancia dentro de la Ley que permitiera a la Iglesia vivir y ejercer libremente sus actividades espirituales. Esto significa que abandonarían al pueblo mexicano, actuando en la legalidad, a través de sus autoridades debidamente constituidas, el arreglo de las demás cuestiones pendientes. Si usted cree poder, de acuerdo con sus deberes constitucio-

---

[25] Cfr. ACAM, in *Fonti Inedite*, doc. 5.

nales, hacer una declaración de que no está en el ánimo de la Constitución y de las leyes, ni en el suyo propio, destruir la identidad de la Iglesia, y que, para evitar una aplicacion excesiva de las leyes, estaría dispuesto el gobierno a tratar periódicamente con el jefe de la Iglesia de México, debidamente autorizado.[...][26].

Calles risponde:

> Informado de los deseos que los obispos mexicanos tienen de reanudar el culto público (lo cual es esencial para el gobierno, ya que esto pondría fin a la guerra cristera), aprovecho la ocasión para manifestar claramente, como ya lo he hecho en otras ocasiones, que no es el propósito ni de la Constitución, ni de las leyes, ni de mí mismo, destruir la identidad de Iglesia alguna, ni de mezclarme en modo alguno en sus funciones espirituales... yo y mis colaboradores estamos siempre dispuestos a escuchar a toda persona, dignataria de una Iglesia o simple particular, que se queje de las injusticias cometidas por un exceso en la aplicación de la ley[27].

Questo scambio di lettere è seguito immediatamente da un incontro segreto, nella caserma di San Juan de Ulúa (Veracruz), tra Calles e Burke. Al momento di separarsi Calles dice a Burke:

> espero que su visita marque el comienzo de una era nueva para la vida y el pueblo de México[28].

L'episcopato sembra rimanere fuori da tutto ciò. I vescovi non sono informati. Il 12 aprile del 1928 Mons. Díaz, ignorando gli avvenimenti di San Juan de Ulúa, concede un'intervista al *London Daily Express*, riprodotta su tutti i giornali anglosassoni, in cui ripete punto per punto tutte le affermazioni di Calles e accusa la sua politica *«de eliminar efectivamente la religión cristiana en México, oculto tras máscara del progreso social»*[29].

Le dichiarazioni di Mons. Díaz, inducono Morrow a chiedere al presidente un gesto di buona volontà per preparare allo stesso tempo l'incontro con i vescovi:

---

[26] J.Meyer, *La Cristiada 2*, 319-320.
[27] J.Meyer, *La Cristiada 2*, 320.
[28] J.Meyer, *La Cristiada 2*, 320.
[29] J.Meyer, *La Cristiada 2*, 321.

El resultado fue el famoso mea culpa de Celaya, el 15 de abril. Ese día, en el curso de una ceremonia oficial, en presencia de los generales Obregón y Calles, el secretario Puig Casauranc, con el pretexto de la Virgen de Guadalupe, madre de la mexicanidad, hizo una franca invitación a los obispos. Morrow pidió inmediatamente al Departamento de Estado que sugiriera al nuncio apostólico [sic] en Washington una manifestación de buena voluntad. El nuncio [sic] llamó a Mons. Díaz, que aceptó acoger favorablemente «la prueba evidente del deseo manifestado por el general Calles» de devolver al pueblo católico mexicano su esperanza y su derecho de practicar libremente su religión[30].

Queste dichiarazioni provocano un'enorme collera tra i combattenti. Si può affermare che le scarse simpatie della *Liga* nei confronti dell'Episcopato, spariscono in quel momento.

Anche Francisco Orozco, arcivescovo di Guadalajara, dice a Díaz che ciò significa concedere possibilità a questi politici che invece non ne hanno fornito prova.

Si le he de hablar con franqueza, todo lo que sea conceder buena intención a estos Sres., mientras no den prueba de ello y hasta ahora no la han dado, creo que tiene que causar esa misma impresión. Bien comprendo las dificultades con que Ud. tropieza, pero creo interesante que haga ver esas mismas dificultades a quienes corresponda, y el perjuicio y hasta escándalo que con eso puede producirse entre los elementos católicos[...][31].

Mons. Mora y del Río, uno dei principali ostacoli per i negoziati, muore il 22 aprile. Mons. Ruíz y Flores passa ad essere il presidente del Comitato Episcopale.

Gli Stati Uniti vogliono assolutamente risolvere il conflitto religioso, visto che anche loro sono in un clima di campagna elettorale e, per i Repubblicani al potere, risolvere questa vicenda, avrebbe significato ottenere la maggioranza dei voti dell'elettorato cattolico.

Il 9 maggio Burke scrive a Calles una lettera molto cordiale, tentando una tattica per tranquillizzare i vescovi. Calles accetta di riceverlo il 17 maggio con Mons. Ruíz, a condizione che l'incontro rimanga segreto. Si arriva ad un accordo e si fa la dovuta pubblicità.

---

[30] J. MEYER, *La Cristiada 2*, 321.
[31] Cfr. ACAM, in *Fonti Inedite*, doc. 28.

Burke insiste con Fumasoni Biondi perché Roma autorizzi Mons. Ruíz a scrivere i testi degli accordi. Mons. Ruíz ha fretta e vuole che i culti si riprendano in tempo per celebrare la Pentecoste, il 27 maggio. Per questo lo stesso giorno parte per Roma. Pio XI lo riceve immediatamente vista la sua ansietà, il Papa si mostra disposto a tutti gli accordi possibili:

> se efectuará una reconciliación entre la Iglesia y el Estado en México, por la intervención papal. Dicho Prelado en ruta para Roma, llegó esta tarde de Clerburgo en el vapor Leviatan, en representación de los 19 obispos que fueran expulsados por el Presidente Calles en abril de 27. Viene a Europa con la misión de visitar al Sto Padre Pío XI. Dentro de tiempo relativamente corto el Gral. Obregón subirá al poder. Tenemos motivos para creer que el mismo Presidente Calles es partidario de una reconciliacíon. Sabemos que el nuevo Presidente desea la paz, debido a que necesita del apoyo de la Iglesia Católica, para desarrollar su política. El único remedio desde luego es la suspensión de la ley que prohibe a la Iglesia celebrar servicios públicos, cumplir con sus ritos, bautizar y casar sin permiso del gobierno civil. Pero creemos que sólo el Sto. Padre podrá obtener este resultado. Por eso voy a Roma.[...][32].

La *Liga*, preavvisata, senza conoscere i dettagli, tenta di opporsi, inviando il 31 maggio un *memorial* al Papa, mentre il presidente, Ceniceros y Villarreal[33], telegrafa al cardinale Gasparri.

Il telegramma, firmato dalla *Liga*, dai *Caballeros de Colón*, dalla ACJM, dalla Associazione dei Padri di Famiglia, dalle Congregazioni Mariane e dagli Studenti Cattolici, dice:

> sábese fundamentalmente que perseguidores propagan arreglo con algunos prelados, mediante simple promesa ir derogando paulatinamente ley sectaria, previa reanudación culto público. Damos testimonio de que pueblo católico escandalizaráse pacto esas bases; juzgando universalmente perseguidores tratan sorprender benevolencia algunos prelados,

---

[32] Cfr. ACAM, in *Fonti Inedite*, doc. 7.
[33] Rafael Ceniceros y Villareal nasce a Durango l'11 giugno 1855. Sicuramente dopo l'educazione primaria, studia in seminario. Si laurea in diritto, scrittore, giornalista e professore nella «Escuela Libre de Derecho de México». È senatore durante il *Porfiriato*. Diviene membro del «Partido Católico Nacional» e governatore di Zacatecas. Nel 1920 è uno dei fondatori del «Partido Nacional Republicano», di cui diviene presidente. A 70 anni, quando si fonda la LNDLR, diviene il presidente, incarico che occupa fino alla sua morte nel 1933.

fin esclavizar definitivamente Iglesia mexicana, pretexto cese malestar nacional. Quebrantariase seriamente nacionalidad. Imposible fiar de palabra hombres sin honor. Damos testimonio de que pueblo y sociedad, sinceros católicos, inclusive combatientes, prefieren continúe situación dolorosa y lucha con todas sus consecuencias, teniendo certeza que perseverando lograríase al menos escarmiento gobierno base firme y todo gobierno futuro respete conciencia nacional[34].

Mentre Mons. Ruíz va a Roma a difendere la causa della conciliazione, Mestre marcia verso gli Stati Uniti per riferire a Mons. Díaz un messaggio di Obregón e per tranquillizzarlo su come procedono gli avvenimenti.

L'episcopato continua a non essere allineato, e sulle notizie di possibili *arreglos*, i vescovi residenti a San Antonio commentano il fatto affermando che né Morrow né Calles fanno ben sperare. La politica di Morrow consiste nell'accreditarsi la fiducia di Calles in tutti i modi possibili per poi fare l'interesse americano. In realtà gli Americani continuano ad appoggiare Calles mentre Europa e Sud America lo stanno criticando. Per avere una reale libertà occorre veramente la riforma della legge. I vescovi di San Antonio dichiarano:

> la política de Mr. Morrow ha consistito en ganarse la confianza de Calles por todos los medios imaginables, para después utilizarla en provecho de los intereses americanos. Sabiendo que al presente la mayor preocupación de Calles son los triunfos de los heroicos libertadores, que han desmentido muchas veces sus bravatas y están agotando todos los recursos de su administración, no puede hacerle mejor servicio que desarmar a aquéllos mediante un arreglo cualquiera con los Obispos; y es de temerse que para conseguir esto pretenda hacer pesar la gran influencia del Gobierno Americano, más bien que arrancarle a Calles las necesarias concesiones en pro de la libetad. Con esto los sacrificios que hoy hiciéran, lejos de sernos compensados con algunas ventajas, serían quizás en manos de dicho personaje el precio de nuevas concesiones oficiales a favor de los ya citados intereses. Todo, pues, autoriza a suponer que pondrá empeño en conseguir nuestra rendición sin compromisos de importancia para su gran amigo[...][35].

---

[34] J. MEYER, *La Cristiada 2*, 327.
[35] Cfr. ACAM, in *Fonti Inedite*, doc. 35.

Il 1° luglio del 1928 Obregón è rieletto alla carica di presidente della Repubblica. La notizia contribuisce a tranquillizzare Roma e la spinge ad accettare il compromesso. Il 20 maggio, il *New Herald Tribune* ha già affermato la sua convinzione che, arrivato al potere, Obregón permetterà al governo di fare la pace con la Chiesa senza che Calles possa intervenire. In giugno, la stampa messicana è ottimista, vista la presenza conosciuta di Mons. Ruíz a Roma, e occorre notare che *L'Osservatore Romano* dell'8 giugno «*niega que el Papa haya impartido alguna vez su benedición apostólica a los católicos mexicanos que combaten al gobierno*»[36].

L'11 giugno sotto il titolo: «*Júbilo en Jalisco por la cuestión religiosa*» dice *Excélsior* che «*comentan jubilosamente el posible arreglo del conflicto y esperan con ansia que se lleve a feliz término, pues se cree que con ello cambiaría radicalmente la situación del país y de los principales estados del centro en especial*»[37]. Il 27 di giugno parla *El Informador* dell'imminenza degli accordi e si menziona l'invio di un nuovo emissario a New York, per parlare con Mons. Díaz. Il 17 luglio Obregón ha appuntamento con Morrow alle 5 del pomeriggio per parlare della questione religiosa, però un'ora prima un giovane cattolico León Toral[38] lo assassina.

Così la questione è rimandata a tempi migliori. Calles ha ora altri problemi ed è occupato a salvare il suo regime dalla tormenta degli *Obregonistas*. Morrow telegrafa il 23 luglio alla Segreteria di Stato che la morte di Obregón ritarda la pace, ma che si arriverà ad un accordo prima di un anno. Cosa che succede.

1. Mr. Morrow asegura que Calles no busca arreglo alguno; que son él y el P. Burke quienes lo han hecho ceder un poco, pero que por el momento será inútil insistir y habrá que dejar pasar un poco de tiempo para hacerlo.
2. Juzga que los católicos de México procuran engañar al Papa, presentándole la revolución como muy fuerte. Calles está persuadido por el P. Burke, de que es preferible que trate directamente con Roma.

---

[36] J.MEYER, *La Cristiada 2*, 328.
[37] J.MEYER, *La Cristiada 2*, 328.
[38] Toral José de León nasce a San Luis Potosí. Sposato con figli, professore di disegno e cattolico praticante. Uccide Alvaro Obregón che è appena stato rieletto presidente. Si fa un processo molto sommario e si condanna a morte. Viene fucilato il 9 febbraio 1929.

3. Con motivo del asesinato del Gral. Obregón, reprueba las declaraciones hechas por Calles en contra del clero católico; pero tampoco le agradan las declaraciones que en Roma han comenzado a hacerse con motivo de tal asesinato.
4. Declara, finalmente, que para que el siga tratado él caso es indispensable que se conozca lo que las autoridades de la Iglesia están dispuestas a hacer; «y añade»: juzgo que he hecho presión sobre el Presidente Calles hasta un punto que probablemente el juzga está mucho más allá de donde él quisiera. No puedo seguir ejerciendo presión sobre él, hasta que exista una razón para creer que estamos trabajando con el fin práctico que las autoridades de la Iglesia realmente desean[39].

Durante questi 11 mesi prima degli *arreglos*, il governo teme una ribellione militare degli *obregonistas* e si vuole preparare a vincerla. Già si comprenderà che si hanno difficoltà a negoziare con il Vaticano in tali condizioni, tanto più che il Papa, preoccupato come sempre di non trattare con persone solidamente stabili nel proprio incarico e senza continuità, non mostra la minima sollecitudine nel negoziare. Una cosa è fare accordi con Obregón, personaggio conosciuto dal 1924, al principio di una presidenza di quattro anni, altro è compromettersi con Calles, poi con il suo successore, di cui non si sa fino a che punto è in rappresentanza di altri.

Il 23 luglio Calles telefona a tutti i comandanti delle zone militari affermando che il clero è responsabile dell'assassinio di Obregón, ma, visto che Morrow fa notare che quest'affermazione non serve alla causa della pace, si esprime una settimana più tardi in termini più moderati. A un giornalista nordamericano dichiara che Toral ha operato probabilmente sotto l'influenza di alcuni membri della fede cattolica:

> no puedo decir que haya sido instrumento de la Iglesia; su carácter emocional ha sido manipulado por su imaginación y algunos correligionarios[40].

Il discorso tradizionale del 1° settembre è un'opera maestra d'abilità politica. Calles sorprende tutti per la sua moderazione sul problema religioso, sulla sua affermazione che il tempo dei *caudillos* è terminato in Messico, e che «*los hombres necesarios*» devono lasciare posto «*a las*

---

[39] Cfr. ACAM, in *Fonti Inedite*, doc. 2.
[40] J. MEYER, *La Cristiada 2*, 329.

leyes y a las instituciones». Abilmente cessa di occupare la scena, senza lasciare il potere reale. Propone di costruire una democrazia parlamentare in cui si rappresentano tutte le famiglie politiche:

> la reacción, hasta la reacción clerical... He hablando con especial tolerancia y respeto de nuestros contrarios políticos, llegando a proclamar la urgente necesidad de aceptar en las Cámaras... a representantes de todos los matices de la reacción[41].

I cattolici presentano in parlamento un memorandum per riformare gli articoli 3, 5, 24, 27 e 130. Per facilitare questo compito dei parlamentari si propone uno studio comparato delle legislazioni sulla religione nel mondo, perciò risulta che solo quella di El Salvador e Guatemala sono comparabili a quella messicana.

Il Vaticano aspetta: «*Roma cree que México no tiene un gobierno estable. Aguarda nuevos desarrollos, esperando un gobierno que le sea favorable. Las negociaciones del P. Burke reposaban sobre el reconocimiento de la fuerza de Calles*»[42]. La pausa si spiega con la morte di Obregón e la minaccia che Calles abbia i giorni contati.

Ma questo silenzio non è favorevole a chi vuole la guerra, e mons. Manríquez esclama:

> ¡Oh! Si yo conociera el pensamiento del Vicario de Cristo en la tierra, les garantizo que no vacilaría un solo momento en ir a la muerte. Pero, por desgracia, no me es posible ni siquiera pulsar cuál sería el sentido de Roma a este respecto[43].

La risposta di Roma alla fine arriva: il negoziato è possibile se il governo autorizza un rappresentante a trattare e se si riformano le leggi costituzionali. Si riprende il culto solo se si ricevono garanzie di libertà della Chiesa. Però, prima d'ogni altra cosa, i vescovi devono essere uniti.

È un tornare leggermente indietro senza rompere, mentre i vescovi curiosamente fanno un passo avanti e pubblicano, il 21 novembre, una lettera pastorale collettiva notevolmente conciliatoria in cui si elogia il discorso di Calles del 1° settembre e non si desidera un governo cattolico, ma «*una separación amistosa de la Iglesia y del Estado*». Il 22 settembre *Excélsior* pubblica che Mons. Ruíz y Flores, prima di partire

---

[41] J.MEYER, *La Cristiada 2*, 330.
[42] J.MEYER, *La Cristiada 2*, 330.
[43] J.MEYER, *La Cristiada 2*, 332.

per Roma, ha dichiarato che il Papa è disposto a negoziare, attraverso delegati, senza aver bisogno, come prima cosa, della riforma delle leggi.

4. 1929: Stato e Chiesa si accordano

Nel gennaio 1929 il governo afferma che la legge Calles sarà strettamente applicata, ma nello stesso momento, i giornali parlano di rumori secondo i quali si è ordinata la sospensione delle attività politiche e giudiziarie contro i cattolici e i sacerdoti che violano la legge. Nonostante tutto, in questo periodo vi è una diminuzione molto apprezzabile della persecuzione degli atti religiosi celebrati in domicili privati, atti considerati come delittuosi per la legge[44].

Nel frattempo si continua a trattare. In particolare due cattolici, molto vicini al Presidente (di cui non si conosce il nome), s'interessano agli *arreglos*. Uno, che è un anziano senatore, parla con Portes Gíl e si dice favorevole alla soluzione, anche se non subito per via delle condizioni del governo. Si teme che si ripeta ciò che è successo a San Antonio dove le cose si erano concluse, ma, per mancanza di discrezione dei vescovi, tutto era saltato. Le proposte da parte del governo sono fatte da Sáenz e sono:

1. Dos personas seglares, una de ellas antiguo senador y ambas amigos del Presidente, se interesan por el arreglo de la cuestión religiosa. A sus insinuaciones les contesté, como recuerdas, que el asunto debe arregarse con la Sta. Sede. Después de esto, una de esas personas pudo hablar acerca del asunto con el mismo Presidente Portes Gíl, quien manifestó que tenía firmes intenciones de tocar ese asunto, pero que no podía hacerlo por ahora por estar rodeado de elementos radicalmente opuestos a todo arreglo; que esperaran hasta que él pudiera hacer algunos cambios en su gabinete y entonces propondría el problema a sus cooperadores los Secretarios de Estado.

2. No se desalentaron por esto los dos señores arriba mencionados y fueron a entrevistar a Aarón Sáenz y a proponerle el asunto. Sáenz recibió con suma agrado la insinuación que se le hacía, pues era una oportunidad para conquistarse alguna popularidad y así tener más probabilidades de éxito en su campaña presidencial, que está muy desprestigiada de ante mano entre el pueblo.

---

[44] J. MEYER, *La Cristiada 2*, 333.

3. Para tratar el asunto pone como condición que haya absoluta reserva y discreción. Dice que en 1927 tenía ya arreglada la solución del conflicto en San Antonio, pero por la falta absoluta de discreción de los obispos todo se echó a perder. Esto lo cuenta a todos los que hablan de la sunto. Naturalmente cuanto a mí me lo dijo el que traía la noticia, yo defendí a mis hermanos.
4. Dice el Sr. Sáenz que para arreglar el conflicto se han de presuponer cuatro cosas: a) que no se reformarán las leyes ahora, pero que lo hará a poco después. La razón es que se le echarían encima tantos enemigos como tiene nuestra causa en el elemento oficial y en general entre los revolucionarios. b) que es imposible concedernos todo lo que pedimos que se nos concederá lo indispensable. c) Que es preciso que se haga el registro de los sacerdotes. d) que nos comprometamos los obispos a no meternos en política[45].

Miguel de la Mora fa molte obiezioni a Díaz, del tipo che Sáenz è protestante, che non è rappresentante ufficiale, che non ci sono sufficienti garanzie di riforma e che il Delegato non sarà ricevuto ufficialmente nel caso in cui si decida, però, è necessario trattare. Per Miguel de la Mora, il Delegato migliore è Tritschler[46].

Nonostante le incertezze, le trattative proseguono e Díaz dice a Miguel de la Mora che il Delegato è disposto a nominare un rappresentante della Chiesa, per trattare con ambasciatori del governo. In ogni caso la Santa Sede ora vuole, prima di tutto, la nomina di un rappresentante ufficiale da parte del governo.

> mientras no se haga el nombramiento oficial de ese representante del Gobierno de México, la Santa Sede preferirá esperar a que llegue el momento en que puedan en debida forma iniciarse las negociaciones. Así se evitarán mayores males [...][47].

Ma alla fine anche questo tentativo fallisce. Miguel de la Mora dice a Díaz che il presidente lo ha calunniato indicandolo come il responsabile delle ultime ribellioni a Jalisco e Guanajuato. Ora per Miguel de la Mora

---

[45] Cfr. ACAM, in *Fonti Inedite*, doc. 9.

[46] Martín Tritschler y Córdova nasce il 25 maggio 1868 nello Stato di Puebla, da genitori tedeschi. A 11 anni entra nel Seminario Palafoxiano di Puebla. Nel 1883 entra nel Collegio Pio Latino Americano a Roma e frequenta l'Università Gregoriana. Nel 1900 diviene vescovo dello Yucatàn. Muore a Merida nel 1942.

[47] Cfr. ACAM, in *Fonti Inedite*, doc. 10.

tutte le speranze di *arreglos* si annullano fino a quando non sarà proposto un nuovo candidato alla presidenza che non potrà più influire nel governo.

Il 1° febbraio il Ministero degli Interni chiede confidenzialmente ai Governatori la libertà per tutti i sacerdoti detenuti, così da evitare un eccesso di brutalità e gli assassini frequentemente perpetrati. Allo stesso tempo, la repressione militare contro i *Cristeros* è stata contestata in parlamento dagli *obregonistas*.

La ribellione degli *obregonistas* segue incubandosi ed il governo intende evitare una collisione tra i rivoluzionari non contenti e i *Cristeros*. Portes Gíl stabilisce un contatto con Enrique Gorostieta[48], capo militare dei *Cristeros*, mentre gli *obregonistas* Manzo[49] ed Escobar[50] si sollevano in marzo e propongono a Gorostieta la loro alleanza. La Chiesa continua a subire la persecuzione.

Il Ministero degli Interni invita i sacerdoti a dare il domicilio, ma molti vescovi dicono ai sacerdoti di non fidarsi poiché sarebbe stato pericoloso[51].

In realtà i vescovi sono sempre più divisi. Per Miguel de la Mora l'ala sinistra dell'episcopato mormora molto, in particolare sulle dichiarazioni di Corona[52] e Banegas e censura Guízar per i suoi rapporti con i politici. Scrive de la Mora:

---

[48] Gorostieta Enrique nasce nel 1899 a Monterrey. Si forma al Collegio Militare di Chapultepec. È uno dei generali più giovani dell'esercito di Victoriano Huerta. Durante la Cristiada è il leader della «Guardia Nacionál». Muore in una imboscata nel 1929.

[49] Manzo Francisco R. nasce nello stato di Sonora, «costituzionalista» e «obregonista» si ribella contro Carranza nel 1920. Capo delle operazioni militari a Sonora. Partecipa direttamente alla ribellione «escobarista» del 1929.

[50] Escobar José Gonzalo nasce nello stato di Sinaloa, «costituzionalista» e Generale di Divisione, nel 1920 si ribella a Carranza. Nel 1927 fa prigioniero il generale Gómez. Nel marzo del 1929 si ribella cominciando un movimento chiamato «Renovador» e lanciando un manifesto a Hermosillo, Sonora contro Portes Gil. Per questo verrà catturato ed ucciso.

[51] Cfr. ACAM, in *Fonti Inedite*, doc. 43.

[52] Nicolás Corona y Corona nasce il 1° dicembre del 1877 nello stato di Jalisco. Entra nel «Seminario Conciliar» di Guadalajara. Nel 1901 viene ordinato sacerdote. Nel 1922 viene creata la diocesi di Papantla e nel 1923 diviene primo vescovo. Nel 1927 viene espulso dal governo e si trasferisce negli Stati Uniti.

> Las declaraciones de los HH, especialmente de los Srs. Corona en primer lugar, Guízar y Banegas han mucho que murmurar a la ala izquierada que es la más abundante. Pero no faltan murmuraciones de las derechas, especialmente contra mi. Dicen que mis declaraciones no son mías, sino que las hizo o me las hace otra persona que echa a perder todos los acuerdos del Subcomité.
> Las izquierdas censuran mucho al Sr. Guízar por sus conversaciones con los políticos de este nuevo cuño y fingen mil cuentos. No creo que haya nada de cierto, ni siquiera que sean muchas las conversaciones. En fin, hermano, lo de siempre....la lengua larga y resbalosa con las inquietudes que de allí nacen. Yo sigo en las catacumbas[53].

Orozco, che non è mai stato dalla parte dei ribelli, ma ha sempre difeso i più deboli, dichiara che lo scopo principale del nemico è dividere la Chiesa e che i problemi sono gravi:

> en primer lugar insisto, en lo que otras veces he expuesto que nuestras dificultades y las condiciones de la Iglesia en México, no constituyen una serie de problemas locales, sino que son un solo problema nacional: podrá suceder que en un lugar revistan una modalidad distinta: que en una parte se acentúe la persecuciòn, por tales o cuales especiales motivos; pero el fondo de la cuestión es siempre el mismo, de tener o no tener la indispensable libertad para que la Iglesia viva: en tal virtud, es cosa de incuestionable trascendencia el que la solución que se pretenda darle, o la actitud que se tome, sea uniforme, pues muy bien sabemos que quien lucha tiene como base para la victoria el dividir al enemigo, y sin duda procurarán con especial empeño los que nos persiguen el dividirlos, para de esa suerte por lo menos hacer aparecer la conducta de unos en contraste manifiesto ante la conducta de los otros.
> Precisamente a resolver el problema de la unidad de acción en el Episcopado vino el establecimiento del Comité Nacional, como todos podéis recordar muy bien, y cuando los más de los miembros del Comité fueron expulsados (fuí yo el único que quedé en el país), entonces se procedió con magnífico sentido práctico a la integraciòn del Sub-Comité. Es pues urgente que todos sepamos procurar el mayor acierto en el proceder del Sub-Comité; pero que una vez tomado un acuerdo tengamos todos interés en secundar sus actividades, y por ningún motivo desautorizarlo con nuestras palabras o nuestra conducta[54].

---

[53] Cfr. ACAM, in *Fonti Inedite*, doc. 11.
[54] Cfr. ACAM, in *Fonti Inedite*, doc. 27.

Sul dare il domicilio dei preti al Ministero degli Interni, Orozco si dichiara contrario e fa il paragone con Gesù che davanti ai giudici quasi non parla[55].

Nonostante tutto, le tensioni diminuiscono e lo confermano le dichiarazioni del Ministero degli Interni; il 19 marzo Portes Gíl dice a Morrow che occorre arrivare ad un accordo davanti alle elezioni presidenziali per evitare una ricaduta nella guerra civile perché si corre il rischio che il candidato sconfitto faccia causa comune con i *Cristeros*.

Sembra anche che la Rivoluzione abbia enormi successi. Il vescovo di Tehuantepec, Méndez scrive a Ruíz affermando che il movimento ribelle controlla gli stati di Sinaloa, Chihuahua, Sonora e 2/3 di Durango, compresa la capitale, gran parte di Cohahuila e tutto Tepic, mentre i *Cristeros* hanno Colima, gran parte di Jalisco e vaste regioni a Zacatecas, Aguascalientes, Michoacán e Guerrero. Si annuncia la presa di Puebla. Il governo ha Amaro scontento. Sembrerebbe che i *Cristeros* si siano accordati con Escobar. Méndez del Río è convinto d'essere vicino al trionfo:

> hasta estos momentos el estado general es el siguiente: El movimiento ofensivo contra el Gobierno de México controla los Estados de Sinaloa, Chihuahua, Sonora y casi la dos terceras partes del Estado de Durango, cuya capital está en su poder, gran parte del Estado de Cohahuila y todo Tepic; los heroicos libertadores disponen del Estado de Colima, una gran parte de Jalisco, y bastas regiones en Zacatecas, Aguascalientes, Michoacán, Guanajuato y Guerrero[...][56].

Per legittimare le trattative Banegas scrive: «*Consideración sobre el estado de la Cuestión Religiosa*» in cui sostiene che in realtà il movimento armato non è sceso dalle montagne di Jalisco, Colima, Zacatecas e Guanajuato. Il governo è sempre più forte visto che sta vincendo contro la ribellione *escobarista*. Ciò che per lui occorre fare è ottenere la maggior libertà possibile ripristinando il culto. Per fare ciò occorrerebbe una relativa tranquillità mentre in realtà ora si stanno esaltando le cose. Per Banegas i grossi ostacoli sono i fedeli che seguono animi eccitati come i membri della *Liga*:

LA RESISTENCIA ACTIVA [sic]

---

[55] Cfr. ACAM, in *Fonti Inedite*, doc. 42.
[56] Cfr. ACAM, in *Fonti Inedite*, doc. 25.

> El movimiento armado lleva dos años y meses de existencia y no ha podido salir de las montañas de Jalisco, Colima, Zacatecas, Guanajuato y parte de Querétaro. [...]
> EL GOBIERNO [sic] quedará más fuerte despues de la rebelión militar. ¿Qué importa que le sea adversa la opinión pública, si esta no ha derrocado jamás en México gobierno alguno, mientras este cuente con la fuerza de las armas? Es, en mi concepto pura ilusión, creer lo contrario. [...]
> CONCLUSIÓN. [sic] Habrá, pues, que procurar obtener de este Presidente o del que venga después de él la mayor libertad que sea posible y restablecer el culto público y la administración pública de los sacramentos.
> Hay probabilidad de obtener un acercamiento; pues la opinión de la necesidad de un arreglo se ha extendido, no sólo entre los liberales, sino tambien entre los revolucionarios[...][57].

In realtà capire la reale situazione della guerra non è facile, lo stesso giorno in cui Banegas scrive le sue considerazioni, affermando che la guerra non è scesa dalle montagne, il gesuita Ricardo Alvarez[58] dice a Díaz che c'è ottimismo e la guerra si sta evolvendo per il meglio.

> Aquí sin embargo hay cierto optimismo acerca del resultado de las batallas que se van a dar, augurando por lo menos una derrota para el Gobierno, al mismo tiempo que con tener distraído bastantes soldados del Ejercito Callista, entre tanto los del Sur se hagan más fuertes según noticias que por fuentes particulares llegan, aun de fuentes ciertas reservadas[...][59].

Il 2 maggio Portes Gíl concede un'intervista al giornalista nordamericano Dubose e commenta:

> Los fanáticos [...] no han sido dirigidos, en mi opinión, sino por sacerdotes de ínfima categoría [...] en general, los miembros del clero se han mostrado, en cierto modo, indiferentes a este movimiento, con excepción de Mons. Orozco [...] Creo que es absolutamente imposible cargar a la Iglesia católica la responsabilidad tales actos.

---

[57] Cfr. ACAM, in *Fonti Inedite*, doc. 1.
[58] Ricardo Alvarez, gesuita Messicano che durante il periodo del conflitto vive negli Stati Uniti ed in seguito diviene superiore a Chihuahua. È un simpatizzante della «Liga».
[59] Cfr. ACAM, in *Fonti Inedite*, doc. 3.

Portes Gíl si complimenta anche perché la Chiesa non ha appoggiato la ribellione *escobarista*.

Lo stesso giorno a Washington, Mons. Ruíz y Flores dichiara ai giornali che occorre arrivare ad un accordo e che la Chiesa è totalmente disponibile a collaborare con il governo per il bene comune.

> el conflicto religioso en México no fué motivado por ninguna causa que no pueda ser corregida por hombres de sincera buena voluntad. Como una prueba de buena voluntad, las palabras del presidente Portes Gíl son mucha importancia. La Iglesia y sus ministros están preparados para cooperar con él en todo esfuerzo justo y moral para el mejoramiento del pueblo mexicano[...][60].

Portes Gíl risponde prontamente a Ruíz e parla in modo conciliatore assicurando che è pronto al dialogo e che la Chiesa è assolta dalla responsabilità della ribellione[61].

Il 3 maggio *El Universal* titola in prima pagina: «*con buena voluntad de parte del Estado y de la Iglesia puede lograrse un arreglo*»[62].

Guízar, vescovo di Chihuahua, ha intenzione di andare a Roma per fare in modo che il Vaticano autorizzi gli *arreglos*.

I *Cristeros* pensano ormai ad una completa disfatta di Calles. La vittoria di Tapatitlán permette, anche in campo internazionale, al Movimento Liberatore di essere tenuto in considerazione[63].

Prima di partire in fretta per Roma, sembra che Guízar si sia incontrato segretamente con Portes Gíl. Il testo che segue presenta quanto Mons. Méndez dice a Díaz e fa capire questo:

> debo participarle que la semana pasaba llegó de México, de paso para Washington, el Señor Obispo de Chihuahua y nos informó que había tenido algunas conferencias con Portes Gíl de las que se desprende que están dispuestos a llegar a una solución en el conflicto religioso. Parece que lleva el Señor Guízar los puntos generales de lo que trataron en México, o al menos la expresión de la buena voluntad de un arreglo. Con las noticias que ayer publicó la prensa y las que trae ahora, se desprende que hay mar de fondo y que es muy posible que lleguemos a una solución el dia menos pensado; quisiera ser mas explícito pero le comunico ad

---

[60] Cfr. Archivo Calles, in *Fonti Inedite*, doc. 73.
[61] Cfr. ACAM, in *Fonti Inedite*, doc. 45.
[62] Cfr. ACAM, in *Fonti Inedite*, doc. 44.
[63] Cfr. Condumex, in *Fonti Inedite*, doc. 50.

pedem literae lo que me consta V.S. Ilma. completará la madeja de estos detalles y espero me tendrá al corriente de cuanto sepa[64].

Molti vescovi non sono d'accordo sui vari tentativi che si stanno facendo da parte di Ruíz e Díaz con il governo. Leopoldo Lara y Torres, vescovo di Tacambaro, scrivendo al segretario del *SubComité Episcopal*, afferma di non essere assolutamente d'accordo con quanto è annunciato dai giornali riguardo all'arrivo di Ruíz in Messico per fare gli *arreglos* senza che non si sia consultato nessuno del *SubComité*. In altre parole nessuno lascia così dei vescovi residenti in Messico. Inoltre il governo continua a perseguitare la religione in modo atroce e non sembra che abbia alcuna voglia di trattare[65].

L'8 maggio Portes Gíl, complimentandosi per le dichiarazioni dell'arcivescovo, si offre di cominciare le trattative. Lo stesso giorno Mons. Banegas pubblica una carta pastorale, raccomandando ai fedeli che si mantengano dentro l'ordine e la tranquillità. Mons. Vera y Zuria celebra, in un'altra pastorale, la speranza della soluzione e raccomanda la calma. Massimiliano Ruíz, vescovo ausiliare del Messico fa dichiarazioni simili. Mons. Guízar, vescovo di Chihuahua, si è già imbarcato e arriva a Roma l'11 maggio per appoggiare la causa della pace.

I negoziati procedono velocemente, il 10 maggio Mons. Ruíz y Flores telegrafa ad *Excélsior*:

> Tengo muy fundadas esperanzas de que, contando con la buena voluntad de todos, sin distinción de partidos ni opiniones, Dios nos conceda llegar a una solución satisfactoria[66].

Alla fine del mese, si viene a sapere che Mons. Ruíz è stato nominato dal Vaticano Delegato Apostolico, per trattare con il governo del Messico.

Gorostieta, capo militare dei *Cristeros*, avvisato dalla *Liga*, invia ai vescovi una lettera di minacce, esigendo dai prelati che definiscano la propria posizione a riguardo del movimento armato e che considerino i combattenti al momento di negoziare. Visto che hanno approvato la lotta dei *Cristeros*, «*tendrán que consultar nuestro modo de pensar y ateneder nuestras exigencias*», però nel caso disapprovassero:

---

[64] Cfr. ACAM, in *Fonti Inedite*, doc. 26.
[65] Cfr. ACAM, in *Fonti Inedite*, doc. 40.
[66] J.MEYER, *La Cristiada 2*, 336.

rechazaremos tal actitud como indigna y como traidora, y probaremos nuestra aseveración. Personalmente haré cargos a los que ahora aparecen como posibles mediadores[67].

Gorostieta nega ai vescovi il diritto e la capacità di trattare una questione che riguarda il popolo intero, «*como buenos pastores, la suerte de sus ovejas*».

Il capo militare *Cristero* si mostra nettamente contro i possibili *arreglos*, delegittima i vescovi, affermando che non rappresentano il popolo visto che è più di due anni che vivono all'estero, e solo la *Guardia Nacional* può esserne di rappresentanza.

I vescovi residenti in Messico sono sempre più preoccupati per la situazione. Di fatto, non sono informati ed apprendono le notizie solo dai giornali. Affermano che Ruíz, su questi accordi, non ha idee forti, ma

---

[67] Cfr. Condumex, in *Fonti Inedite*, doc. 57: «cada vez que la prensa nos dice de un Obispo posible parlamentario con el callismo, sentimos como una bofetada en pleno rostro, tanto más dolorosa cuanto que viene de quien podiamos esperar un consuelo, una palabra de aliento en nuestra lucha; aliento y consuelo que con una sola honorabilísima excepcíon de nadie hemos recibido.[...] Desde luego el problema no es puramente religioso, es este un caso integral de libertad y la Guardia Nacional se ha constituido de hecho en defensora de todas las libertades y en la genuína representación del pueblo, pues el apoyo que el pueblo nos imparte es lo que nos ha hecho subsistir; esto es innegable. Por contra, los Señores Obispos, alejados por cualquiera motivo del país, han vivido estos dos años desconectados de la vida nacional, ignorantes de la transformaciones que esta etapa de amarga lucha ha sufrido el pueblo y por lo tanto incapaces para representarlo en actos de tamaña trascendencia. Es mentira que una autoridad constituida antes de la lucha, pueda por su propio derecho arrastrar a todo un pueblo a sufrir las consecuencias de su criterio; es el pueblo mismo el que necesita una representación; es la voluntad popular la que hay que consultar; es el sentir del pueblo el que hay que tomar en consideración, de este paupérrimo pueblo nuestro que se bate en su propria patria contra un puñado de bastardos que se escudan con una montaña de elementos de destrucción y de tortura.[...].
La Guardia Nacional es el pueblo mismo; es la institución que en el pasado y en el presente de esta lucha se ha hecho solidaridad de la ofensa inferida al pueblo mexicano, en un tiempo indefenso, por mexicanos traidores; la Guardia Nacional velará también en el futuro por los intereses de ese mismo pueblo de donde ha nacido. Tiene todos los elementos necesarios para hacerlo: la Guardia es el contrincante natural de todo lo que en México hay de indigno y de espúreo. La Guardia tiene ya algunas armas y con estas la unica seguridad que tenemos de vivir en un relativo ambiente de justicia. [...]».

è indeciso. Sperano che sia chiamato qualche vescovo del *SubComité* che negli ultimi anni ha vissuto in Messico, in particolare, il presidente del *Sub-Comité* Núñez o qualcuno, anziano ed autorevole, come Orozco.

In particolare il *SubComité*, richiama i vescovi che stanno trattando gli *arreglos*, perché c'è bisogno di conoscere i fatti e non di firmare in bianco. Il *Sub-Comité* sarebbe anche disposto a cominciare gli *arreglos*, però si necessita di più informazioni[68].

Il Vaticano ha in ogni caso deciso di andare avanti senza badare ad ostacoli. La morte di Gorostieta, che cade accidentalmente in un'imboscata, avviene veramente in modo provvidenziale per chi vuole la pace e non si può far altro che pensare al tradimento. Vasconcelos[69] accusa apertamente il generale Saturnino Cedillo[70] di avere iniziato un negoziato con Gorostieta per farlo cadere in una trappola. In ogni modo, la notizia è ricevuta con un sospiro di sollievo da tutti gli artefici della pace.

Il 18 maggio il Papa nomina Ruíz Delegato: questo è il passo decisivo. Ormai le posizioni del Vaticano sono chiare e con questa nomina, è ormai evidente, che la Santa Sede vuole arrivare, prima possibile, agli *arreglos*.

I vescovi informati sulle trattative sono pochissimi. Lo stesso Díaz sembra, secondo quanto scrive a Valverde, essere all'oscuro di molti fatti. Dice solo che è stato chiamato a Washington e che tra qualche giorno saprà di più. Per il momento sa solo che Ruíz sta aspettando il passaporto per andare in Messico.

---

[68] Cfr. ACAM, in *Fonti Inedite*, doc. 41.

[69] Vasconcelos José nasce a Oaxaca il 28 febbraio 1882. Nel 1909 è attivo nel Partito «Antireeleccionista». Nel 1913 aderisce al «Plan de Guadalupe» di Carranza. . Nel marzo 1921 il Senato approva la sua Riforma Educativa e viene nominato da Obregón Ministro dell'Educazione. Alla fine, disgustato dalla politica, si dimette nel 1924 e si trasferisce negli Stati Uniti. Nel 1930 si candida alla presidenza contrapponendosi ad Ortíz Rubio, ma verrà clamorosamente sconfitto. Denuncia brogli elettorali ed invita il popolo ad insorgere. Ma non viene ascoltato.

[70] Cedillo Saturnino nasce a San Luis Potosí ed entra nel movimento maderista e più tardi nello zapatismo. Riconosce il «Plan de Agua Prieta» e combatte il delahuertismo ed escobarismo. È governatore costituzionale del suo stato natale, oltre ad essere generale di divisione. È ministro dell'Agricoltura durante la presidenza di Ortíz Rubio e Cárdenas. Nel 1938 organizza una sommossa che fallisce e che gli costa la vita.

ignoro hasta este momento cuanto se haya desarrollado durante mi ausencia, pues todos estos movimientos han coincidido con mi estancia en el sur, consagrado por completo a dar misiones y ejercicios espirituales a tantos mexicanos que necesitan estos auxilios.
Por una breve cartita que tengo a la vista de Mons. Ruíz, veo que está esperando ya solamente el pasaporte para emprender el viaje a México, y hasta mañana que llegaré a Washington, de acuerdo con su llamado, sabré algo más sobre el asunto.
No he querido, sin embargo, dejar de contestar su carta, porque ignoro si me demoraré algunos días en Washington, y es preferible que le envie siquiera esta brevísima crónica[...][71].

A Los Angeles gli imminenti negoziati causano una grossa agitazione, Ruíz è considerato dagli stessi cattolici messicani come un *Turco*[72]. Sul conflitto armato si hanno due versioni contrastanti: la prima è che tutto sta andando bene, l'altra è che i *Cristeros* si sono arresi e si sono disperse le truppe.

las actuales negociaciones han producido aquí una fermentación rapidísima pues los muchachos, con el Sr., se han ido como fieras sobre D. Leopoldo y lo han tratado al parejo que el turco[73].

I bollettini di guerra della *Guardia Nacional* evidenziano i vari successi avuti dai *Cristeros* nei mesi di maggio:

Mayo 15.- Después débil resistencia por parte de los agraristas, la población de Pungarabato, Mich., fué tomada por los Liberadores quienes se hicieron por elementos. Fueron pasados por las armas 4 líderes agraristas por criminales y ladrones.
Mayo 18.- En las faldas de la Malintzi ha aparecido un núcleo libertador compuesto por cerca de 200 hombres bien armados, el cual ha puesto en alarma a los gobernistas del Estado de Puebla. En el primer encuentro éstos tuvieron 8 muertos y 7 heridos de tropa, por 2 muertos y prisioneros de los católicos.
Mayo 19.- El gobierno a la fecha ha logrado reconcentrar alrededor de 25.000 hombres en el centro y occidente del país, con el objeto de destruir, a sangre y fuego a los heróicos guerreros católicos, que desde hace

---

[71] Cfr. ACAM, in *Fonti Inedite*, doc. 30.
[72] Così era denominato Calles, «Turco», visto che i Turchi sono considerati storicamente i persecutori dei cristiani.
[73] Cfr. ACAM, in *Fonti Inedite*, doc. 4.

dos años y medio, tremolan el estandarte de la libertades públicas, principalmente el de la libertad de conciencia [...]⁷⁴.

Manríquez ormai capisce che è questione di poche settimane per gli *arreglos*, e cerca di fare in modo che i capi della *Liga* si adeguino alle decisioni della Santa Sede. Scrivendo a Palomar⁷⁵, vicepresidente della *Liga*, rileva la necessità di mettere da parte i risentimenti e seguire la volontà del Papa. Ruíz è un semplice strumento che compie la volontà del Papa, il quale non ha mai condannato la difesa armata. Per Manríquez l'influenza della *Liga* sta enormemente crescendo e pensa che il Papa voglia interrompere la lotta fino a quando non si siano conclusi gli *arreglos*, per poi agire dopo.

> además, no hay que olvidar que en último término estámos sólo en las manos de Dios y en las del Papa: Monseñor Ruíz, no es más que un simple instrumento del Papa que tendrá que cumplir sus órdenes y ajustar todos sus partes al Supremo Pontifice quien dirá en este la última palabra.
> [...] El Papa -al menos que yo lo sepa- no ha condenado la defensa armada de los católicos; al contrario bien comprenderá que los heroicos sacrificios de nuestro abnegado pueblo son, después de Dios, los que han hecho posible algún avenimiento entre la Iglesia y el llamado gobierno de México. En consecuencia yo entiendo que su mente no es que los católicos depongan a toda costa las armas, sino más bien que estén a la aspectativa durante los tratados para que después sigan apoyando con todas sus fuerzas las resoluciones que en definitiva habrán de tomarse [...]⁷⁶.

Manríquez, che sta dalla parte dei *Cristeros*, è preoccupato perché teme che non si seguano le indicazioni dell'episcopato e formula tre ipo-

---

⁷⁴ Cfr. Condumex, in *Fonti Inedite*, doc. 58.

⁷⁵ Miguel Palomar y Vizcarra nasce a Guadalajara, Jalisco, nel 1880, città dove si laurea in Diritto. Fin da giovane si distingue come studente cattolico che segue le idee sociali di Papa Leone XIII. Diviene professore di Economia Sociale nella «Escuela Libre de Derecho de Guadalajara». È magistato nel Supremo Tribunale di Giustizia dello Stato di Jalisco. É uno dei fondatori del PCN. Molto amico di P. Bergöend con cui collabora alla fondazione del ACJM. É uno dei principali fondatori della LNDLR di cui, per vari anni, è vicepresidente (1926-1933). Dopo gli «arreglos» del 1930, va a Roma a riferire alla Santa Sede la vera situazione della Chiesa in Messico. Muore a Città del Messico, all'età di 88 anni, nel 1968.

⁷⁶ Cfr. Condumex, in *Fonti Inedite*, doc. 51.

tesi: 1) che gli *arreglos* non siano perfetti e permanenti; 2) che gli *arreglos* siano indecorosi ed incompleti o non fare *arreglos*; 3) che sia accettata una qualsiasi tra queste soluzioni.

I vescovi del *Subcomité* tentano fino all'ultimo di evitare gli *arreglos* e, scrivendo a Ruíz, ne analizzano i vari tentativi, assicurando che quello che sta facendo ora Portes Gíl è quello in cui lo Stato è disposto a non concedere quasi niente. Inoltre aggiungono che Orozco con la sua esperienza ed autorevolezza è necessario per gli *arreglos*; questo serve soprattutto per dimostrare l'unione di tutto l'Episcopato e per non scandalizzare i fedeli.

La *Liga* è subito chiara e afferma che in ogni caso obbedirà alle decisioni del Pontefice e dell'Episcopato e che il suo compito, anche dopo gli *arreglos*, sarà garantire le libertà fondamentali.

> este Comité Directivo de la Liga, ha adoptado las normas siguientes...La Liga en el discurso de este largo conflicto, ha espuesto en varias ocasiones, con toda franqueza, su punto de vista; ahora como entonces manifiesta que tiene puesta toda su confianza en Su Santidad el Papa Pio XI y el Venerable Episcopado Nacional, y desea que esa confianza anime a todos los que están con ella.
> [...] La Liga, por su estatuto y su reglamento, de acuerdo en todo con las enseñanzas de los Soberanos Pontífices, es una institución cívica que deberá continuar actuando del modo más eficaz, aún consumados los arreglos, con el fin de garantizar y perfecionar las libertades esenciales que los sacrificios de nuestros soldados, de nuestros héroes y de nuestros mártires, han merecido para nosotros y nuestros pósteros[77].

Il 6 giugno, a Saint Louis (Missouri), Morrow fa agganciare il suo vagone al treno in cui viaggiano per il Messico Mons. Ruíz y Flores e Mons. Pascual Díaz e, fino alla frontiera messicana, stanno in treno a preparare i negoziati. Da quest'incontro fino agli *arreglos*, i prelati evitano tutti i contatti e non parlano a nessuno che non sia direttamente coinvolto. Alla fine scendono alla stazione di Tacuba prima di Città del Messico e arrivano in macchina ad una casa appartenente al banchiere Agustín Legorreta:

---

[77] Cfr. Condumex, in *Fonti Inedite*, doc. 59.

Ante tal excitación decidimos no recibir a nadie, ni siquiera a los obispos, lo cual provocó murmullos y resentimientos[78].

Mons. Miguel de la Mora tenta per tre volte di essere ricevuto da Ruíz e Díaz, si presenta personalmente, ma gli è negata l'entrata. Il 12 giugno i vescovi s'incontrano con il presidente e tutto va molto bene; il secondo incontro, si svolge il 13, Portes Gíl teme una possibile reazione dei radicali. Il 14 riceve un telegramma di Adalberto Tejada[79], che vorrebbe proibire ai giornalisti di pubblicare l'arrivo imminente del «*cochino clero que quiere reanudar su tarea monstruosa de deformar las conciencias y la moralidad del pueblo...No vais a permitir que las leyes de Reforma y la Constitución sean violadas*»[80].

I massoni e la CROM[81] moltiplicano i telegrammi e Portes Gíl scrive ai giornali che non vi è niente da dichiarare. Il 21 giugno, i vescovi s'incontrano con Portes Gíl, in presenza di Felipe Canales[82], Ministro degli Interni, e firmano gli accordi che vengono pubblicati il giorno seguente dalla stampa. Portes Gíl promette verbalmente l'amnistia per i ribelli, la restituzione delle chiese, dei vescovadi e delle case parrocchiali e dà la sua parola di non tornare indietro.

Gli *arreglos* si fanno sulle basi di quanto deciso nel maggio del 1928 e con il beneplacito di Calles. Però, prima di firmare, Portes Gíl chiede come favore e non come condizione, che siano esiliati per un periodo indeterminato tre vescovi: González y Valencia, Manríquez y Zárate e Orozco. I primi due sono stati puniti per essere da sempre favorevoli alla lotta armata, il terzo è considerato da decenni un nemico del governo; ciò viene anche richiesto per calmare i giacobini rabbiosi. Alla fine anche l'esilio di questi tre vescovi è accettato. Lo stesso giorno Mons. Ruíz y Flores comunica a Mons. Díaz che Roma lo nomina arcivescovo di Città del Messico.

---

[78] J. MEYER, *La Cristiada 2*, 338.

[79] Tejada Adalberto nasce nello stato di Veracruz. Colonnello ed ingegnere. Con l'inizio della Rivoluzione diviene Maderista. Deputato Costituente. Ministro degli Interni nel governo Calles. Governatore costituzionale dello Stato di Veracruz. Candidato alla Presidenza nel 1934.

[80] J. MEYER, *La Cristiada 2*, 339.

[81] CROM: «Confederación Regional Obrera Mexicana».

[82] Felipe Canales nasce a Nuevo León. Segretario di Governo di San Luis Potosí. Ministro degli Interni con Portes Gíl, incarico che mantiene fino alla morte nel dicembre 1929.

5. Il contenuto degli «arreglos»

La fase finale degli *arreglos* comincia con un'intervista, che il presidente Portes Gíl concede al giornalista americano Dubose, pubblicata nel *New York Times* il 2 maggio 1929, in cui insinua la possibilità di un *arreglo* con la Chiesa. Lo stesso giorno, l'arcivescovo Ruíz a sua volta dichiara che il conflitto religioso non è stato motivato da nessuna causa che non possa essere corretta da uomini di buona volontà. In seguito Morrow suggerisce a Portes Gíl di rispondere favorevolmente.

L'8 maggio Morrow parla a Walsh su ciò che si deve chiedere in definitiva al governo, ricordando a Walsh che Portes Gíl vuole discutere sulle finalità e interpretazione delle leggi, e non sulla riforma. Così padre Walsh propone questi punti:
1. che il governo non pretenda il registro dei sacerdoti presentato dai vescovi;
2. che si possa svolgere l'insegnamento della religione nelle chiese;
3. che la Chiesa abbia diritto a chiedere alle autorità competenti la riforma delle leggi[83].

Il 22 maggio Ruíz è nominato Delegato Apostolico. Tale nomina è solo per dare a Ruíz l'autorità di trattare con il presidente e informare il Papa, che si riserva la soluzione di tutto.

L'incontro con il presidente è fissato per il 12 giugno. Il 6 Ruíz parte da Washington, portandosi come segretario Díaz. Morrow, che si trova ad Englewood per il matrimonio di sua figlia con l'aviatore Lindbergh, s'incontra con i vescovi a St. Louis e viaggia insieme con loro fino a San Antonio[84].

Quattro sono gli incontri dei vescovi con il presidente a Città del Messico: il 12, il 13, il 15 e il 21. Il primo è cordiale e ci si accorda per incontrarsi il giorno successivo e discutere le dichiarazioni del presidente e dell'arcivescovo. Nel secondo, Portes Gíl presenta una dichiarazione identica a quella fatta da Calles nel 1928 a Burke, e su questo punto ci sono disaccordi. Morrow pensa che sia il momento di intervenire e decide che, prima di incontrarsi nuovamente, ogni parte deve leggere e approvare un *memorandum* scritto dalla parte contraria; lo stesso Morrow s'incarica di scrivere i due testi.

---

[83] J. BRAVO UGARTE, *Come se llegó al «Modus Vivendi» de 1929*, 272.
[84] J. BRAVO UGARTE, *Come se llegó al «Modus Vivendi» de 1929*, 273.

I vescovi approvano, a condizione che il Vaticano autorizzi il *memorandum* in 5 punti con Morrow presente e che sia P. Walsh a telegrafare a Roma. Morrow non comprende questa precauzione visto che Ruíz y Flores ha ricevuto pieni poteri, però cede. Dal 15 al 20, i radicali rossi e bianchi si *desencadenaron* per fare in modo che fallissero le contrattazioni. Il 20 giugno, con grande sollievo di Morrow, arriva la risposta di Roma che si articola nei seguenti punti:
1) il Papa vuole una soluzione pacifica e laica;
2) si richiede l'amnistia completa per i vescovi, sacerdoti e fedeli;
3) si esige la restituzione delle proprietà delle chiese, delle case dei sacerdoti e dei vescovi e dei seminari;
4) si sollecitano relazioni senza restrizioni tra il Vaticano e la Chiesa messicana[85].

Morrow dice a Walsh che questo telegramma altera molto la situazione e può fare fallire la negoziazioni, visto che il 2° e 3° punto non sono inclusi nelle condizioni accettate da Portes Gíl. Walsh riferisce che Ruíz non si è meravigliato del messaggio che interpreta così: il primo punto è la chiave degli altri e stabilisce che il Santo Padre desidera una soluzione pacifica e laica, vale a dire in accordo con le leggi messicane. Il secondo, sull'amnistia, significa il ritorno di prelati e parroci alle proprie diocesi e parrocchie; il terzo richiede la restituzione, per quello che è possibile, delle proprietà della Chiesa; il quarto, il riconoscimento di un Delegato Apostolico.

La relazione di Ruíz spiega come lui ha inteso questo telegramma:

El día 20 de junio, por la tarde, recibí telegrama cifrado del Santo Padre por conducto de la Delegación de Chile, diciéndome que me autorizaba para firmar la reanudación del culto, siempre, que se estipulara con el Gobierno:
1. Amnistía general para todos los levantados en armas; 2. que se devolvieran las casas curales y las episcopales; y 3. que de alguna manera se garantizara la estabilidad de esas devoluciones.
El día siguiente, 21 de junio, a eso de las 11 del día, fuimos al Palacio Nacional el Sr. Díaz y yo. Nos recibió el Sr. Presidente, le enseñamos el telegrama que se acababa de recibir de Roma y en seguida mandó a llamar al Sr. Canales, que fungía como secretario de Gobernación, y le ordenó: primero, que inmediatamente comunicara a los Jefes de Armas de

---

[85] J. MEYER, *La Cristiada 2*, 339.

todos los lugares donde hubiera gente levantada en armas, que dieran amnistía a todos los que quisieran rendirse, dando a los simples soldados pasajes gratuitos a cualquier punto de la República adonde quisieran irse y dejando a los oficiales sus pistolas. Segundo, dijo al mismo Sr. Canales que ordenara la devolución de todas las iglesias y casas curales y episcopales que no estuvieran ocupadas con alguna oficina del Gobierno, y que en cuanto a las demás se procurara desocuparlas para devolverlas. En cuanto a la garantía que se le pedía, nos dijo que, por lo que a él miraba, no daría un paso atrás en el arreglo que íbamos a firmar. Entonces nos presentó dos ejemplares de sus declaraciones y mías, que también habían sido preparadas por Mr. Morrow, y las firmamos en seguida[86].

Il 22 giugno appaiono sulla stampa nazionale gli *arreglos*: senza titolo né sottotitolo, su un semplice foglio bianco di carta scritto su entrambi i lati e scritto anche in inglese, lingua non ufficiale in Messico. Morrow è il vero e unico autore?

Il testo conclusivo firmato al Palazzo Nazionale da Porter Gíl il 21 giugno 1929 è questo:

he tenido pláticas con el Arzobispo Ruíz y Flores y el Obispo Díaz. Estas platicas tuvieron lugar como resultado de las declaraciones públicas hechas por el Arzobispo Ruíz en mayo 2 y las declaraciones hechas por mi en mayo 8.

El Arzobispo Ruíz y Flores y Díaz me manifestaron que los obispos mexicanos han creído que la Constitución y las leyes, especialmente la disposición que requiere el registro de ministros y la que concede a los Estados el derecho de determinar el numero de sacerdotes, amenazan la identidad de la Iglesia dando al Estado el control de sus oficios espirituales.

Me aseguran que los obispos mexicanos están animados por un sincero patriotismo y que tienen el deseo de reanudar el culto público, si ésto puede hacerse de acuerdo con su lealtad a la República Mexicana y sus conciencias. Declararon que eso podría hacerse si la Iglesia pudiera gozar de libertad dentro de la ley, para vivir y ejercitar sus oficios espirituales.

Gustoso aprovecho esta oportunidad para declarar públicamente, con toda claridad, que no es el ánimo de la constitución, ni de las leyes, ni del Gobierno de la República, destruir la identidad de la Iglesia Catolica, ni de ninguna otra, ni intervenir en manera alguna en sus funciones

---

[86] L. LOPEZ BELTRÁN, *La persecución*, 529.

espirituales. De acuerdo con la protesta que rendí cuando asumí el Gobierno Provisional de México, de cumplir y hacer cumplir la Constitución de la República y las leyes que de ella emanen, mi propósito ha sido en todo el tiempo cumplir honestamente con esa protesta y vigilar que las leyes sean aplicadas sin tendencias sectaristas y sin prejuicio alguno, estando dispuesta la Administración que es mi cargo, a escuchar de cualquiera persona, ya sea dignatario de alguna Iglesia o simplemente de un particular, las quejas que pueda tener respecto a las injusticias que se cometan por la indebilidad aplicación de las leyes.

Con referencia a ciertos artículos de la Ley que han sido mal comprendidos, también aprovecho esta oportunidad para declarar:

1) Que el artículo de la Ley que determina el registro de ministros, no significa que el gobierno pueda registrar a aquellos que no hayan sido nombrados por el superior jerárquico del credo religioso respectivo, o conforme a las reglas del propio credo.

2) En lo que respecta a la enseñanza religiosa la Constitución y leyes vigentes prohiben en manera terminante que se imparta en las escuelas primarias y superiores, oficiales o particulares, pero ésto no impide que en el recinto de la Iglesia, los ministros de cualquier religión impartan sus doctrinas a las personas mayores o a los hijos de estas que acudan para tal objeto.

3) Que tanto la Constitución como las leyes del país garantizan a todo habitante de la república el derecho de petición, y en esa virtud, los miembros de cualquier Iglesia pueda dirigirse a las autoridades que corresponda para la reforma, derogación e expedición de cualquier Ley[87].

Questo è ciò che dichiara Ruíz sempre il 21 giugno:

El Obispo Díaz y yo hemos tenido varias conferencias con el C. Presidente de la República y sus resultados se ponen de manifiesto en las declaraciones que hoy expidió.

Me satisface manifestar que todas las conversaciones se han significado por un espíritu de mutua buena voluntad y respeto. Como consecuencia de dichas declaraciones hechas por el C. Presidente, el clero mexicano reanudará los servicios religiosos de acuerdo con las leyes vigentes.

Yo abrigo la esperanza que la reanudación de los servicios religiosos pueda conducir al pueblo mexicano, animado por un espíritu de buena

---

[87] *El Universal* [quotidiano di diffusione nazionale, filogovernativo], 22 giugno 1929, 1.

voluntad, a cooperar en todos los esfuerzos morales que se hagan para beneficio de todos los de la tierra de nuestro mayores[88].

Portes Gíl dichiara: *«Por lo que se refiere a la supuesta intervención del Embajador de los Estados Unidos, niego de manera terminante que haya existido alguna»*[89].

Domenica 30 giugno, Morrow a Cuernavaca si sveglia al suono delle campane e dice a sua moglie: *«Bety, ¿oyes? Yo he abierto las iglesias en México»*[90].

Ecco cosa scrive Ruíz nelle sue memorie:

El Sr Presidente sin contestar a ningún punto de mi memorándum, nos mandó un borrador de declaración genérica diciendo que la Iglesia podía reanudar el culto conforme a las leyes, y que él creía que eso bastaba. Yo le contesté que sentía mucho decirle que no informaría al Papa de eso porque estaba seguro que no aceptaría. Pasaron días hasta que el día 18 por la tarde vino a casa Mr. Morrow y trajo las declaraciones del Sr. Presidente como aparecieron en el Diario Oficial, añadiendo que eso era lo más que podía conseguirse y que era inútil insistir. Yo le contesté que iba a informar al Papa para saber su resolución. Por cable se le comunicaron al Papa las declaraciones del Presidente y el recado de Mr. Morrow. El Sr. Curuchaga y el P. Walsh estaban de acuerdo en que no se podía conseguir por de pronto más y ellos añadieron al cable su opinión favorable.

El Papa contestó por cable que aceptaba pero que se estipularan tres puntos: 1° La devolución de los templos y anexos, de las casas curales, episcopales y Seminarios; 2° Que se prometiera respetar esa posesión; y 3° Que se concediera amnistía a los levantados en armas que quisieran rendirse.

El 21 de Junio fuimos a Palacio a eso de las 11 y tuvimos la conferencia con el Presidente Sr. Portes Gíl. Le leí las tres condiciones del cablegrama del Papa. El llamó entonces al Lic. Canales encargado de la Secretaría de Gobernación y le dijo: «Inmediatamente mande usted una comunicación a los jefes de las armas de los lugares donde hay gente levantada en armas, ordenándoles que den amnistía a todos los que quieran rendirse, si estos tienen algún grado en sus filas se les dejará el revólver

---

[88] *El Universal*, 22 giugno 1929, 1.
[89] J. Bravo Ugarte, *Come se llegó al «Modus Vivendi» de 1929*, 274.
[90] J. Bravo Ugarte, *Come se llegó al «Modus Vivendi» de 1929*, 275.

y al caballo, a todos se les dará pasaje libre en los trenes para que vuelvan a sus casas o a donde gusten».

Delante del mismo Sr. Canales nos dijo: «Se devolverán inmediatamente las Iglesias y anexos y demás edificios de que habla el cablegrama si están desocupados; creo que ustedes podrán esperar un poco para que devolvamos los que ya se hayan ocupados». No creí que constara esto en estipulaciones escritas y firmadas por ambas partes, porque tenía yo de testigo por mi parte al Sr. Obispo Díaz y por parte del Presidente al Licenciado Canales [...][91].

Quando, agli inizi di luglio del 1929, Mons. Echevarría[92], vescovo di Saltillo, ritorna nella propria diocesi, dichiara:

Las informaciones que la prensa del país publica acerca del arreglo a que se ha llegado en el conflicto religioso no son veraces; ni aun los mismos prelados mexicanos conocemos los términos del tratado hechos [...] pues se ha mantenido en absoluto secreto y es necesario que así sea, porque algunos partidarios ultrarradicales crearían dificultades al gobierno[93].

Il 1° agosto del 1929, per porre fine ai rumori che si diffondono tra i vescovi, Mons. Echevarría scrive a Mons. Azpeita y Palomar:

los arreglos, si arreglos pueden llamarse, fueron los publicados por la prensa. Cierto es que el Presidente se comprometió por petición del Santo Padre, a dar la amnistía general, a devolver Seminarios, Casas Episcopales y curales y garantizar la libre comunicación del Papa con los católicos. Hubo otras cosas que no me atrevo a llamar promesas para el futuro, las que dependerán de la prudencia con que procedan los católicos en sus relaciones con el Gobierno y en las peticiones que hagan [...][94].

Mons. Ruíz, in un'intervista concessa il 1° d'agosto del 1937 a José C. Valdés, ripete che Portes Gíl si è compromesso verbalmente. Dalle memorie del prelato emerge che per lui non è necessario chiedere garanzie scritte visto che il presidente parla in presenza del ministro degli In-

---

[91] L.Ruíz y Flores, *Recuerdo de recuerdos*, 95.
[92] Jesús María Echevarría y Aguirre nasce il 16 luglio del 1858 nello Stato di Sinaloa. Viene ordinato nel 1886. Nel 1904 vieno nomito vescovo di Saltillo. Durante le persecuzioni del 1914 e del 1926 esilia negli Stati Uniti. Muore nel 1954.
[93] J.Meyer, *La Cristiada 2*, 371.
[94] Cfr. Condumex, in *Fonti Inedite*, doc. 54.

terni, Felipe Canales e di Mons. Díaz. Quando in seguito il governo non rispetta gli accordi, Canales dichiara: «*Sin duda, el señor Presidente ofreció todo eso; yo estaba presente, pero no sabía lo que ofrecía, puesto que al desocupar esos edificios y devolverlos se echaría encima un enjambre de enemigos*»[95].

Dopo gli *arreglos*, Mons. Orozco, in esilio, s'incontra con P. Walsh e gli chiede qual è la garanzia che ha convinto Roma ad accettare, il P. Walsh risponde: «*Morrow. ¡Pero Morrow se nos murió!*»[96].

Ad un ricevimento massonico, Portes Gíl non perde tempo e, il 27 luglio 1929, dichiara:

> Y ahora, queridos hermanos, el clero ha reconocido plenamente al Estado, y ha declarado sin tapujos que se somete estrictamente a las leyes. Yo no podía negar a los católicos el derecho que tienen de someterse a las leyes [...] la lucha es eterna, la lucha se inició hace veinte siglos [...] Y mientras yo esté en el gobierno, yo protesto ante la masonería que seré celoso de las leyes [...] constitucionales... En México, el Estado y la masonería, en los últimos años, han sido una misma cosa[97].

Nel discorso del 1° settembre 1929 il presidente parla ai parlamentari dicendo che la Chiesa ha ceduto senza condizione e «*los arreglos han traído como consecuencia la terminación de la revuelta que los fanáticos habían emprendido contra el gobierno de la República*»[98].

Sempre parlando alla massoneria dichiara:

> mientras el clero fué rebelde a las instituciones y a la leyes, el Gobierno de la República estuvo en el deber de combatirlo como se hiciese necesario; mientras el clero negara a nuestro país y a nuestro Gobierno el derecho de hacer sus leyes y de hacerlas respetar, el Gobierno estaba en el deber de destrozar al clero. Y hay que ver que el clero en todas las épocas ha negado siempre la existencia del Estado, el sometimiento a las leyes, y por fórmulas artificiosas y hábiles ha sabido siempre introducirse.

---

[95] J. MEYER, *La Cristiada 2*, 372.
[96] J. MEYER, *La Cristiada 2*, 373.
[97] J. MEYER, *La Cristiada 2*, 373.
[98] J. MEYER, *La Cristiada 2*, 374.

Y ahora, queridos hermanos, el clero ha reconocido plenamente al Estado, y ha declarado sin tapujos que se somete estrictamente a las leyes[99].

Díaz continua inutilmente a difendere gli accordi affermando che gli *arreglos* sono un riconoscimento, di fatto, dell'esistenza della Chiesa:

> Se reconoció de hecho la existencia de la Iglesia con todos sus derechos y libertades, y a ese fin el gobierno se ha comprometido a que las leyes, mientras se logra su modificación, sean aplicadas con una interpretación benévola[100].

Ruíz espone le differenze tra la situazione precedente e successiva gli *arreglos*: prima la Chiesa non aveva personalità giuridica e la gerarchia non significava niente. Il conflitto rimane però in piedi visto che il riconoscimento non è sanzionato costituzionalmente ma persistono le leggi:

> se ve, se nota, se siente que, efectivamente, sobre la base de ese arreglo que deja la puerta abierta a la reforma constitucional para asegurar o dar mayores libertades a los católicos, ni el alto Clero ni el Gobierno han mostrado el menor empeño por precipitar el desenlace legalista.
> ¿No es tiempo todavía para realizarlo?
> Así por lo menos lo considera el señor Arzobispo, quien, no obstante, afirma que ese gobierno continúa demostrando su buena voluntad, "cosa que fué la base de los arreglos llevados a cabo el 21 de junio del 1929. [...] Queda en pie, como materia esencialísima, la cuestión educativa religiosa que afecta a la conciencia y al derecho privado de la familia, coartado en esta parte por el artículo 3o. constitucionalista [...][101].

Secondo la *Liga*, il Card. Boggiani avrebbe autorizzato la dichiarazione che il Papa non era stato pienamente informato sulla questione, e la maggioranza dei vescovi era disponibile a vedere Portes Gíl. Ma tutto è avvenuto in segreto affermando che il Papa era d'accordo. Nessuno può dimostrare con un documento pubblico ed autentico che il Papa approvò gli *arreglos*. Questo è almeno quello che ha scritto Silvano Velarde:

> en realidad de verdad lo único que ha sucedido es que se agravó más el problema, no obstante la reanudación del culto; porque antes del 21 de

---

[99] Cfr. Condumex, in *Fonti Inedite*, doc. 55.
[100] J. MEYER, *La Cristiada 2*, 376.
[101] Cfr. Condumex, in *Fonti Inedite*, doc. 67.

Junio de 1929, la actitud digna, varonil y resuelta que habían asumido los católicos y que estaban dispuestos a proseguir a pesar de tantos y tan amargos sufrimientos, hacía concebir la dulce, la consoladora esperanza de que iban a brillar días mejores para la Iglesia y para la patria. [...]El Card. Boggiani autoriza para que se diga que al Papa no se le ha informado plenamente de la cuestión de México; y es rigurosamente cierto que a la mayor parte de los Obispos sólo se les dijo francamente si prestaban o no su consentimiento para entablar pláticas con el licenciado Portes Gíl; pero sin explicarles sobre qué base iban a tenerse los arreglos, ni cuáles fueron éstos sino que simple y sencillamente se le dijo, que todo se había hecho de acuerdo con el Romano Pontífice, y que el Papa había dado su aprobación [...].
Es tan claro como la luz del día, que los que tomaron la iniciativa para la reanudación del culto y los que mas se empeñaron en que se tuviera pláticas de arreglos con el licenciado Portes Gíl, fueron los banqueros y los capitalistas norteamericanos; porque vieron que el conflicto religioso tenía a México en tales condiciones, que ellos no podían continuar sus planes de imperialismo, que no podían seguir acaparando las riquezas del suelo mexicano, que la situación caótica que México guardaba, (la de hoy es mas caótica) no les permitía fundar la Sucursal del Banco de Nueva York para más extender su dominio financiero, para más adueñarse del comercio de la república y para que los tentáculos de expansionismo envolvieran màs a México [...][102].

---

[102] Cfr. Condumex, in *Fonti Inedite*, doc. 69.

Capitolo III

Gli «arreglos» non migliorano le relazioni tra Chiesa e Stato

Vasconcelos ritorna dall'esilio volontario nel 1929 e inizia una campagna per le elezioni presidenziali. Il suo giro trionfale ottiene il consenso del popolo ed il governo abbandona la tolleranza iniziale: si moltiplicano gli attentati contro Vasconcelos e i suoi uomini. Le manifestazioni vengono soppresse dalla polizia e dall'esercito. Gli agenti del servizio segreto americano scrivono:

> Vasconcelos tiene probablemente el mayor número de partidarios en todo el país, pero parece evidente que será eliminado, tiene contra él la máquina gubernamental, el miedo de gentes de orden, del business contento con la ley favorable a la cooperación del capital y del trabajo, y de la Iglesia[1].

Vasconcelos tenta di svegliare la coscienza del popolo e spera, con questa base, di vincere le elezioni presidenziali del 1929. La sua fede nella democrazia lo lancia in una campagna presidenziale destinata al fallimento.

1. Fallimento del «vasconcelismo»

La lotta di Vasconcelos contro il *Partido Nacional Revolucionario* è la lotta di un idealista contro la realtà. Il PNR è lo strumento creato per l'*èlite* rivoluzionaria dominante, con l'obiettivo di coordinare le attività politiche delle differenti regioni del paese. La forza del PNR deriva di-

---

[1] J. MEYER, *La Revolución Mexicana 1910-1940*, 191.

rettamente dalla somma di forze dei gruppi che si sono amalgamate per formarlo[2].

Il modo con cui i membri dell'*èlite* rivoluzionaria possono manifestare il proprio appoggio reale alla candidatura presidenziale di Pascual Ortíz Rubio[3], e pertanto al PNR e a Calles, sta mettendo in moto le varie politiche locali per assicurare un trionfo reale di questa candidatura nelle rispettive regioni[4].

È interessante riflettere sull'organizzazione delle varie politiche locali, visto che sono questi gli ingranaggi che permettono il trionfo di Ortíz Rubio.

Il *caciquismo* si appoggia sul controllo che alcuni individui determinano su certi gruppi organizzati in forma regionale o settoriale.

Ma non dimentichiamoci e questo è determinante, che oltre alle politiche locali, gli uomini forti contano su gruppi armati incaricati di esercitare la violenza indispensabile per rendere esecutivi i mandati.

Viene creata un'organizzazione insuperabile. In particolare, ciò è ancora più evidente, date le debolezze personali e politiche di Pascual Ortíz Rubio; non vi è dubbio che la mancanza di prestigio del candidato obbliga il PNR a dimostrare le sue capacità manipolatrici in circostanze sfavorevoli[5].

Il PNR si converte in un «polipo politico» che vuole estendere i suoi tentacoli su tutti i municipi. Il 1° luglio del 1929, il PNR ha 5.000 sedi di sostegno, una per ogni municipio, rafforzate da 280 centri distrettuali. Durante la campagna presidenziale vi sono temi che si ripetono in forma costante e appoggiati da fatti determinanti. Questi temi sono fondamentalmente due: la disciplina del partito e l'ecumenismo ideologico del PNR.

La tolleranza è amplia, l'importante è ingrandire le file. Esempio interessante di questo sono le seguenti parole:

---

[2] C. MARTÍNEZ ASSAD, *La sucesión*, 61-62.
[3] Ortíz Rubio Pascual nasce nello stato di Michoacán il 10 marzo 1877. Nel 1913 si unisce al movimento rivoluzionario. Nel 1920 viene eletto governatore del suo stato Natale. Dal 1930 al 1932 è presidente.
[4] C. MARTÍNEZ ASSAD, *La sucesión*, 63.
[5] C. MARTÍNEZ ASSAD, *La sucesión*, 64.

en México -ya lo hemos dicho a los comunistas de buena fé- el PNR constituye el sitio honorable donde caben la acción radicalista, la organización centralista y aún la evolución moderada[6].

Vista la mancanza d'idee del PNR, non è difficile immaginare che nel 1929 gli studiosi e gli intellettuali dell'epoca s'identificassero con Vasconcelos e che lo vedessero come *el maestro*. Il *vasconcelismo* è per questo un movimento prevalentemente urbano; la mancanza di professionismo politico dei gruppi che appoggiano questa candidatura è evidente.

La promessa del presidente Portes Gíl di mantenere un ambiente di rispetto e libertà perché si sviluppi una campagna presidenziale, è violata sistematicamente. La violenza è agli estremi.

Il 17 novembre del 1929 avvengono le elezioni e il 28 dello stesso mese, il Congresso dichiara Pascual Ortíz Rubio presidente eletto del Messico. I risultati ufficiali sono i seguenti: Ortíz Rubio 1.947.848 voti; Vasconcelos 110.979.[7]

Tutte le urne sono controllate dall'esercito. Ortíz Rubio, il candidato del governo richiamato dal servizio diplomatico, vince 20 contro 1. Vasconcelos denuncia la frode e si proclama presidente eletto. La sua chiamata all'insurrezione non viene seguita: Vasconcelos deve esiliare in America del Sud ed il terrore si abbatte su suoi amici e culmina nell'episodio macabro di Tomilejo. La popolazione di questo villaggio viene presa durante la notte, persone di tutte le età e di tutte le condizioni sociali, sospettati di simpatizzare per Vasconcelos, per questo sono condotti verso la strada per Cuernavaca, vengono assassinati e fatti a pezzi affinché l'identificazione dei cadaveri sia impossibile. Così l'esercito si vendica dell'attentato di cui è stato vittima il presidente Ortíz Rubio lo stesso giorno in cui viene nominato[8].

È impossibile conoscere la verità però è evidente che le cifre ufficiali sono false. Vasconcelos conta su un appoggio molto numeroso.

Il 1° dicembre del 1929, Vasconcelos formula il *Plan de Guaymas*[9] in cui si dichiara presidente eletto del Messico. Disconosce i poteri fede-

---

[6] C.MARTÍNEZ ASSAD, *La sucesión*, 70.
[7] C.MARTÍNEZ ASSAD, *La sucesión*, 82.
[8] C.MARTÍNEZ ASSAD, *La sucesión*, 192.
[9] «Plan de Guaymas», fatto a Guaymas, Stato di Sonora il 10 dicembre 1929:

rali, statali e municipali e conclude affermando che il presidente eletto ha abbandonato il Messico.

I *vasconcelistas* membri della classe media urbana non organizzano la ribellione. Il PNR si consolida quindi come partito unico.

Le conclusioni sono che:
1) Il *vasconcelismo* trionfa nelle urne? Questo è impossibile da provare, però Vasconcelos non ha la capacità di farsi rispettare, egli non è in grado di organizzare una ribellione armata.
2) La campagna *vasconcelista* obbliga il PNR a muoversi con un'incredibile velocità visto che affronta un'opposizione popolare, organizzando una macchina elettorale che si è convertita in partito unico.
3) Vasconcelos come candidato è molto superiore ad Ortíz Rubio.
4) Il PNR nasce invincibile perché come dice Luis Cabrera: *«El PNR es sin embargo un grupo unificado por sus intereses, bajo la jefatura del general Calles; rico con la riqueza del erario, fuerte con la fuerza del ejército, y disciplinado, obligatoria pero efectiva, de la amenaza del cese»* [10].

L'esercito, seguendo Calles, dirige le sorti della nazione e i principali ministeri del gabinetto di Ortíz Rubio sono affidati a generali

---

«1) Se declara que no hay en la República más autoridad legítima, por el momento, que el Ciudadano Licenciado don José Vasconcelos, electo por el Pueblo en los comicios del 17 de Noviembre para la Presidencia de la República. En consecuencia serán severamente castigadas todas las autoridades, inclusive los miembros del Ejército, que sigan prestando apoyo al gobierno que ha traicionado el objeto para el cual fué creado. 2) El subscrito, Presidente Electo, rendirá la protesta de Ley ante el Primer Ayuntamiento libremente nombrado que pueda recibirla en la República, y desde luego se procederá a organizar el Gobierno legítimo. 3) Se desconoce a todos los poderes de facto, así los de la Federación como los de los Estados y Municipios, que desde hace tantos años han venido ensangrentando al País, robando el tesoro público y creando la confusión y la ruina de la Patria y que han pretendido burlar el voto público en la elección Presidencial última. 4) El Ciudadano que en cada uno de les Estados tome el mando de las fuerzas que expulsarán a los detentadores del Poder Público, se hará cargo enternamente del Gobierno local y procederá a organizar éste de acuerdo con la Constitución, con la de la Entidad Federativa de que se trate y con las demás Leyes en vigor, a reserva de que sus actos de gobierno reciban la ratificación del Presidente legítimo de la República y de que esté conforme su investidura, la que no por ello perderá su carácter de provisional. 5) El pueblo designará libremente en cada Municipio a los encargados que deben encargarse de la Administración Municipal»: Cfr. Condumex, in *Fonti Inedite*, doc. 60.

[10] J. MEYER, *La Revolución Mexicana 1910-1940*, 83.

CAP III: GLI «ARREGLOS» NON MIGLIORANO LE RELAZIONI

dell'esercito: l'inamovibile Amaro alla Guerra, Cedillo all'Agricoltura, Riva Palacio[11] agli Interni, Cárdenas[12] alla presidenza del PNR.

Il timido Ortíz Rubio, limitato dai militari, temendo altri attentati, non può fare molto. Alla fine, ormai stanco, si dimette il 3 settembre 1932, rimpiazzato da Abelardo Rodríguez[13], eletto per la sua fedeltà a Calles.

Il decennio 1930-1940 è economicamente difficile perché per ragioni nazionali e mondiali, l'industria mineraria è in pratica immobile e la produzione petrolifera ad un livello bassissimo[14].

Il problema religioso rimane. Rimanendo al potere l'esercito *callista*, il gruppo di pressione anticlericale è al suo apogeo tra il 1930-1935; questo attacca violentemente la Chiesa attraverso la stampa e spinge il governo a rompere la tregua. Dal 1929 al 1931 tra Chiesa e Stato si tenta un *modus vivendi*.

Dal 1930 *los Callistas* cominciano a sabotare apertamente il programma di Ortíz Rubio in vari Stati, soprattutto a Veracruz e Tabasco. A Tabasco regna per più di 10 anni Garrido Canabal[15] che organizza lo Stato seguendo lo schema cooperativistico mussoliniano. Le *camisas rojas* seminano il terrore. Garrido era specialista in manifestazioni teatrali e in propaganda anticlericale[16].

---

[11] Carlos Riva Palacio, deputato e governatore dello Stato del Messico. Leader «callista». Ministro degli Interni con Ortíz Rubio. Nel 1933 diviene Presidente del PNR.

[12] Cárdenas Lazaro nasce a Michoacán il 21 marzo 1895. Durante la Rivoluzione si unisce al Costituzionalismo. Entra da subito in buoni rapporti con Calles. Il 6 dicembre 1933 il PNR lo dichiara candidato alla presidenza. Dal 1934 al 1940 è presidente del Messico.

[13] Rodríguez Adalberto L. nasce nello stato di Sonora il 12 maggio 1889. Fa carriera militare e nel 1928 diviene generale di divisione. È governatore della Bassa California e sotto-segretario di Guerra e Marina. Dal 1932 al 1934 è presidente.

[14] J. MEYER, *La Revolución Mexicana 1910-1940*, 191-193.

[15] Tomás Garrido Canabal nasce il 20 settembre del 1890 da una famiglia di proprietari terrieri, a «Punta Gorda» tra Tabasco e il Chiapas. Si laurea in giurisprudenza a Campeche. Appoggia il «Plan de Agua Prieta». Nel 1922 viene eletto governatore di Tabasco. Nel 1934 è nominato Ministro dell'Agricoltura con Cárdenas. Fondatore e leader della Camicie Rosse tristemente note per le campagne antireligiose.

[16] J.MEYER, *La Revolución Mexicana 1910-1940*, 194.

Nel 1931 Ortíz Rubio perde terreno e le prime bombe esplodono nelle chiese di Veracruz. In dicembre, le feste del quarto centenario dell'apparizione della *Virgen de Guadalupe* attirano un milione di persone e provocano la collera di Calles, che convince il presidente ad abbandonare la sua politica di conciliazione.

Molte leggi e decreti in tutti gli Stati limitano il numero di sacerdoti. La Chiesa messicana, sorpresa, risponde chiedendo ai laici di ricorrere ai tribunali.

Ortíz Rubio si dimetté nel settembre 1932 e alla fine del mese il Papa, nell'enciclica *Acerba Animi* denuncia la violazione degli *arreglos*. Questo non impedisce di ordinare ai fedeli la sottomissione e rinnovare le condanne a tutti i ribelli[17].

Gli *arreglos* vengono sempre più visti come un tradimento anche perché ormai è evidente che il conflitto religioso rimane aperto. Queste non sono affermazioni della *Liga*, ma del *El Universal* che pubblica un articolo dal titolo «*el Conflicto Religioso está en pie*». Secondo le dichiarazioni del nuovo Presidente Ortíz Rubio, la Chiesa, facendo gli *arreglos*, ha accettato le leggi stabilite. Mentre per Ruíz quest'accettazione è solo un atto di tolleranza nei confronti dello Stato.

2. Molti combattenti si considerano traditi

A partire dal giugno del 1929, sono numerosi quelli che credono nell'esistenza di clausole segrete, visto che apparentemente la Chiesa non ha guadagnato niente con la pace.

Da parte del generale in capo della Guardia Nazionale, Degollado, la lotta cessa non perché persa, ma perché, con gli *arreglos*, è stata abbandonata dalla Chiesa Gerarchica che avrebbe dovuto vederne i primi frutti.

> nuestra resistencia ha sido un hecho cuya magnitud no pueden aún comprender los que no lo han vivido. En México, digan lo que quiera los que gozan siempre, en estos tres ultimos años, el eroísmo se ha convertido en cosa vulgar [...]. Su Santidad el Papa, por medio del Excelentísimo Señor Delegado Apostólico, ha dispuesto por razones que no conocemos, pero que, como católicos, acatamos, que sin derogar las leyes, se reanudaran los cultos, y que el sacerdote, poniéndose en cierto modo al

---

[17] J.MEYER, *La Revolución Mexicana 1910-1940*, 195.

CAP III: GLI «ARREGLOS» NON MIGLIORANO LE RELAZIONI

> amparo de ellas comenzase a ejercer su ministerio públicamente. En el acto, nuestra situación, compañeros ha cambiado...La GUARDIA NACIONAL [sic] desaparece, no vencida por sus enemigos sino, en realidad, abandonada por aquellos que debían recibir los primeros frutos, el fruto valioso de sus sacrificios y abnegaciones[...][18].

Con gli *arreglos*, lo Stato e la Chiesa sarebbero dovuti arrivare ad un'intesa franca e onorabile; in Vaticano non si fanno dichiarazioni rispetto alla risoluzione del conflitto e si osserva il più assoluto silenzio. Una volta nominato arcivescovo del Messico, Pascual Díaz comincia il compito di ricostruzione della Chiesa nella sua arcidiocesi. Nella gerarchia avviene un cambio molto lento[19].

Dopo tre anni di guerra *Cristera*, la Chiesa nella decade degli anni trenta appare divisa. Gli *arreglos* fanno cessare la lotta armata, però non riescono ad unire i cattolici.

Nonostante i *Cristeros* avessero già la carta di resa, alcuni vengono uccisi. Ecco cosa scrive la moglie di Luciano Herraro, un combattente *Cristero*, che viene prelevato da casa e ucciso.

> despues que comimos nos venimos para adentro y estando sentados mi esposo y yo, se oye que tocan a la puerta y corre una de mis niñas a abrir y no pudiendo abrir, cuando dieron otro toquido a la puerta; entonces me paré yo y luego que Luciano oyó el toquido dijo: «esos son charros (policía rural)[sic]»...y ellos eran. Inmediatamente se introdujeron a la casa y en lugar de echar a correr salió a encontrarlos, inmediatamente se entregó y les dijo: «Estoy rendido!...y ya tengo mi carta donde me dicen que me rinda y propriamente a eso vine.» Y les entregó la carta. En seguida lo sacaron de la casa y lo subieron al camión y se lo llevaron, no tardó ni media hora cuando ya le habían quitado su vida[...][20].

I cattolici, che tanti problemi stanno causando alla politica della gerarchia, sono per lo più membri della LNDLR e i capi della ACJM e vogliono a tutti i costi recuperare tutte le libertà per la Chiesa[21]. Per la *Liga*, che ha accettato gli *arreglos*, questi accordi sono stati una scon-

---

[18] Cfr. Condumex, in *Fonti Inedite*, doc. 53.
[19] M. NEGRETE, *Relaciones*, 43-44.
[20] Cfr. Condumex, in *Fonti Inedite*, doc. 52.
[21] J. MEYER, *La Revolución Mexicana 1910-1940*, 60-62.

fitta per la Chiesa: queste sono anche le dichiarazioni di Portes Gíl che parla della resa della Chiesa allo Stato[22].

In realtà la *Liga* non è sola, la parte del clero che appoggia la causa *Cristera* si oppone anche all'ipotetico *modus vivendi* stabilito negli *arreglos*.

Anche l'episcopato non è così unito e soprattutto non tutti sostengono gli *arreglos*, in particolare Manríquez fa un discorso in Belgio a Lovanio in cui afferma che con gli *arreglos* tutto è finito, sono spariti i patrioti valorosi e c'é solo spazio per i mercenari.

> entonces México volverá sus angustiados ojos a sus hijos para que la defiendan; pero oh dolor!, en vano, porque entonces ya se habrán acabado todos los patriotas y desparecido todos los valientes; sólo quedarán en pie los mercenarios, los traidores que por un puñado de monedas no han dudado en entregarlos a sus implacables enemigos. Entonces la Iglesia mirará en torno a sí buscando quien la libre de sus perseguidores, rompiendo las pesadas cadenas de la esclavitud; pero oh desilusión!, ya no hay quien diga una sola palabra a su favor ni mucho menos quien quiera defenderla con grandes sacrificios.
> [...]Porque no debemos cerrar los ojos a la luz de la verdad, ni hacernos vanas ilusiones, en asuntos de tanta trascendencia. Mientras el pueblo mexicano no recobre su libertad, ni la Iglesia sus sacrosantos derechos, el problema mexicano sigue aún de pie, terrible y amenazador.
> [...]Y esto es cabalmente lo que venimos a deciros hoy a vosotros, a nuestros amigos, a todo el mundo civilizado. México no recobra aún la libertad. México no arriba todavía a la meta de sus destinos: todavía la BESTIA [sic] tiene clavadas todas sus garras sobre su inerme víctima[23].

Ruíz vuole mettere a tacere qualsiasi voce contro gli *arreglos* ed alla fine, il 17 febbraio 1930, compare su «*El Universal*» un articolo dal titolo «*Enérgica actitud del Sr. Delegado Apóstolico condena con firmeza a los que censuran los arreglos de la cuestión religiosa* », nel quale si dice che, viste le critiche, unico giudice competente è il Papa. Per Ruíz il discorso, fatto da Manríquez a Lovanio, è calunnioso, dato che, uno spirito cristiano dovrebbe rallegrarsi del fatto che si sia cercato un *arreglo*. È vero che non è stata fatta la riforma delle leggi, però il go-

---

[22] Cfr. A.C., in *Fonti Inedite*, doc. 76.
[23] Cfr. Condumex, in *Fonti Inedite*, doc. 61.

verno ha riconosciuto l'esistenza della Chiesa e ciò basta per ripristinare il culto. La Chiesa ha solo accettato le leggi, non le ha approvate:

> el juez competente de la licitud y conveniencia de esos arreglos era y es el Sumo Pontífice, a quien la defensa armada no podía privar del derecho de buscar al conflicto una solución pacifica, aunque para ello hubiera necesidad de tolerancia y transigencias que dejan a salvo los principios y la conciencia.
> Es muy fácil dibujar caricaturas y hacer decir a una persona lo contrario de lo que dijo, pero no es caritativa, ni lícita tal conducta en asunto de tanta trascendencia en que va de por medio la fe y la disciplina de la Iglesia.
> No tiene pues autoridad ninguna, fiel o eclesiástico alguno para juzgar los actos de la Autoridad Suprema de la Iglesia en estos asuntos. Juzgamos verdaderamente nocivos dichos opúsculos, publicados ilícitamente, sin licencia de la autoridad eclesiástica e ilícitamente distribuidos o leídos por los católicos.
> Tras estos opúsculos ha aparecido un discurso atribuido a un prelado mexicano, que se dice leído en Lovania, y -con toda malicia- dícese escrito luego después de la audencia con el Santo Padre [...][24].

Lo stesso giorno dell'articolo, Ruíz scrive ai vescovi riguardo al comportamento da tenere per gli *arreglos*, visto che molti scrivono e parlano contro questi accordi. Ruíz afferma che non si possono fare pettegolezzi o commenti in privato, non si può partecipare a riunioni in cui si parla di *arreglos*, non si può partecipare a gruppi che non approvino gli *arreglos* e occorre adottare un unico criterio: quello ufficiale dell'Episcopato[25].

Chi sosteneva il conflitto armato ormai esprime un giudizio chiaro sui due vescovi che hanno firmato gli *arreglos*; questo il titolo di un articolo che è firmato *VARIOS CATOLICOS* [sic]: «*El Delegado Apostólico y el Arzobispo de México han traicionado la religión y la patria*»[26]. L'articolo cita Matteo 15,14: «*Si un ciego guia a otro ciego, ambos caen en el hoyo*». In sostanza, ci si chiede se l'autorità ecclesiastica è infallibile, anche quando l'errore è palese. Negare all'uomo la verità significa negare la sua razionalità e quindi annullare la dottrina cattolica. Ci si

---

[24] Cfr. Condumex, in *Fonti Inedite*, doc. 62.
[25] Cfr. ACAM, in *Fonti Inedite*, doc. 36.
[26] Cfr. Condumex, in *Fonti Inedite*, doc. 66.

chiede, se solo il Delegato Apostolico abbia il diritto di dichiarare la verità e se l'autorità ecclesiastica sia nell'errore o sia infallibile.

> LO IGNORAN ELLOS? QUIZÁ! PUEDE ACHACÁRSELES TODA CLASE DE IGNORANCIA; PERO LO CIERTO ES QUE «SI UN CIEGO GUIA A OTRO CIEGO, AMBOS CAEN EN EL HOYO (Mateo XV,14)»[sic]
> [...] El señor Delegado Apostólico dice así en la parte relativa de sus declaraciones del 17 de febrero, publicadas el 18: «El juez competente de la licitud y conveniencia de esos arreglos era y es el Sumo Pontífice [...]. No tiene, pues, autoridad fiel o eclesiástico alguno para juzgar los actos de la Autoridad Suprema de la Iglesia en estos asuntos».
> De aquí el señor Delegado saca la consecuencia evidentemente ilegítima, claramente ilógica, como si toda corrección fuera «juzgar», de que todo el mundo debe guardar silencio ante los hechos públicos de la autoridad eclesiástica, aunque tales hechos públicos constituyan un escándalo, una claudicación, una apostasía o cisma y aunque el error conste científicamente; todo lo cual equivale a que si un buen día el Episcopado nos declara que tres y dos son cuatro, nosotros no podemos corregirlo para que no se equivoque toda la nación, pues es necesario esperar a que el Papa lo haga; si el Papa no lo hace, tenemos que dirigirnos a él, pidiéndole que lo haga; si no lo estima conveniente o si no podemos llegar a él, tenemos que seguir acatando reverentemente la disposición de que tres y dos son cuatro, pues será siempre un desacato el hecho de corregir la equivocación, porque sería «juzgar los actos de la Autoridad Suprema de la Iglesia». Así, según esta doctriana del señor Delegado, es indudable que nadie, sino sólo la autoridad eclesiástica, tiene derecho de enseñar y publicar la verdad.
> ¿De manera que, para no meterme a juez, o HABLO BIEN DE LOS ARREGLOS O ME QUEDO CALLADO Y LOS CUMPLO AUNQUE MI CATÓLICA CONCIENCIA ME GRITE LO CONTRARIO [sic]? ¿En dónde consta la catolicidad de esta doctrina? ¿La autoridad eclesiástica es infalible en todo caso y hasta en sus errores demostrados? Y ¿es obra de misericordia corregir al que yerra, menos a la autoridad eclesiástica?
> [...] El señor Delegado pretende seguir engañando al pueblo cristiano, con la fresca noticia de que se reconoció la base necesaria para reanudar el culto, el derecho de trabajar legal y pacíficamente por la reforma de la legislacion actual». Con el arreglo y sin él, el derecho de petición ya estaba consignado en la Constitución y no es ninguna adquisición lograda por el Delegado, ni nos hace avanzar ni un solo palmo de terreno, porque ya el Diputado Santos dijo que las instancias de los católicos SE

ECHARÍAN DE NUEVO EN EL CESTO DE LOS PAPELES INÚTILES [sic] [...][27].

Díaz continua a sostenere: *El Feliz arreglo religioso*, visto che la questione sulla riforma costituzionale delle leggi persecutorie è ancora aperta. Per lui, il governo continua a mostrare buona volontà.

> se ve, se nota, se siente que, efectivamente, sobre la base de ese arreglo que deja la puerta abierta a la reforma constitucional para asegurar o dar mayores libertades a los católicos[...][28].

3. Ulteriore peggioramento dei rapporti Stato-Chiesa

Nel 1931 i rapporti tra Stato-Chiesa peggiorano ulteriormente; in queste nuove tensioni è presente la mano del generale Plutarco Elías Calles.

Il Delegato Apostolico censura pubblicamente i governi di Tabasco e Veracruz per l'intolleranza di questi stati. Il governo continua imperturbato la sua persecuzione. Ruíz solo chiede il rispetto della Costituzione visto che Tabasco e Veracruz subiscono un'enorme repressione. In questi stati si ha un disconoscimento dei diritti dei cittadini riconosciuti nella Costituzione.

> EL SEÑOR DELEGADO APOSTÓLICO SE DIRIGE A LOS PODERES DE LA UNIÓN. SOLO PIDE RESPETO A LOS ORDENAMIENTOS DE LA CARTA MAGNA. TABASCO Y VERACRUZ VIENEN PISOTEANDO LOS PRECEPTOS CONSTITUCIONALES, CON UN ESPÍRITU DE SECTARISMO Y NO DE CONCORDIA [sic].
> [...] En la práctica, el Estado de Veracruz ha quedado en las mismas condiciones de Tabasco, con desconocimiento y violación palpables de los derechos religiosos de los ciudadanos, reconocidos en la Constitución, y con gran descontento de los católicos.
> El Episcopado, Clero y Pueblo católico, creemos que el único remedio está en la modificación de las leyes en el sentido de una sana libertad, porque sólo así sabrán los católicos a qué atenerse y se evitarán las arbitrariedades de Legislaturas locales y autoridades subalternas que no saben todavía deponer esos rencores tan funestos y antipatrióticos [...].

---

[27] Cfr. Condumex, in *Fonti Inedite*, doc. 66.
[28] Cfr. Condumex, in *Fonti Inedite*, doc. 67.

Comincia a spargersi la voce che il Papa crede che le leggi siano immediatamente riformate:

> Su Santidad Pio XI, como lo ha demostrado la pluma viril y profundamente católica del Sr. Velarde, se ha mostrado públicamente indignado por los arreglos: ello tenía que ser. El Papa dio instrucciones al Sr. Delegado Apostólico en el sentido de que un arreglo solo debería celebrarse siempre que tuviera como bases «la reforma inmediata de las leyes y amplias para la vida y los intereses de los que luchan por la Religión».
> Al Papa se le hizo creer que ambas cosas eran un hecho al celebrarse los arreglos, se le hizo creer que las leyes serían inmediatamente reformadas y que no se tocaría a los cristeros. Así se efectuó el «modus vivendi» que no ha resultado, según la enérgica frase de un alto personaje, sino un «Modus muriendi». Por eso ha dicho el Cardenal Boggiani que Pio XI «ha sido engañado en la cuestión de los arreglos de México» y el propio cardenal autoriza que así se diga y asegura que él puede probar su acerto [...][29].

Il nuovo ministro degli interni dichiara ancora una volta che in materia di culti le norme del governo devono essere solo le leggi. Nel frattempo però si sta organizzando per dicembre un congresso *guadalupano*.

La *Liga* si mostra sempre più apocalittica sostenendo che si stanno corrompendo i bambini con l'insegnamento ateo. Mancano i principali diritti: libertà d'insegnamento, libertà d'associazione, libertà religiosa e diritto di proprietà.

> Los Artículos 3, 5, 27 y 130 de la Constitución Política de México conculcan la LIBERTAD DE ENSEÑANZA, la LIBERTAD DE ASOCIACIÓN, LA LIBERTAD RELIGIOSA y el DERECHO DE PROPIEDAD [sic]. Esto ha traído como consecuencia:
> 1. Que se esté corrompiendo a la niñez y a la juventud mexicana con la enseñanza atea impuesta por el Estado. Es necesario tener muy presente que en la niñez y juventud mexicanas que actualmente se educan, está el porvenir de la Patria.
> 2. Que los católicos mexicanos seamos parias en nuestra propia patria: se nos IMPIDE, con los Artículos mencionados, EL EJERCICIO DE LOS DERECHOS NATURALES QUE DIOS CONCEDIÓ AL HOMBRE PARA MEJOR CUMPLIMENTO DE SU MISIÓN SOBRE LA TIERRA [sic] [...][30].

---

[29] Cfr. Condumex, in *Fonti Inedite*, doc. 65.
[30] Cfr. Condumex, in *Fonti Inedite*, doc. 71.

CAP III: GLI «ARREGLOS» NON MIGLIORANO LE RELAZIONI 123

Ruíz organizza una petizione per modificare le leggi. Il *modus vivendi* del giugno del 1929 è qualcosa di provvisorio e, nei due anni successivi agli *arreglos*, niente è cambiato:

> esa petición es cada día más urgente, porque el «Modus Vivendi» a que se llegó en Junio de 1929, con aprobación del mismo Sumo Pontífice, era algo enteramente transitorio y provisional, y la experiencia de dos años ha demostrado claramente que no es capaz de dar a los católicos ni a la Iglesia la libertad que necesitan a la cual tienen perfecto derecho.
> Los acontecimientos de Tabasco y Veracruz, así como las arbitrariedades de varias autoridades locales; han venido a confirmar la necesidad urgente de esa petición[...][31].

La preparazione per commemorare il quarto centenario dell'apparizione della Madonna a Tepeyac era cominciata già un anno prima. Il 12 gennaio del 1931 l'arcivescovo Pascual Díaz pubblica il programma ufficiale delle festività. L'anno 1932 sarà chiamato *Año Guadalupano* e sarà promosso il maggior numero di pellegrinaggi: si organizzano pellegrinaggi locali per tutte le persone che non possono arrivare nella capitale.

I portavoce del governo giudicano inopportuno che la Chiesa possa compiere atti la cui legalità sia dubbiosa, soprattutto in questa *«sociedad que recientemente ha sufrido hondas conmociones por diferencias de criterios en materia religiosa, y cuya paz ha sido lograda mediante el consentimiento expreso de la sujeción de los ministros de la Iglesia Católica a los ordenamientos de la ley»*[32].

Comincia nuovamente una serie d'azioni contro la Chiesa.

La mattina del 14 dicembre del 1931 i senatori della Repubblica celebrano una sezione importante. Il tema è la posizione che il clero cattolico ha assunto per la celebrazione della *Virgen de Guadalupe*. Gli attacchi sono chiari e diretti[33]. L'assemblea condanna nuovamente quest'azione da parte dei cattolici, vescovi e laici, e proclama la necessità di non fanatizzare la massa contadina, così come la necessità di costituire un solo fronte rivoluzionario.

---

[31] Cfr. Condumex, in *Fonti Inedite*, doc. 72.
[32] M. NEGRETE, *Relaciones*, 71.
[33] M. NEGRETE, *Relaciones*, 75.

Pio XI, scrivendo a Díaz e ad altri vescovi, si schiera e critica apertamente il governo affermando che lo stato non può intromettersi nella giurisdizione ecclesiastica[34].

Díaz, a questo punto, si pronuncia pubblicamente e scrive: *«Carta abierta al Sr. Presidente de la Republica Mexicana, ingeniero Don Pascual Ortíz Rubio»* in cui afferma, rifacendosi agli *arreglos* del 1929, che la legge di limitare i sacerdoti e le chiese è anticostituzionale, dato che la legittimità di queste leggi, secondo i principi della rivoluzione, deve venire dal popolo e non da un partito[35].

Il senatore Santos[36], che partecipa nella sezione dei deputati, è il più estremista negli attacchi al clero. Da parte propria la massoneria fa eco alla voce del governo e vede «*con profunda pena la interminable cadena de desacatos a la ley cometidos por el natural propósito de influencia y predominio de unos y por inexplicables debilidades de otros*» [37].

Le critiche alle feste *guadalupane* sono molte e molto varie. Il senatore Gonzalo N. Santos presenta davanti alla Camera dei Senatori il progetto della nuova legge, che limita notevolmente il numero di sacerdoti. La legge in parlamento conta sul totale appoggio dei suoi membri.

Se Città del Messico ha una popolazione di 1.229.976 abitanti secondo il censo del 1930, significa che, una volta posta in vigore la legge, solo 24 sacerdoti possono esercitare il proprio ministero dentro il Distretto Federale: uno ogni 50.000 abitanti. Per tanto possono essere aperte al pubblico solo 24 chiese. La mozione, che limita il numero delle chiese e che si deve al senatore Samuel Villarreal Jr., significa che, solo a Città del Messico si devono chiudere 304 chiese delle 328 che in questo momento sono destinati al culto[38].

La Chiesa protesta e in una lettera aperta al presidente della Repubblica, Pascual Díaz manifesta la sua totale disapprovazione alla legge.

---

[34] Cfr. ACAM, in *Fonti Inedite*, doc. 46.
[35] Cfr. ACAM, in *Fonti Inedite*, doc. 49.
[36] Gonzalo N. Santos nasce nello stato di San Luis Potosí, deputato federale per questo stato durante varie legislature. Membro del PNR e senatore. Ambasciatore del Messico in Belgio nei governi di Rodríguez e Cárdenas.
[37] M. NEGRETE, *Relaciones*, 78.
[38] M. NEGRETE, *Relaciones*, 79.

Alcuni cattolici vedono un fallimento totale degli *arreglos* e per questo vorrebbero le dimissioni di Ruíz e quelle di Díaz.

> De algunos días a esta fecha ha corrido la versión de que Ruíz ha renunciado. Esta noticia ha causado una profunda impresión de regocijo en todos los que hemos sabido, porque aunque se rumora que la Casa Blanca, avisada prontamente por el Ilmo. Sr. Pascual Díaz, ha impadido que S. Ilma. lleve a efecto su renuncia, sin embargo, su deseo es una prueba palmaria de que no tiene aún la conciencia cauterizada y de que, haciendo justicia a su ya dudosa caballerosidad, ha respondido dignamente a los sentimentos de delicadeza, vergüenza, dignidad humana, puesto que después del formidable fracaso de los funestos y reprobades arreglos no lo queda a S. Ilma otro camino para salir, si no con honra, cuando menos honradamente, en cuánto le es posible, del complicado berenjenal de tremendas responsabilidades que tiene ante la Santa Sede indignada [...].
> Pero para que la obra sea completa, además de no desistir, S.Sria. Ilma. debe convencer al Ilmo. Sr. Arzobispo Pascual Díaz a que renuncie también él, pues por caballerosidad, decoro y vergüenza, debe hacerlo.[...][39].

Per Díaz il governo viola l'articolo 130 visto che, secondo la legge, si deve determinare il numero massimo di ministri di culto in modo conforme alle necessità locali ed è evidente che ciò non si è considerato. Per l'arcivescovo:

> la seriedad, el crédito, y la dignidad misma de un gobierno dependen esencialmente de la lealtad con que cumple sus compromisos. No puede abandonarse a los planes o convicciones de una facción política el cumplimento de los compromisos sagrados contraídos por un gobierno. Y éste, decía, es el caso presente.

La legge che riduce il numero di sacerdoti è, secondo Pascual Díaz, anticostituzionale perché non è espressione della volontà dei messicani. Díaz chiede al presidente di considerare che i cattolici sono il 90% della popolazione; l'art. 130 risulta essere un attacco a tutti i diritti della religione cattolica. Ricorda che questa

> es una sociedad sobrenatural, de origen divino, con derechos dados por el mismo Dios; independiente del Estado en sus funciones espirituales, la cual tiene exclusivamente el poder y la facultad sobre sus ministros, so-

---

[39] Cfr. Condumex, in *Fonti Inedite*, doc. 63.

bre sus enseñanzas, sobre sus medios de santificación, sobre los medios para llevar a cabo su misión en la Tierra[40].

La nuova legge disconosce totalmente la giurisdizione episcopale sui ministri di culto e converte i sacerdoti a semplici impiegati del potere civile. Il popolo, tutto dalla parte dei sacerdoti, vede questa legge come *«un atentado inaudito de la fuerza pública en cosas de conciencia y una intolerable intromisión de facción política en un asunto sumamente espinoso».*

In effetti, la situazione è oggettivamente difficile. Díaz è costretto a pagare una multa per avere cresimato i figli di una detenuta nelle carceri dove, essendo un edificio pubblico, è proibito celebrare atti di culto.

Pascual Díaz tendrá que pagar una multa por haber infringido la Ley de Cultos al impartir la confirmación a varios niños hijos de reclusas en la Cárcel de Belén y el Alcalde de ese establecimiento de reclusión sufrirá la destitución de su cargo.[...]«La buena armonía entre las autoridades civiles y eclesiásticas estriba únicamente en el respeto que a las leyes guarden las segundas» nos dijo textualmente anoche el Secretario de Gobernación don Carlos Riva Palacio, en la breve entrevista que nos concedió [...][41].

---

[40] M.NEGRETE, *Relaciones*, 82.
[41] Cfr. Condumex, in *Fonti Inedite*, doc. 68.

CAPITOLO IV

Dalla repressione ad un vero «modus vivendi»

Dopo due anni di relativa tregua, la repressione contro la Chiesa è sempre più forte.

Ruíz vista l'inutilità degli *arreglos*, tentenna e dichiara che gli *arreglos* sono provvisori. Per Ruíz e Díaz gli *arreglos* sono stati approvati dal Papa e quindi sono legittimi, ma le promesse dello Stato, soprattutto vedendo la violenta persecuzione a Tabasco e Veracruz, non sono state compiute.

1. La forte repressione crea una frattura definitiva tra «Liga» ed episcopato

La situazione nell'arcidiocesi di Città del Messico è tesa. L'arcivescovo permette al clero diocesano di lavorare come se niente fosse successo; «*la violencia de la fuerza sólo conseguirá poner de manifesto la fuerza incontrastable del espíritu de Dios*»[1]. Ai suoi fedeli, come cristiani, ordina obbedienza davanti alle disposizioni dell'autorità ecclesiastica.

La *Liga* approfitta del momento particolare di disorientamento di molti cattolici. Per tanto dà una serie di istruzioni assicurando che «*hoy como ayer, la Liga está en su puesto para enfrentarse con la tiranía y ya toma las medidas necesarias para el objeto*»[2].

---

[1] M. NEGRETE, *Relaciones*, 84.
[2] M. NEGRETE, *Relaciones*, 84.

L'arcivescovo Pascual Díaz insiste sui metodi pacifici e consente ai fedeli dell'arcidiocesi di difendere i propri diritti per mezzo dello sciopero, soprattutto per esigere non solo che si devolvano le chiese, ma anche perché si possa ripristinare il ministero sacerdotale.

Il Papa ascolta, si informa e poi si pronuncia, ordinando che si tolleri l'ingiustizia e la limitazione del culto cattolico. Si lamenta del fatto che la situazione della Chiesa peggiori invece che migliorare[3]. Davanti a un pericolo tanto grave quanto ingiusto non resta che pensare alla difesa armata.

Gli ordini del Santo Padre sono molto chiari: evitare la sospensione del culto, protestare per l'ingiustizia compiuta dal governo mantenendo però aperte le Chiese, registrare i sacerdoti ma dichiarare che le iscrizioni si fanno solo per causa di forza maggiore, e non discutere sul *modus vivendi*.

Pascual Díaz, da parte sua, animava i fedeli a seguire la voce del pontefice. A differenza d'alcuni cattolici, la maggioranza dei sacerdoti segue i consigli dei suoi arcivescovi e rispetta la legge[4]. La più grande preoccupazione delle autorità ecclesiastiche è quella di mantenere la calma tra i cattolici, visto che c'è la possibilità di una ribellione militare. Vi sono agitatori che percorrono certe zone del paese per invitare i cattolici ad allearsi a difesa dei diritti religiosi non riconosciuti dalla legge.

Sia il Delegato Apostolico sia l'arcivescovo di Città del Messico sono implacabili con i dirigenti della *Liga*. La *Liga*, che si è schierata pubblicamente contro la politica di Ruíz e Díaz, formula contro questi due vescovi 35 punti, in cui si chiede perché la *Liga* ed i combattenti non siano stati consultati per gli *arreglos*. Ne elenchiamo alcuni:

> 1. El señor Ruíz, apenas nacida la Liga, en marzo de 1925, determinó sin dar razón alguna, impedir su establecimiento en la Arquidiócesis de Morelia, y aunque a instancias de Bustos, entonces miembro del Comité Directivo, retiró la orden dada, tal determinación manifiesta que desde aquella época se mostró adversario de nuestra Institución.
> 3. Cuando en agosto de 1926, el boycot estaba debilitando rápidamente al Gobierno e iba etendiéndose por todo el país, gracias a los trabajos de la Liga, los señores Ruíz y Díaz tuvieron una conferencia con Calles, y el segundo de los mencionados hizo unas declaraciones que dieron por

---

[3] M.NEGRETE, *Relaciones*, 87.
[4] M.NEGRETE, *Relaciones*, 88-91.

resultado el que la opinión pública, entonces perfectamente despierta, sufriera una primera quiebra, porque se creyó que el conflicto estaba a punto de terminarse, y esto debilitó ese primer acto de resistencia. Entonces, las expresadas declaraciones alarmaron justamente a la Santa Sede.
6. Por septiembre y octubre del 1926, en la casa de Díaz y con la anuencia y la protección del Señor Ruíz, se fundó una Liga Cívica presidida por el honorable liberal Licenciado don Eduardo Palleres, con programa y tendencias parecidos a los de la Liga, pero sin el espíritu católico y el empuje que desde entonces caracterizan ésta. [...]
8. Ya en septiembre de 1926, Díaz, tuvo palabras de aliento y dió su bendición para que se lanzára a la lucha el señor don Luis Navarro Origel, que fué uno de los primeros católicos que iniciaron la resistencia armada.
17. Prevalido el Excelentísimo Díaz de la influencia que ha gozado cerca del Excelentísimo Delegado Apostólico Fumasoni Biondi, dirigió al rapresentante de la Liga en los Estados Unidos una carta con fecha 7 de enero de 1928, dando a entender que era voluntad de Vuestra Santidad que la Liga optase entre dos clases de actividades: la religiosa-social o la política-bélica, separándolas ambas, y advirtendo que si lo primero, debía la Liga cambiar de nombre, de directores y de organización, y si lo segundo, quedaría abandonada a su suerte. El golpe dirigido entonces contra nuestra institución para matarla era certísimo, porque si la Liga optaba por lo primero, tendría que desaparecer; si lo segundo, la Liga perdería la fuerza que la daba su marcado carácter de defensora de la libertad de la Iglesia. La Liga contestó en los términos de la carta de 5 de marzo de 1928, diciendo que la índole de sus actividades, según su instituto, era cívica[5].

Si consiglia alla *Liga* di cambiare nome, non utilizzare l'aggettivo *religioso*, per evitare la severità del governo e per non attribuire alla Chiesa le attività della *Liga*.

La *Liga*, in realtà, è un enorme peso per l'episcopato che, anche dopo gli *arreglos*, non riesce a controllarla. Per Ruíz la *Liga* deve cambiare nome e lo scopo deve essere strettamente civico: il fine deve essere educare il popolo perché ottenga le libertà civiche cui ha diritto. Insiste molto sul fatto di cambiare nome dato che il governo ha ancora l'idea che la *Liga* sia subordinata alla Chiesa.

---

[5] Cfr. Condumex, in *Fonti Inedite*, doc. 64.

dejando el mismo nombre y suprimiendo solo la palabra Religiosa, indicaría al público que la Liga en vez de seguir luchando por la libertad religiosa exclusivamente, trataría ahora de luchar por todas las demás libertades sin excluir la religiosa, y creo que de esta manera no se obviará el inconveniente que trata de evitarse. Todo el mundo llama a esta agrupación «la liga» y si conserva ese nombre todo el mundo la creerá la misma.
[...] Estoy persuadido por lo que usted y otros distinguidos miembros de esa asociación me han dicho, que esta es esencialmente cívica y que por lo mismo tiene por fin educar al pueblo para que busque, obtenga y disfrute de las libertades cívicas a que tiene pleno derecho[...][6].

La *Liga* risponde a Ruíz che non vuole cambiare nome, dato che l'eroismo ed il martirio di molti rimane legato a questo nome.

Alcuni vescovi, come José María González y Valencia di Durango e Jesús Manríquez y Zárate di Huejutla, non contenti dell'intolleranza cui sono sottomessi dall'episcopato stesso, scrivono al Papa perché conosca la situazione messicana e la poca stima che si ha per i vescovi per la non comprensibile bontà dell'episcopato verso i suoi persecutori e la non meno inspiegabile severità nei confronti dei difensori della Chiesa.

Ruíz continua ad insistere sulla sua linea e dichiara alla *Prensa*: «*Entre los católicos no debe hacerse labor de escandalo ni discordia*», ed afferma che nessuno può censurare le decisioni prese. Prima un cattolico poteva scegliere la sua posizione, ma ora che il Papa ha deciso per un percorso di transigenza, a nessun fedele è permesso ribellarsi.

NINGÚN CATOLICO PUEDE CENSURAR LO QUE APROBO S.S. PÍO XI [sic]
Las declaraciones textuales del Ilmo. Delegado Apostólico, están concebidas en los términos siguientes:
«Perfectamente lícito era a los católicos opinar en sentido de intransigencia o de transigencia sobre el camino que era de seguirse para conseguir la solución del conflicto religioso que se inició en 1926. Lo único que era de perdirse con toda justicia a unos y a otros, era que guardaran las leyes de caridad, no censurando injustamente a los que fueran de otra opinión.
Pero una vez que el Papa resolvió que era de seguirse un camino de transigencia, hasta donde la conciencia lo permitiera, no es lícito a ningún

---

[6] Cfr. Condumex, in *Fonti Inedite*, doc. 56.

católico rebelarse y constituirse en juez de la Suprema Autoridad: porque la obediencia al Sumo Pontífice no se limita a los dogmas, sino que se extiende a todo lo disciplinar y administrativo.
[...]
SOBERBIA ENCUBIERTA CON CAPA DE CELO [sic]
Los que opinaban por la intransigencia usaron con todo derecho de la facultad que tenían de recurrir al Sumo Pontífice, para informarlo de acontecimientos, cosas y personas. Yo mismo con toda lealtad envié a la Santa Sede durante los años del conflicto, informes de varios Prelados y sacerdotes en ese sentido, y conozco los cablegramas que varias agrupaciones enviaron al Santo Padre, pidiéndose que no cedieran en nada, que no se fiara de ciertas personas y que no se dejara engañar. Más aún, no he dejado de comunicar a la Santa Sede copias fieles de las cartas, artículos y folletos que, de cualquier manera, han censurado los arreglos. Pero a los que así opinaban había que pedirles que, una vez que el Papa resolviera algo definitivo, acataran con sumisiòn la resuelto [...]
[...]
NO DEBE HACERSE OBRA DE ESCANDALO Y DISCORDIA [sic]
Desde el momento en que el Papa dió su resolución, a ningún católico, sacerdote y obispo, le es lícito censurar públicamente lo acordado y denigrar ante los fieles a las personas que de cualquier manera representaron el Papa. Abierta tienen la puerta para enviar al mismo Santo Padre cuantas acusaciones y quejas pueden hacer la obra de escándalo y de discordia que se ha venido haciendo en estos días, un año y meses después de los arreglos»[7].

Si controbatte a tutte le dichiarazioni di Ruíz e si sostiene che l'obbedienza al Papa non deve essere incondizionata. Pio XI ha benedetto il movimento armato e si applica ancora la *Ley Calles* contro la Chiesa: questo significa che il Papa o condanna questa legge e sta dalla parte dei cattolici intransigenti che sono contro Ruíz, o se non lo condanna, si è sbagliato a riconoscere il movimento armato. Questo è il modo di pensare della *Liga*.

2. «Acerba Animi»

Ruíz esorta i cattolici messicani affermando che sono giorni critici per i cristiani e, visto lo stato di persecuzione, chiede unità della Chiesa.

---

[7] Cfr. Condumex, in *Fonti Inedite*, doc. 70.

Occorre obbedienza al Papa e alla gerarchia, e soprattutto, la cosa più importante, è evitare qualsiasi discussione sugli *arreglos*[8].

Il 29 dicembre del 1932 il Papa redige una nuova enciclica, *Acerba Animi*, in cui espone la situazione della Chiesa cattolica in Messico; ricorda il *modus vivendi* del 1929 e la trasgressione di questi accordi da parte del governo.

Nel testo, il Santo Padre afferma di essere ben informato sulla situazione messicana e spiega che, come le leggi sono distinte negli stati della Repubblica, le norme di condotta pratica che hanno proposto i vescovi non possono essere le stesse per tutti gli stati, perché ognuno risponde a situazioni specifiche di carattere locale. Considera assolutamente necessaria la protesta contro la limitazione del numero di sacerdoti e denuncia davanti a tutto il mondo la persecuzione messicana. Richiama inoltre ad una stretta obbedienza ad un'unità d'azione tra i cattolici e i suoi capi spirituali. Per ultimo raccomanda che si formi ed aumenti l'azione cattolica, «*puesto que es mas eficaz que cualquier otro medio de acción*»[9].

Il governo protesta. Il presidente della repubblica lo fa pubblicamente nel modo seguente:

> en forma inesperada y absurda se ha publicado la encíclica «Acerba Animi» cuyo tono no nos extraña, por haber sido característica del papado, los procedimientos llenos de falsedad en contra del país. Al protestar en contra de las leyes que se conceptúan opresoras de la libertad de la Iglesia, incita abiertamente al clero de México a que desobedezca las disposiciones en vigor y a que provoque un trastorno social, dentro de la obra eterna del clero, que no puede resignarse a perder el dominio de alma y la posesión de bienes terrenales, mediante los cuales tuvo en completo letargo a las clases proletarias que eran explotadas impíamente[...][10].

Rapidamente la Camera dei Deputati appoggia il presidente. Nella lunga sezione del 2 ottobre si ascoltano dure critiche all'enciclica del Papa. Il deputato Manuel Mijares considera la pubblicazione del documento: «*como otro de esos eslabones que para su provecho forja el clero cuando hay cambio de gobierno*».

---

[8] Cfr. ACAM, in *Fonti Inedite*, doc. 47.
[9] M. NEGRETE, *Relaciones*, 98.
[10] M. NEGRETE, *Relaciones*, 98.

Non si fanno aspettare le adesioni sulle idee espresse dal presidente. Il Delegato Apostolico protesta e afferma:

> 1) En lugar de incitar al clero a desobecer las disposiciones en vigor, el documento mandaba no recurrir a las armas y tolerar las leyes; 2) defendía el derecho del sumo pontífice de instruir a sus fieles, sobre todo en situaciones críticas como las que presentaban; y 3) que la oposición pacífica de las leyes no podía considerarse como rebelión y concluía: «ojalá que nuestros gobernantes al conocer el espíritu conciliador que anima al Papa en su encíclica, tratara con él la solución de este problema; el resultado sería la reconstrucción de la Patria sobre la base de la paz de las conciencias»[11].

La procura generale della Repubblica comunica la notizia dell'espulsione del Delegato Apostolico. Si afferma che Ruíz y Flores è agente di un governo straniero e pertanto perde la sua nazionalità messicana, secondo quanto dispone l'art. 37 della Costituzione.

In Vaticano, l'espulsione del rappresentante del Papa, non sorprende i funzionari che assicurano che dopo la pubblicazione dell'enciclica il governo ha mostrato la sua intenzione di seguire *«una política de franca y violenta represalia»*.

L'espulsione del Delegato Apostolico si deve soprattutto all'*Acerba Animi* che il governo considera molto critica nei confronti delle Stato Messicano; per questo Díaz nel 1932 firma un Editto Diocesano in cui tenta di spiegare ai fedeli i contenuti dell'*Acerba Animi*: obbedienza al Papa, alla gerarchia ed esortazione dei fedeli a vivere una vita intensamente cristiana. Tutto viene spiegato punto per punto[12].

Anche il Cardinale Segretario di Stato Pacelli[13], che segue dal Vaticano la questione messicana, afferma che la situazione del Paese è molto dolorosa: gli *arreglos* ed il ritorno dei vescovi non hanno cambiato nulla. Per il futuro Papa, Pio XII, la situazione è peggiorata per colpa d'alcuni

---

[11] M. NEGRETE, *Relaciones*, 99.
[12] Cfr. ACAM, in *Fonti Inedite*, doc. 48.
[13] Pio XII, Eugenio Pacelli, 1876 Roma – 1958 Castel Gandolfo, Papa. Entrato nella diplomazia pontificia, percorre una rapida carriera. Segretario della Sacra Congregazione degli Affari Straordinari nel 1914. Viene nominato Nunzio Apostolico in Germania. Con Pio XI è per 10 anni Segretario di Stato. Morto Pio XI in un brevissimo conclave diviene Papa. Sceso a soli 38 cardinali il Sacro collegio, nel 1946 lo riporta al plenum di 70, aumentando soltanto di 4 i 24 italiani e scegliendone 28 tra i vescovi di tutti i continenti.

governanti che, non rispettando il *modus vivendi*, hanno ridotto i sacerdoti ad un numero irrisorio. Per Pacelli i rimedi sono suggeriti dalla dottrina e dalla storia della Chiesa abituata alla persecuzione. Occorre una perfetta unione tra tutti i cattolici: che i semplici fedeli seguano l'istruzione dei parroci, questi quella dei vescovi e tutti i prelati siano d'accordo con le istruzioni della Santa Sede, i vescovi evitino, per quanto sia possibile, la sospensione del culto e i sacerdoti tengano aperta il più possibile la chiesa, si agisca in funzione dello sviluppo dell'Azione Cattolica. Clero o cattolici come tali non devono formare un partito politico. L'episcopato si può servire dei fedeli per fare un partito che non porti il nome di cattolico, ma che si rifaccia ai principi cristiani. Se mancano candidati cattolici ci si può accordare con il «meno peggio». I vescovi possono esprimere le loro opinioni, come hanno abbondantemente fatto, ma solo alla Santa Sede o al Delegato: non possono mettere in discussione nemmeno in privato le norme della Santa Sede, devono impedire che ciò si ripeta con i sacerdoti e con i fedeli. L'iscrizione al ministero degli interni dei sacerdoti deve essere tollerata, e, per evitare un male maggiore, i sacerdoti che s'iscrivono devono compiere l'atto protestando formalmente contro la legge e dichiarando che si assoggettano per forza maggiore e senza il permesso del superiore gerarchico[14].

3. Un cambio generazionale permette un miglioramento nei rapporti Stato-Chiesa

A cominciare dal 1933 si fanno pronostici con la speranza di arrivare ad un livello rispettabile della crisi economica universale. Si dice che nel continente americano il Messico sarà uno dei paesi che prima di altri potrà liberarsi degli effetti della crisi.

Nonostante la chiusura delle chiese, la riduzione del numero dei sacerdoti e la nazionalizzazione dei beni del clero, la Chiesa mantiene una posizione privilegiata tra il popolo messicano. Senza dubbio la partecipazione ecclesiastica alla politica elettorale è quasi nulla, nonostante le accuse di cui è oggetto Pascual Díaz. La realtà è che le autorità ecclesiastiche non approvano «*ni la formación, ni la existencia de ningún par-*

---

[14] Cfr. ACAM, in *Fonti Inedite*, doc. 29.

tido político católico, como tal»[15]. Questo non vuol dire che la Chiesa priva i cattolici dalla difesa dei loro diritti di cittadini.

Il Delegato Apostolico protesta dal suo esilio negli Stati Uniti:

> Había venido callando contra la Iglesia Católica. Mi esperanza ha sido vana puesto que nada parece ser capaz de contener el desbordamiento de su pasión antirreligiosa y no puedo callar más, porque faltaría a mis deberes de representante del Sumo Pontífice, de obispo y de mexicano[16].

I deputati riunitisi il 19 ottobre del 1934 discutono una mozione di Luis Enrique Erro[17], in cui il presidente è chiamato a decretare «*la inmediata expulsión del país de todos los arzobispos y obispos católicos»*[18].

Da parte propria, il presidente Rodríguez s'incontra con Portes Gíl procuratore generale e dichiara che tanto il generale Calles quanto il generale Cárdenas e Carlos Riva Palacio hanno insistito per ordinare l'immediato arresto di Pascual Díaz.

Il procuratore intanto presenta un famoso scritto contro la Chiesa in Messico intitolato: «*La lucha entre el poder civil y el clero»*[19]. È uno studio più giuridico che storico, in cui si cerca di provare la necessità sociale, di difendere e reprimere l'intromissione tanto personale quanto collettiva, del clero in campo politico, giuridico ed economico.[20]

L'arcivescovo del Messico, da parte sua, riprecisa che, seguendo le indicazioni della Santa Sede, l'episcopato non autorizza a difendere i diritti della Chiesa per mezzo d'armi o di un partito politico a carattere religioso.

Il presidente Rodríguez dichiara che il clero cattolico ha iniziato una franca campagna di sedizione, in cui rivela i suoi propositi di arrivare fino alla ribellione. Il suo governo non può lasciare inavvertita l'agitazione delle coscienze che il clero stesso ha provocato.

---

[15] M. NEGRETE, *Relaciones*, 101.
[16] M. NEGRETE, *Relaciones es*, 102.
[17] Luis Enrique Erro, costitucionalista. Nel 1923 è ministro dell'economia. Delahuertista ha poi accettato vari incarichi nel Ministero dell'Educazione. In seguito diviene deputato.
[18] M. NEGRETE, *Relaciones*, 103.
[19] E. PORTES GÍL, *La lucha entre el poder civil y el clero*, 1934.
[20] M. NEGRETE, *Relaciones*, 103-104.

Quando il generale Lázaro Cárdenas arriva al potere, nessuno dubita che sia sempre Calles a manovrare «le fila». Cárdenas pare voler continuare con la politica antireligiosa dei precedenti governi, ma questo e il carattere socializzante che vuole dare al suo governo, soprattutto per l'educazione, non piace ai cattolici.[21]

Il 12 dicembre 1934 Leopoldo Ruíz parla di nuovo al clero ed ai cattolici ed invita il popolo cattolico ad assumersi responsabilità:

> además, no pretendan los católicos que nosotros los prelados seamos los que arreglemos todo: a nosotros nos toca protestar con prudencia y mesura contra las llamadas, respetar y enseñar al pueblo [...] a nosotros nos incumbe la obligación de encontrar un acercamiento con el Poder Civil y demostrar con hechos la buena voluntad que tiene la Iglesia, lo que no hace mucho hicimos de la mejor manera que nos fue posible sin obtener los resultados apetecidos. Son los católicos, como ciudadanos, los que tienen la grave obligación de defenderse y de defendernos puesto que a nosotros se nos niega todo; son los católicos los que deben valerse de todos los medios lícitos para defender sus derechos[22].

Si riassumono in tre i veri problemi di fondo che colpiscono i cattolici: la costituzione *ateo liberale* che un gruppo di messicani ha imposto a tutta la nazione andando contro ad una maggioranza cattolica; un sistema democratico fasullo e l'appoggio che i nordamericani hanno dato ai rivoluzionari messicani.

Nel frattempo a Città del Messico avvengono gravi scontri. Nel quartiere di Coyoacán, le cronache riportano in particolare uno scontro tra le «camicie rosse» di Garrido Canabal e un gruppo di giovani cattolici che stanno entrando nella parrocchia di San Juan Bautista. Le vittime sono cinque cattolici ed uno delle «camicie rosse». Le fonti ufficiali accusano i cattolici di essere stati i provocatori, mentre costoro affermano che sono state le «camicie rosse». I fatti di Coyoacán sono vissuti in un clima di protesta generale da tutte le classi sociali della capitale. Il governo arriva a mettere in prigione alcune camicie rosse, che poi saranno rilasciate. Proteste d'appoggio ai cattolici vengono principalmente da organizzazioni studentesche.

In realtà le «camicie rosse» esagerano nelle azioni antireligiose, anche perché contano di una forte organizzazione e con dell'appoggio del go-

---

[21] M. NEGRETE, *Relaciones*, 106-107.
[22] M. NEGRETE, *Relaciones*, 108.

verno. Alcuni pensano che le azioni di Garrido stiano screditando il governo:

> Cárdenas debe comprender que aunque todas las revoluciones tienen aspecto bárbaro no todos los actos de barbarie reflejan una Revolución. Hay que ponerle una camisa de fuerza a Garrido Canabal: hay que suprimirle sus «sábados rojos», hay que desarmar sus regimientos de «guapos», hay que quitar a la Secretaría de Agricultura el aspecto de circo que le dan los uniformes de blusa roja y pantalón negro... hay que impedir que México se desplome en la barbarie[23].

Gli studenti cattolici, alterati dalla liberazione delle «camicie rosse» precedentemente arrestate, si dirigono verso Tacuba nella sede centrale delle camicie rosse, assaltano l'edificio, rompono i vetri e gridano «*mueras*» a Canabal. Successivamente intervengono polizia e pompieri: 5 sono i feriti.

La questione religiosa continua a preoccupare la nazione. In un'intervista che Lázaro Cárdenas rilascia a giornalisti stranieri e messicani, il 25 gennaio del 1935, questi dichiara che il governo non perseguita nessun cittadino con l'accusa di professare la religione cattolica o qualsiasi altra. Afferma, inoltre, che la sua azione tende solo a vigilare l'esatto compimento delle leggi in vigore che regolano il culto. Il Delegato Apostolico protesta per la falsità di tali dichiarazioni.

Le preoccupazioni negli Stati Uniti per i problemi religiosi del Messico sono reali. Il senatore William H. Borah presenta a Washington un documento per rilevare i problemi che colpiscono il Messico: la persecuzione religiosa e l'intolleranza. Il cardinale Hayes, arcivescovo di New York, protesta contro la persecuzione dei cattolici messicani e assicura che ciò non è unicamente contro la Chiesa cattolica del Messico, ma che «*es un esfuerzo para destruir la religión en cualquier forma*»[24].

Il 7 marzo del 1935 l'arcivescovo Pascual Díaz è detenuto. La causa dell'arresto è la violazione delle leggi di culto: viene accusato di avere cresimato ragazzi fuori dai luoghi di culto. Secondo quanto informa il ministero degli Interni, l'arcivescovo riconosce la sua responsabilità e dichiara che nel futuro sarà fedele alla legge. Il giorno seguente, dopo

---

[23] M. NEGRETE, *Relaciones*, 111.
[24] M. NEGRETE, *Relaciones*, 112-113.

aver pagato una multa di 100 *pesos*, è messo in libertà. Due giorni dopo il suo arresto, l'arcivescovo scrive una lettera al presidente Lázaro Cárdenas per spiegargli che l'errore è involontario, perché «*siempre he procurado después de protestar contra las leyes que violan los derechos de la Iglesia, como lo he hecho varias veces, ajustar todos mis actos de ciudadano, de sacerdote y obispo, a las leyes de mi país, en todo aquello que no viole mis deberes de conciencia*»[25].

Aumenta la preoccupazione per gruppi di gente armata che vagano per il paese. Lauro Rocha, *ex-Cristero*, opera nella zona de los Altos de Jalisco e riceve equipaggiamento e munizioni da alcuni cattolici interessati al suo movimento. Molti di questi sono presi e consegnati alle autorità nel novembre del 1935. Nel 1937 il movimento è quasi scomparso[26].

Nel giugno del 1935 si fa pubblica la crisi tra Calles e Cárdenas. Cárdenas cambia il suo gabinetto con persone di sua fiducia. Calles viene espulso dal paese.

Il distacco tra Cárdenas e Calles fa nascere nuove speranze per la Chiesa e per i cattolici. Calles, il furioso anticlericale, smette di guidare la vita politica della nazione, pertanto vi potrebbe essere un cambio nelle relazioni Chiesa-Stato.

L'episcopato messicano si decide a dirigere al presidente un documento dove chiede:
1) L'abrogazione della legge di nazionalizzazione dei beni.
2) La riforma degli articoli 3, 24, 27 e 130 nei seguenti termini: a) nell'articolo 3 si deve riconoscere alle scuole particolari il diritto di insegnare la religione e dichiarare che l'insegnamento che s'impartisce nelle scuole ufficiali non sarà né ateo né antireligioso. b) l'articolo 24 si deve riformare per la libertà religiosa. c) nell'art. 27 si deve sopprimere il paragrafo II, perché si autorizzino le associazioni religiose a possedere beni mobili e immobili necessari per il sostentamento e per il culto pubblico. A queste richieste il Presidente risponde negativamente perché non può scordarsi i principi rivoluzionari.

A partire dal 1936, il governo di Cárdenas si mostra un tanto tollerante nell'applicazione delle leggi e dei decreti che si riferiscono alla Chiesa.

---

[25] M. NEGRETE, *Relaciones*, 116-117.
[26] M. NEGRETE, *Relaciones*, 115-116.

Cárdenas non vuole avere un nemico in più contro di lui, visto che, rompendo con Calles, ha contro tutta la sua corrente, che è ancora potente. Le tensioni con la Chiesa cominciano a rilassarsi. Commenta Manuel Gómez Morín[27]:

> Cárdenas no tenía un sentido antirreligioso activo y virulento solo lo habían tenido los gobernadores inmediatamente anteriores, después él tenía aún cuando fuera muy primario, un programa de reforma social que le interesaba mucho más que perder el tiempo del gobierno y el esfuerzo, en la lucha contra la Iglesia, que él ya había visto que no era muy fácil de realizar[28].

Il 19 maggio 1936 muore Pascual Díaz. Questa morte porta a propiziare un cambio nelle relazioni Chiesa-Stato. Anche se Díaz ha sempre optato per una politica pacifista con il governo, negli ultimi anni, non ha mai smesso di mostrare una disapprovazione alle politiche antireligiose del governo.

Se ancora in molti stati della repubblica si continua con la sospensione del culto, la politica conciliare del governo porta alcuni cattolici a sperare in un miglioramento.

Dopo 9 mesi di sede vacante, il 24 febbraio del 1937, Luis María Martínez[29] viene nominato da Pio XI come arcivescovo dell'arcidiocesi di Città del Messico.

La prima carta pastorale di Martínez parla della pace e dell'unità:

> en verdad vale sacrificar nuestras propias ideas, por excelentes que las juzguemos con tal de guardar la unidad con nuestros hermanos en torno de ideas que nos parecen inferiores a las nuestras, pero que harán de todos nosotros una sola cosa; vale la pena prescindir de nuestros propósitos por santos que sean, con tal de tener un solo corazón con nuestros hermanos[30].

---

[27] Gómez Morín Manuel nasce a Chihuahua il 27 febbraio 1897, ma si trasferisce molto presto a Città del Messico. Nel 1939 è uno dei principali fondatori del PAN (Partido Acción Nacional). Per 10 anni è il presidente del nuovo partito.

[28] M. NEGRETE, *Relaciones*, 118.

[29] Luis María Martínez y Rodríguez nasce il 9 giugno 1881 nello stato di Michoacán. Nel 1891 entra nel Seminario di Morelia. Nel 1923 diviene vescovo ausiliare a Michoacán. Con la morte di Díaz viene nominato Arcivescovo di Città del Messico.

[30] M. NEGRETE, *Relaciones*, 124.

Questo messaggio di pace contrasta con i fatti successi nello stato di Tabasco, dove i cattolici e la polizia locale, si affrontano reciprocamente.

La gerarchia cattolica ora si avvicina al governo. L'arcivescovo di Guadalajara, José Garibi y Rivera[31] esorta i fedeli affinché, dentro le proprie possibilità, contribuiscano a cancellare, quanto prima, il debito che il paese ha contratto per la nazionalizzazione dell'industria petrolifera nel marzo del 1938:

> A todos consta que el hecho de la expropiación de la industria petrolera orígina una deuda para la nación, para cuyo paga es necesaria la cooperación de todos los ciudadanos[32].

In questo terreno si osserva la collaborazione della Chiesa con lo Stato. Nel 1937 il Ministero degli Interni informa, che si stanno ricevendo con regolarità le notizie di matrimoni e battesimi: in generale d'atti dello stato civile.

Cárdenas si mostra sicuramente un gran politico. Senza alterare la Costituzione, né abbandonare i suoi principali obiettivi sociali ed economici né il suo programma educativo, modifica la politica antireligiosa dei suoi primi anni di governo e diminuisce l'opposizione dei cattolici.

---

[31] José Garibi Rivera nasce a Guadalajara il 30 gennaio 1889. Nel 1912 diviene sacerdote. Dal 1913 al 1916 studia a Roma. Nel 1929 viene nominato vescovo ausiliare di Guadalajara. Nel 1933 viene nominato Vicario Generale dell'arcidiocesi di Guadalajara. Nel 1936 con la morte di Orozco diviene arcivescovo di Guadalajara. Nel 1958 Giovanni XXIII lo crea Cardinale con il titolo di S. Onofrio. Muore nel 1972. É il primo Cardinale messicano.

[32] M. NEGRETE, *Relaciones*, 124-125.

CONCLUSIONE

Come si è dimostrato ampliamente, né al Vaticano né alla gerarchia cattolica messicana interessa la continuità della ribellione armata. Sebbene sia certo che l'episcopato messicano non ha un'opinione omogenea, la maggioranza dei vescovi vede con diffidenza un movimento che sfugge al suo controllo. Se la ribellione sorge in modo spontaneo e la LNDLR non ha bisogno delle indicazioni della gerarchia, è naturale che l'episcopato abbia tutto l'interesse per un *arreglo*. Inoltre, è ormai chiaro ai vescovi, che i *Cristeros* non avrebbero mai potuto sconfiggere un governo che ha l'appoggio militare e politico degli Stati Uniti.

Per lo meno una questione appare evidente: se la maggioranza dei vescovi permette la morte del movimento armato, non è perché l'episcopato voglia stringere un'alleanza con lo Stato e neanche perché considera ingiustificata la causa *Cristera*. Ciò che in realtà si teme, è la grande autonomia della ribellione armata e l'inutilità di una guerra che sarebbe durata molti altri anni.

La sconfitta della ribellione *Cristera*, che non avrebbe mai potuto vincere militarmente l'esercito, rende evidente alla gerarchia la necessità di affrontare lo Stato con mezzi pacifici. La strategia della Chiesa si ridefinisce: alla lotta con mezzi violenti, che in più occasioni la Chiesa giustifica teologicamente, l'episcopato preferisce uno spazio di libertà, si chiede informalmente al governo una politica di non applicazione delle leggi persecutorie. Per questo si fanno gli *arreglos*. Dagli *arreglos* in poi la Chiesa cerca, non più l'abolizione di questi articoli, ma un riconoscimento del governo che le permetta una certa libertà d'azione.

In realtà si può parlare di un inizio di *modus vivendi* non prima del 1936-1938 quando si stabiliscono le basi di un accordo tra Chiesa e Stato. Solo si può sostenere che facendo gli *arreglos* il governo ha riconosciuto informalmente la Chiesa.

Ciò che, di fatto, avviene dall'inizio della rivoluzione fino a Cárdenas è una lotta di carattere complessivo tra le due uniche istituzioni che hanno una forza e una rappresentatività in tutto il paese: lo Stato e la Chiesa. Questa lotta non è quasi mai armata, tranne durante il breve periodo dei *Cristeros*. La Chiesa è l'unica istituzione capace di fare fronte al crescente assolutismo statale. La sparizione del movimento *Cristero* non implica la fine del conflitto Stato-Chiesa.

Gli *arreglos* e l'eliminazione del movimento *Cristero* è ciò che vuole il governo americano, interessato alla cessazione del conflitto. Solo in un Messico politicamente stabile, gli americani avrebbero continuato tranquillamente ad estrarre materie prime e solo così il Messico avrebbe continuato a pagare i debiti ai banchieri americani. Non a caso, come ambasciatore, è scelto Morrow: un abile banchiere.

Il governo di Lázaro Cárdenas, a partire dal 1936, cerca la pace con la Chiesa, però esige il mantenimento dell'educazione socialista e il rispetto degli articoli 3, 5, 24, 27 e 130 della Costituzione, che non pretende né di riformare né di abolire.

Dall'inizio del 1936, il governo di Cárdenas comincia ad osservare un comportamento più tollerante verso la Chiesa e le sue richieste. Questo clima di tolleranza, più o meno diffuso a partire dalla seconda metà del 1936, permette all'episcopato di considerare i vantaggi di un accordo, anche se non esplicito, con lo Stato.

Probabilmente la situazione è abbastanza tranquilla già nel 1937, però la gerarchia non presenta nessuna opportunità d'evidente soddisfazione, visto che esiste una logica attitudine di cautela.

Finalmente l'occasione si presenta con l'espropriazione petrolifera del 18 marzo del 1938. Davanti ad una serie di pressioni esterne e interne, il governo di Cárdenas necessita di tutto l'appoggio possibile e la Chiesa offre il suo. Poco dopo l'annuncio dell'espropriazione, il recente arcivescovo di Guadalajara e futuro primo cardinale messicano, José Garibi Rivera, esorta i fedeli perché contribuiscano al pagamento del debito che il paese ha contratto per la nazionalizzazione dell'industria petrolifera. Subito dopo l'arcivescovo di Città del Messico, Luis María Martínez, approva espressamente il comportamento di Garibi Rivera.

Così inizia il vero accordo implicito tra Chiesa e Stato, chiamato *modus vivendi*. Cárdenas come suo successore appoggia il generale Manuel Avila Camacho che diviene presidente nel 1940, primo presidente in Messico a dichiararsi cattolico.

CRONOLOGIA STORICA 1911-1937

1911   L'Episcopato, con la carta pastorale del gennaio del 1911, ricorda ai fedeli il rispetto dell'autorità costituita e disapprova l'uso della violenza come rimedio ai mali dello Stato.
I Cattolici, dopo l'entrata trionfale di Madero in Messico, si dividono sull'opportunità di impegnarsi politicamente e di formare un partito, il PCN (*Partido Católico Nacional*).

1912   Con le elezioni del 1912, i cattolici trionfano in Zacatecas e Jalisco dove il PCN ottiene i governatori e la maggioranza dei parlamentari.

1913   Il 23 febbraio 1913 viene ucciso Madero ed il suo vicepresidente Suárez. Il potere passa al generale Victoriano Huerta. L'arcivescovo di Morelia Ruíz y Flores, condanna pubblicamente il colpo di stato di Huerta e tanto la Chiesa come il PCN, si mantengono a distanza da colui che è considerato come un usurpatore.
Nel maggio del 1913 Carranza si pone alla testa della resistenza contro Huerta, a capo dei nuovi rivoluzionari che si fanno chiamare *Los Constitucionalistas*. Carranza accusa il clero d'essere responsabile della morte di Madero.
Uomini come Antonio Villarreal e Adalberto Tejáda non si accontentano di eliminare i cattolici dal campo politico, ma vogliono liberare il Messico dall'influenza della Chiesa.

1914   Nell'agosto del 1914, in Messico, i *Carrancistas*, a differenza degli *Zapatisti* che erano cattolici, vengono accusati per il saccheggio delle chiese e per il rapimento di sacerdoti allo scopo di chiedere riscatti.

1915   Il 12 febbraio del 1915 Obregón dà cinque giorni al clero di Città del Messico per raccogliere 500.000 *pesos*. Il governatore di Michoacán, generale Alfredo Elizodi, emana un decreto (28 aprile del 1915) nel quale si decide che le scuole cattoliche passino sotto il controllo statale e si proibisce al clero tutta l'attività educativa.
Mons. Orozco, allora vescovo in Chiapas, diviene amico degli

Indios; il governo lo accusa di aizzarli contro lo stato ed emette un ordine di cattura, ma Mons. Orozco, protetto dagli *indios,* si rende introvabile. Obregòn organizza una vasta operazione per catturarlo, ma tutto fallisce.

1916   Nel 1915-16 il governatore di Durango chiude tutte le scuole ed i collegi cattolici. Per i *Costitucionalistas* tutto ciò che è cattolico è da distruggere.

Nel dicembre del 1916, i rappresentanti della fazione *Carrancista* che ha trionfato sulle altre rivali, si riuniscono a Querétaro per rivedere la costituzione del 1857. Dopo due mesi di tumultuosi dibattiti, nasce il testo della Costituzione del 1917.

1917   Gli articoli negano la personalità giuridica della Chiesa e concedono al governo federale il potere di intervenire in materia di culto e disciplina del clero.

La Chiesa, di fatto, si trova ad essere, di nuovo, nella situazione giuridica che viveva prima dell'indipendenza. Si esige l'iscrizione dei sacerdoti al ministero degli Interni e nessun culto religioso può essere tenuto senza il permesso del governo. La Costituzione è redatta dopo tre anni di persecuzione religiosa. Nell'aprile del 1917, i prelati messicani, che si erano rifugiati negli Stati Uniti, organizzano una protesta pubblica contro alcuni articoli che istituzionalizzano e legalizzano la persecuzione.

1919   Alcuni prelati messicani hanno buone ragioni per confidare in Carranza e, il 17 ottobre del 1919, il governo (che era debole e necessitava sempre dell'appoggio dei cattolici) lascia che i cattolici facciano con tutta libertà un gran pellegrinaggio per commemorare la coronazione della Vergine di Guadalupe.

I giorni di Carranza sono ormai contati ed Obregón si prepara a rimpiazzarlo.

1920   Il *Plan de Agua Pietra* (23 Aprile del 1920) ha lo scopo di togliere il potere al Presidente Carranza. Obregón, De la Huerta e Calles tutti e tre *Sonorenses* si mettono d'accordo perché Obregón sia eletto Presidente per primo, seguito da De la Huerta e per ultimo da Calles. Il 24 maggio 1920 il Congresso nomina Adolfo De la Huerta presidente provvisorio in sostituzione di Carranza, fino alla scadenza del mandato: 30 novembre 1920.

L'omicidio di Carranza ed i cambi che ne seguono, colgono Villa di sorpresa, e lo obbligano a ritirarsi rimanendo con una scorta di 50 uomini.

Il 5 settembre viene eletto Obregón e vengono pronunciati discorsi che propugnano il leninismo quale unico percorso da seguire. I leader di questa corrente sono: Luis Morones, Felipe Carrillo Puerto, Antonio Dìaz Lombardo, Luis L. León, Manlio Fabio Altamirano.

Obregón comincia il mandato il primo dicembre nominando Calles suo Ministro degli Interni e De la Huerta Ministro del Tesoro. Obregón inaugura il suo governo riaprendo tutte le chiese chiuse tra il 1914 ed il 1919.

Gli antichi militanti del partito cattolico ne approfittano per fondare un nuovo partito politico, diretto da Rafael Ceniceros y Villarreal, che era stato governatore cattolico di Zacatecas.

1921   Il mese di gennaio del 1921 è importante per la grandiosa cerimonia della coronazione della Vergine di Zapopán. Quindici giorni dopo esplode una bomba alla porta dell'Arcidiocesi di Città del Messico.

La reazione popolare non si fa attendere, sotto la forma di una manifestazione di riconciliazione ed espiazione dal santuario della Vergine di Guadalupe alla Cattedrale. Il governatore invia la polizia che non riesce a calmare la gente.

Il 4 giugno esplode una bomba nella residenza di Mons. Orozco e i giovani della ACJM (un'associazione cattolica) decidono di scortare l'alto prelato. Il 14 Novembre del 1921 una bomba esplode sull'Altare della Basilica della Vergine di Guadalupe.

1922   Il 1° maggio del 1922 un gruppo armato assalta la sede del ACJM a Città del Messico.

Si attribuiscono gli attentati del 1921, contro gli arcivescovi di Città del Messico, di Guadalajara e contro il santuario della Vergine di Guadalupe, a membri della CROM, il potente sindacato operaio il cui leader è Luis Morones.

Il 7 aprile del 1922 una carta pastorale collettiva annuncia il progetto di costruire un monumento a Cristo Re nello stato di Guanajuato.

1923   Una colletta organizzata, dà tanto denaro che la prima pietra si può collocare il giorno 11 gennaio del 1923; è il Delegato Apostolico Mons. Filippi ad inaugurare il monumento. Siccome l'articolo 24 proibiva atti di culto pubblico fuori dalle chiese, il governo espelle il Delegato Apostolico.

Per questi tre anni vengono interrotte le relazioni diplomatiche tra Stati Uniti e Messico, a causa delle molte questioni in sospeso: specialmente la nazionalizzazione delle riserve petrolifere, decretate dall'articolo 27 della Costituzione del 1917. Nel maggio 1923 si riunisce una commissione presieduta da Adolfo de la

Huerta, Ministro del Tesoro, che incontra i banchieri americani rappresentati della J.P. Morgan. Si arriva alla conclusione che l'articolo 27 non ha effetti retroattivi. L'atto, chiamato «Trattato di Bucareli» dalla strada in cui ha luogo l'incontro, viene firmato il 15 agosto del 1923.
Il 20 di giugno del 1923 viene ucciso Villa.

1924 Per evitare sicure difficoltà, nel maggio del 1924, Mons. Orozco fa un viaggio a Roma; i giornalisti lo interpretano come un viaggio definitivo e si pensa che nell'episcopato abbia trionfato la corrente transigente.
La Chiesa, il 5 ottobre del 1924, dà il via ad un Congresso Eucaristico che viene accompagnato da festeggiamenti e mobilitazioni di massa. Il 9 ottobre il governo tenta di sospenderlo, ma il congresso continuerà normalmente.
Calles annuncia la sua candidatura, e De la Huerta fa altrettanto. Obregón si schiera con Calles; De la Huerta, che ha dalla sua una parte dell'esercito, non può nulla, dal momento che Calles ed Obregón, dopo il «Trattato di Bucareli», possono contare sull'appoggio economico e militare degli Stati Uniti.
Durante la campagna elettorale, Calles non ha oppositori tranne il generale Angel Flores, membro dissidente della famiglia rivoluzionaria, appoggiato dal Partito Nazionale Repubblicano, ossia i resti del Partito Cattolico. Calles, che può contare anche sulla potentissima CROM di Morones, vince.
Il 30 novembre del 1924 Calles è nominato presidente.
Sempre alla fine del 1924 a Guadalajara, Anacleto González Flores dà vita alla *Unión Popular* che come struttura è simile alla *Volksverein* tedesca dell'epoca di Bismarck, e basandosi sui progetti di P. Bergöend, il gesuita francese fondatore dell'ACJM.

1925 Il 21 febbraio 1925 membri dell'Ordine dei Cavalieri di Guadalupe (ordine creato dalla CROM) diretto da Ricardo Treviño, segretario generale della CROM, e un sacerdote spagnolo occupano la chiesa della *Soledad* a Città del Messico. Istituire una chiesa Cattolica Apostolica Messicana crea enorme tensione, in tutto solo 13 sacerdoti si distaccano. Di questi, sette si riconciliano con la Chiesa.
Roma vuole la pace con lo Stato, per questo Pio XI nomina un nuovo Delegato Apostolico, Mons. Cimino, che arriva in Messico il 1° aprile 1925 ed è incaricato di una missione di conciliazione.
Nel giugno del 1925, Kellogg protesta contro la politica messicana sui beni nordamericani. Calles fa votare due leggi: una, del 31

dicembre 1925, dichiarando che il petrolio era proprietà nazionale e l'altra, il 21 gennaio 1926, in cui si proibiva di comprare terre vicino alla frontiera.
Nell'autunno del 1925 nasce la *Liga Nacional Defensora de la Libertad Religiosa*, una lega di associazioni cattoliche con lo scopo principale di combattere con mezzi civici lo Stato persecutore.
Il 30 ottobre Garrido Canabal, governatore di Tabasco, decreta il matrimonio obbligatorio per tutti i sacerdoti, l'8 novembre non accettando questa legge, il Clero sarà espulso.

1926 Roma frena. Il 2 febbraio, il Papa rende partecipi i vescovi della sua afflizione, indicando due cammini: l'orazione e l'azione cattolica.
Il 4 febbraio Mora y del Río Arcivescovo di Città del Messico, afferma che la protesta della Chiesa nei confronti degli articoli della Costituzione 3, 5, 27, 130 rimane e che, la Dottrina della Chiesa, non può cambiare poiché è rivelata, quindi, immutabile. Tejáda, Ministro degli Interni, denuncia Mora y del Río affermando che l'intervista richiama alla ribellione armata.
Il 22 febbraio del 1926, Puig Casauranc, Ministro dell'Educazione, rende pubbliche le disposizioni riguardanti l'insegnamento: qualsiasi intento di insegnare religione nella scuola, tanto nelle scuole pubbliche quanto nelle private, è proibito. Vengono chiuse scuole e seminari.
Roma invia un nuovo Delegato Apostolico, Caruana, (maltese, di nazionalità nordamericana), che arriva il 3 marzo. Essendo cittadino americano, il Governo messicano, che al momento non ha buoni rapporti con gli Stati Uniti, giudica l'atto come un affronto.
Il 21 aprile i Vescovi pubblicano una pastorale collettiva, approvata dal Vaticano, in cui si chiede un'urgente riforma della Costituzione.
Il 30 aprile, muore, quasi sicuramente avvelenato, il generale Flores.
Il 10 maggio viene espulso il nuovo Delegato Apostolico Caruana, anche per reazione alla pastorale collettiva.
Avvengono i primi scontri con le forze dell'ordine, ma si tratta solo di reazioni popolari spontanee e non organizzate.
Il 2 luglio il Papa rende pubbliche, per mezzo del Card. Gasparri, le sue preoccupazioni: «*Quienes dirigen al gobierno practican una persecución real contra la religión católica, en aquella*

deseventurada nación.»
Lo stesso giorno, il 2 luglio Calles, pubblica un decreto, conosciuto come «Legge Calles» o «515» che si riferisce esclusivamente a «Delitti e Trasgressioni nell'esercizio della religione (infrazioni commesse contro l'articolo 130)». Chi non obbedirà, soffrirà la dovuta pena: sanzioni penali e anni di carcere anche per piccole trasgressioni. La «Legge Calles» contiene 33 articoli ed entrerà in vigore il 31 luglio 1926.
Non è per niente sorprendente che, nel pomeriggio del 11 luglio, si presenti un cambio completo della situazione con i vescovi che pensano per la prima volta di sospendere il culto; eccetto Guízar, Fulcheri e Tritschler nessuno ha più speranza.
Il punto del decreto Calles che infastidisce di più i vescovi è l'articolo 19, che punisce con il carcere i sacerdoti non iscritti al Ministero degli Interni.
Il 14 luglio, il Comitato Episcopale appoggia il progetto di boicottaggio economico della LNDLR.
A Guadalajara, i militanti della UP, della U, della ACJM e delle «*Empleadas Católicas de Comercio*», si dividono il lavoro in quattro commissioni: feste, commercio, trasporti e scuole. Guadalajara si converte in una città economicamente e socialmente paralizzata: 800 maestri della scuola elementare si dimettono per non servire il governo e 22.000 su 25.000 bambini in età scolare smettono di andare a scuola. La UP si incarica di mantenere i maestri dimessi.
Il 25 luglio i vescovi pubblicano una pastorale collettiva, dicendo di sospendere il culto lo stesso giorno in cui la «Legge Calles» divenga esecutiva (il 31 luglio).
Nei singoli stati, la politica nei confronti della Chiesa varia dall'amicizia all'estrema brutalità.
Calles ha l'appoggio della CROM, dell'esercito, degli *agraristi* che controllano l'interno del Paese e degli Stati Uniti. La stessa burocrazia controllata da Alberto J. Pani, Ministro del Tesoro fino al 1926, si identifica con il Governo. Il Governo Calles comincia sotto i migliori auspici.
Il 7 settembre, i vescovi, in qualità di cittadini messicani presentano una petizione al Congresso, per modificare la costituzione. Il 22 la votazione sulla petizione dei vescovi è respinta con 160 voti contrari e solo uno favorevole.
La LNDLR, che già pensava ad un conflitto armato, raccoglie due milioni di firme per chiedere la riforma della Costituzione.

L'11 ottobre, il Senato, respinge la petizione, ed il 18 novembre, il Papa pubblica l'Enciclica *Iniquis Afflictisque* sulle persecuzioni in Messico.
L'insperata reazione popolare, 14 insurrezioni spontanee in agosto e 50 da settembre a dicembre, modifica così i dati del problema. In Jalisco si organizzano centinaia di pellegrinaggi con migliaia di pellegrini che, tutti i giorni, percorrono, da un capo all'altro, lo Stato.
Mons. Orozco, irriducibilmente contrario alla lotta armata, torna a Guadalajra per tentare l'impossibile: impedire che insorgano i suoi fedeli e obbligare la UP a non cadere nella clandestinità.
1927; La LNDLR decide un'insurrezione generale per il primo gennaio.
Sempre in gennaio il vescovo di Tabasco Pascual Díaz è espulso.
Il 20 aprile il Ministro degli Interni Tejada espelle: Ruíz, Mora y del Río ed i vescovi di Aguascalientes, Chiapas, Cuernavaca, Huejutla e Saltillo.
Tutte le Municipalità de Los Altos di Jalisco insorgono, e la *Liga* entra immediatamente in possesso del controllo di questa regione.
Il 10 febbraio del 1927 il *New York Herald Tribune* parla di un accordo negoziato tra Stato e Chiesa, che ha per intermediari Burke e Walsh, due importanti esponenti della Conferenza Episcopale Nordamericana.
Il 16 marzo, Simón Ortega e l'ingegnere N. Olvara, inviati da Obregón, desiderano incontrarsi con i vescovi.
Il Comitato Episcopale accetta e il 23 marzo invia Mons. Fulcheri, prelato suggerito dallo stesso Obregón, a Città del Messico nel Castello Chaputeltepec. Obregón chiede all'episcopato che sia ripreso immediatamente il culto, ed il vescovo risponde che ormai è tardi visto che le leggi persecutorie sono già state approvate dal parlamento.
Il 1° di aprile Anacleto González Flores, detto «il maestro», fondatore e leader della UP è catturato, torturato ed ucciso a Guadalajara. Per vendicare la morte del «Maestro», il 19 aprile P. Reyes Vega attacca un treno. I 52 soldati di scorta sono uccisi.
Il Governo ricorre alla *Concentración*, tutti i civili che non vogliono essere raggruppati in determinate zone sono massacrati.
Il 23 giugno del 1927 il generale Gómez presenta la sua candidatura alla presidenza come *antireelección* in opposizione ad Obregón e Calles. Chi si oppone violentemente alla rielezione di Obregón è il generale Serrano perché lo considera contrario ad

uno dei principi fondamentali della rivoluzione; per questo motivo vuole incontrare Obregón. Alla fine Serrano si candiderà contro Obregón. In breve tempo Serrano, con 13 suoi compagni, sarà fucilato e pochi giorni dopo, a Veracruz, sarà ucciso anche Gómez ed altri generali.

A fine luglio Mestre e Aarón Sáenz si recano a San Antonio per incontrarsi con Mons. Díaz e Méndez del Río; il Governo per avere maggiore peso frena le persecuzioni; i militanti della *Liga* vengono messi in libertà. Sembra che il Governo sia più deciso.

Il memorandum consegnato da Mestre a San Antonio prevede che, tutti i vescovi espulsi, possano ritornare nella propria diocesi nel caso in cui sia ripristinato entro due settimane il culto e che l'iscrizione dei sacerdoti sia solo a fine statistico.

Il 7 agosto l'*Excelsior* annuncia l'arrivo dei vescovi, che, poi, per mancanza di sufficienti garanzie, rinunceranno al viaggio.

In ottobre e novembre, quando l'esercito federale è impegnato contro Gómez a Veracruz, i *Cristeros* dominano Jalisco (tranne le principali città ancora occupate dai federali.)

A fine Ottobre del 1927 Morrow occupa il posto di Sheffield, come ambasciatore degli Stati Uniti.

Nel luglio del 1927 la consolidazione del movimento *Cristero* è già un fatto.

1928   Nel 1928 s'intensifica la campagna *Cristera*. A Los Altos di Jalisco 7 mesi di *Concentración* della popolazione sono serviti solo ad aumentare la resistenza popolare.

Il 22 aprile muore Mora y del Río che alcuni pensano essere il principale ostacolo per gli accordi tra Chiesa e Stato.

Il 17 maggio, Calles accetta di vedere Burke, a condizione che l'incontro sia tenuto segreto. Burke si avvale del Delegato Apostolico negli Stati Uniti, Mons. Fumasoni Biondi, per autorizzare Mons. Ruíz a scrivere i testi degli accordi.

Il 1° luglio è rieletto Obregón, ciò consente un'ulteriore distensione nei rapporti.

Il 17 luglio del 1928 un giovane cattolico di nome Toral uccide Obregón.

Il 23 luglio Calles telegrafa a tutti i comandanti militari dichiarando che il Clero è responsabile della morte di Obregón.

In 7 mesi, la divisione crescente tra la fazione *obregonista* (frustrata per la morte del suo capo) e la fazione Callista favorisce i *Cristeros*.

A partire dall'agosto del 1928 il generale Gorostieta (nominato capo della Guardia Nazionale *Cristera*), convinto dell'importanza economica e militare, ordina di attaccare sistematicamente tutti i mezzi di comunicazione per bloccare l'attività economica e paralizzare i movimenti dell'Esercito. Dal settembre del 1928 tutti i treni viaggiano solo di giorno e l'esercito deve vigilare continuamente ponti, tunnel e stazioni.

Gorostieta in novembre ha previsto la *reconcentración* e ha preso le opportune precauzioni per annullarne gli effetti.

1929 Dal 20 al 25 febbraio i *Cristeros* occupano due quartieri di Guadalajara (Colonia Moderna e Colonia Reforma).

All'inizio del marzo del 1929, i generali Manzo ed Escobar (*Obregonistas*) si ribellano contro il Governo Calles-Portes Gíl, con i capi militari di Sonora, Chihuahua, Coahuila, Durango e Veracruz. Calles si fa nominare Ministro della Guerra ed abbandona tutto il centro-est ai *Cristeros*, riunisce 35.000 uomini e li dirige verso nord-est.

Cedillo, *cacique* di San Luis Potosí, ed i suoi agraristi sono incaricati di formare 20 battaglioni (8.000 uomini) contro i *Cristeros*.

Nella città di Durango, ed in tutto lo stato, i *Cristeros* sono più numerosi degli *escobaristas* e, per tanto, ottengono il controllo totale di uno stato assolutamente tranquillo.

Il Governo decide l'evacuazione degli Stati di Jalisco, Colima e Michoacán, assegnando solo alcune truppe alle principali città e al controllo del traffico ferroviario.

Il Governo per impedire ai *Cristeros* di impossessarsi di Guadalajara ricorre all'aiuto di Cedillo.

Cedillo divide i suoi uomini in tre colonne che entrano a «Los Altos». Cedillo viene sconfitto (aprile 1929)

Il 2 maggio Portes Gíl concede un'intervista ad un giornalista nordamericano in cui dichiara che, tranne Orozco, la maggioranza dei vescovi è indifferente al movimento *Cristero*.

Lo stesso giorno a Washington Ruíz y Flores dichiara ai giornali che la Chiesa è totalmente disponibile a dialogare con lo Stato.

Jalisco riceve il peso di 35.000 uomini, 20.000 dei quali avevano trionfato sull'*escobarismo* e viene formato un esercito efficiente diretto da Amaro.

Gorostieta, con il fine di accumulare munizioni, ordina la dispersione generale. Gorostieta viene ucciso.

Il 12 giugno i vescovi vengono ricevuti da Portes Gíl a Chaputepec. L'incontro si svolge in un'atmosfera molto cordiale.

Il movimento *Cristero*, al momento della pace, è al suo apogeo:

dispone nell'est di 25.000 uomini perfettamente organizzati, ma con problemi di munizioni, (il che obbliga all'azione di guerriglia). Nel resto del Paese vi sono altri 25.000 *Cristeros*, più o meno organizzati.

Il 21 giugno Díaz, Ruíz e Portes Gíl, in presenza di Canales, Ministro degli Interni, firmano una intesa che riconosce giuridicamente la Chiesa. Portes Gíl promette verbalmente l'amnistia per i ribelli e la restituzione dei beni sottratti alla Chiesa.

Il generale in capo della Guardia Nazionale, Degollado, va personalmente alla capitale per parlare con i dirigenti della *Liga* ed ottenere garanzia sui *Cristeros*.

Si presenta il problema della successione presidenziale dal momento che Portes Gíl era solo in sostituzione di Obregón.

Vasconcelos e Ortíz Rubio si presentano come i due possibili candidati.

Nella convenzione del PNR (partito fondato da Calles, composto da centinaia di gruppi che hanno partecipato alla rivoluzione) a Querétaro, Calles presenta Ortíz Rubio come candidato ufficiale.

Tutti i vescovi, tranne Manríquez, approvano pubblicamente gli *Arreglos* tra Stato e Chiesa.

Vasconcelos non diventa presidente per via di brogli elettorali e invita alla ribellione; alcuni capi *Cristeros* rispondono, altri, con la scusa di essere *Vasconcelistas*, vengono uccisi.

Dalla morte del generale Obregón (1928) alla rottura di Calles con Cárdenas (1935), il Messico vive in uno stato di crisi permanente.

1930   Ortíz Rubio succede a Portes Gíl, il 5 febbraio del 1930. È evidente che, chi controlla il Consiglio dei Ministri è Calles: Amaro è Ministro della Guerra; Cedillo dell'agricoltura, Cárdenas è capo del PNR e Aarón Sáenz all'educazione.

1931   Durante il mese di Marzo del 1931 i cattolici messicani commemorano il IV centenario dell'apparizione della Vergine di Guadalupe. Per queste celebrazioni il governo polemizza con la Chiesa.

Il governatore di Veracruz, Tejáda, limita il numero di sacerdoti a uno per 100.000 abitanti, in Chiapas a uno per 60.000 abitanti, in Chihauhua a 45.000.

1932   Il 29 settembre del 1932 Papa Pio XI scrive un'Enciclica: *Acerba Animi*, il governo si considera offeso dal contenuto dell'Enciclica, per questo il Delegato Apostolico Ruíz viene espulso.

Fino al 1934, anche durante il mandato del Presidente Rodríguez, molti stati limitano notevolmente il numero dei sacerdoti.
Sotto il Governo di Rodríguez (2 settembre 1932 – 1 dic. 1934) si comincia a preparare l'imposizione dell'educazione sessuale.
Poco dopo, il PNR, nella convenzione di Querétaro, propone un Piano di sei anni per obbligare qualsiasi genere di scuola all'educazione socialista.

1934   Il 26 settembre 1934 si approva un progetto di legge per rendere obbligatoria l'educazione socialista.
Il nuovo Presidente, Generale Lázaro Cárdenas, assume i poteri il 1 dicembre 1934, con un mandato di sei anni e non più quattro.
Il 30 dicembre del 1934, con Cárdenas presidente da meno di un mese, varie *Camisas Rojas* si dirigono a Coyoacán (Città del Messico) ed uccidono 4 persone dentro ad una chiesa.

1935   Il giorno 8 gennaio 1935 viene emanato un decreto in cui si dispone che tutte le scuole, anche private, devono impartire lezioni di dottrina socialista, pena la chiusura della scuola stessa.
Il 12 febbraio vengono emanate leggi a censura di giornali o scritti che riguardano la propaganda o diffusione delle dottrine religiose.
Il 7 marzo Pascual Díaz (arcivescovo di Città del Messico), dopo aver denunciato lo stato di persecuzione, viene fatto prigioniero per un giorno.
Durante i primi mesi del 1935, l'Episcopato Cattolico Messicano, congiuntamente con la *National Catholic Welfare Conference* organizza molti congressi con conferenzieri nordamericani per convincere il governo Cárdenas a frenare le persecuzioni.
Secondo Jean Meyer, in questi anni, è al suo apogeo ciò egli definisce «Il secondo movimento *Cristero*», che può contare su 7.500 uomini in armi. Secondo la stessa fonte vi sono solo 305 sacerdoti autorizzati in 17 stati.

1936   Nell'aprile del 1936, il Parlamento dello Stato di Chihuahua emana un nuovo decreto in materia religiosa nel quale si decide che solo un sacerdote cattolico può esercitare il suo ministero in tutto lo Stato. È sempre l'art. 130 ad affermare che deve essere lo Stato a decidere il numero dei sacerdoti, secondo le necessità locali.
Il Governo americano mediante il suo ambasciatore Daniels, appoggia, in tutto e per tutto il Governo Cárdenas. Sicuramente gli Stati Uniti sono a favore di una maggiore libertà religiosa.
Il Governo Cárdenas, a partire dal 1936, cerca la pace con la

Chiesa, esigendo, però, il mantenimento dell'educazione socialista ed il rispetto degli articoli 3, 5, 24, 27 e 130 della costituzione.

La Chiesa, invece, cerca l'abolizione di questi articoli proclamando il diritto alla libertà d'insegnamento ed al rispetto della proprietà privata.

Sempre negli anni 1935-36 vi è uno scontro di poteri tra Cárdenas e Calles, ne uscirà vincente Cárdenas.

Alla fine del mese di marzo del 1936, il Delegato Apostolico dirà: «*traerá, sin duda, algunas esperanzas de que el gobierno de México adopte una actitud más conciliadora respecto la Iglesia*».

1937 La posizione del Vaticano è chiaramente espressa nell'Enciclica, scritta nel marzo del 1937: *Divini Redemptoris*, secondo la quale il Governo messicano è diretto da elementi marxisti. È impossibile qualsiasi accordo con il Governo Cárdenas, ma già si comincia a delineare una politica abbastanza conciliante di questi nei confronti della Chiesa.

SIGLE E ABBREVIAZIONI

A.C.	Archivo Cristero
ACAM	Archivo de la Curia del Arzobispado de México
ACM	Azione Cattolica Messicana
ACJM	Asociación Católica de la Juventud Mexicana
AMJR	Archivo Misioneros Josefinos Roma
APPM	Asociación de Productores de Petróleo en México
CNCT	Confederación Nacional Católica de Trabajadores
Cfr.	confronta
Cor.	Corrispondenza
CD	Comitato Direttivo della LNDLR
CGOCM	Confederación General de Obreros Campesinos de México
CROM	Confederación Regional Obrera Mexicana
CTM	Confederación Trabajadores México
DHCJ	C.E.O'NEILL – J.M. DOMÍNGUEZ, ed., *Diccionario Histórico de la Compañía de Jesús*, I-IV, Roma – Madrid, 2001
Doc.	documento
Gav.	Gaveta
Leg.	Legajos
LNDLR	Liga Nacional Defensora de la Libertád Religiosa
n.	nota, note
Ibid.	*Ibidem* (cioè «allo stesso posto»)
p.	pagina, pagine
PCN	Partido Católico Nacional
Ph.D.	*Philosophiae Doctor*
PNR	Partido Nacional Revolucionario
PUG	Pontificia Università Gregoriana
S.S.	Santa Sede
U	Unión de Católicos Mexicanos
UNAM	Universidad Nacional Autónoma de México
UP	Unión Popular
VITA	Unión Internacional de Todos los Amigos de la LNDLR

FONTI

1. Fonti Inedite

1.1 *Archivo de la Curia del Arzobispado de México [= ACAM]*[1]

1.1.1 Fondo Conflicto Religioso

a) *Caja: Corespondencia A-B 1928-29*

– Corrispondenza del vescovo di Querétaro Monsignore Francisco Banegas

Documento 1. Aprile 1929 «*Consideración sobre el estado de la Cuestión Religiosa*» di Banegas 23 Aprile 1929:
Banegas dice che ormai è diventato lecito l'omicidio così come ha fatto Toral: si estende la dottrina del tirannicidio a tutti coloro che prendono parte al governo. In realtà in due anni il movimento armato non è sceso dalla montagna di Jalisco, Colima, Zacatecas, Guanajuato e parte di Querétaro. Il governo dopo la ribellione escobarista sarà più forte. Si cerca di ottenere da questo o dal prossimo presidente la maggior libertà possibile ripristinando il culto. Per far questo occorre una relativa tranquillità mentre in realtà ora si stanno esaltando gli animi. I grossi ostacoli sono *Liga* e alcuni Gesuiti che eccitano i fedeli.

– Corrispondenza di Dwight Morrow: Ambasciatore degli Stati Uniti

Documento 2. Luglio 1928 «*Extracto de una comunicación al Departamento de Estado Americano por el Embajador Morrow y por el Departamento a la Delegación Apostólica para ser remitido al Vaticano.*»:

---

[1] Indirizzo ACAM: Curia Arzobispal, Apartado Postal 24-433, Durango 90, Col. Roma, 06700 México, D.F., México.

Morrow scrive affermando che il massimo che ha ottenuto da Calles è che riceverà Ruíz. É una storia dei tentativi di *arreglos* fatti nel 1928. Interessante un giudizio espresso sul conflitto (punto 19), visto che si pensa che i cattolici vogliano ingannare il Papa, presentando la Rivoluzione come molto forte. Calles e Burke vogliono trattare con Roma direttamente.

– Corrispondenza di Ricardo Alvarez SJ da San Elizario Laredo Texas

Documento 3. Da San Elizario 23 aprile 1929:
Alvarez dice a Díaz che c'è un certo ottimismo sulla situazione delle battaglie.

Documento 4. Da San Elizario 31 maggio 1929:
Alvarez dice a Díaz che a Los Angeles gli imminenti negoziati hanno causato un'agitazione; Ruíz è considerato come un turco. Per il movimento armato si hanno due versioni contrastanti: uno che sta andando bene e l'altro che Gorostieta si è arreso ed ha disperso le sue truppe.

b) *Caja: Corespondencia Obispos C-G 1927-29*

– Corrispondenza del vescovo di San Luis Potosí Mons. Miguel de la Mora

Documento 5. 27 febbraio 1928:
Díaz scrive a Mora: ha saputo che Burke sarà nominato Delegato per trattare gli *arreglos,* prevede 2 risultati: è difficile che si adegui alle persone e si avranno conseguenze fatali. Spiega: Burke ha avuto tale nomina dal Vaticano in quanto persona degna di fiducia, ma, proprio per questa sua lealtà, potrebbe essere ingannato dal governo, visto che il governo è dominato da una massoneria radicale e non conciliare come negli U.S.A., inoltre, trattando ora con un governo in crisi, significa attribuirgli una forza che non ha.

Documento 6. Da New York 22 giugno 1928:
Díaz scrive a Ruíz che le sue idee su René sono una consolazione. Aggiunge che il suo giudizio e quello di Ruíz su René gli fanno piacere dato che è René ad aver distrutto René. Per la *Unión Nacional* ci sono molti fatti che, secondo Díaz, Ruíz non conosce. Fatti per cui Bustos si è allontanato dalla *Liga*. Anche se gli USA sono favorevoli alla *Liga*, ciò che io sempre vorrò è che i membri della *Liga* non ingannino i membri della *Liga* stessa: esempio 5 alunni ex-seminaristi massacrati in combattimenti contro forze nettamente superiori. González Valencia ha comunicato che non riconosce il *Comitè* (dato che dopo la morte di Mora

del Río ha come presidente Ruíz) mandando copia della lettera alla Santa Sede e *Liga*, si può immaginare la reazione del Vaticano.

Documento 7. Parigi 1 giugno 1928: Díaz a Miguel de la Mora:
Ruíz ha il compito di arrivare a Roma e informare il Papa che Obregón andrà al potere in breve tempo, che lo stesso Calles sembra volere una conciliazione, che il presidente vuole la pace per sviluppare le sue politiche e che l'unico rimedio è la sospensione della Legge che proibisce alla Chiesa di celebrare servizi pubblici senza il permesso del governo. Solo il Papa potrà ottenere questo risultato.

Documento 8. Dal Messico 8 novembre 1928:
Díaz a Mora. [Non sono sicuro del mittente e del destinatario in ogni caso si tratta di una trascrizione di una lettera di Orozco che esprime le sue principali idee]: 1. l'unità è importante, tutte le decisioni devono essere prese in modo uniforme, ma non è stato così perché discrepanze teoriche hanno generato mali molto grandi. 2. la mia idea [di Orozco] è che si unifichino i pensieri almeno teoricamente, ma questo è impossibile e non lo facciamo per superbia ma perché crediamo che la soluzione stia dalla nostra parte. 3. è inutile discutere ora sulla transigenza o intransigenza, si è discusso in principio e si è deciso per l'intransigenza. Cambiare ora, farà pensare ai nostri nemici che torniamo indietro per puro opportunismo, molti cattolici hanno preso una posizione perché prima l'ha presa l'episcopato. 4. Certamente si stanno causando grandi mali, però si tratta di capire quali sono i minori.

Documento 9. Dal Messico 29 gennaio 1929:
Mora scrive a Díaz comunicandogli in modo riservato ciò che poi comunicherà alla Delegazione: 1. due senatori s'interessano agli *arreglos*, un senatore parla con Portes che si dice favorevole a fare questi accordi, anche se non ora per via delle condizioni del governo; occorre fare cambi di ministeri. 2. A San Antonio le cose parevano concluse, ma, per la mancanza di discrezione dei vescovi, tutto è saltato. 3. Sáenz afferma che per gli *arreglos* ci sono 4 proposte: a) che la legge si riformi dopo, b) che può essere concesso l'indispensabile ma non tutto ciò che chiede, c) che bisogna stendere il registro dei sacerdoti, d) che i vescovi non si devono mettere in politica. 4. Quello che importa al governo è solo il registro, non la forma costituzionale. 5. Per stipulare gli *arreglos* la S.S. deve inviare un delegato e trattare con Sáenz, Sáenz poi tratterà con il Presidente. 6. Il delegato è meglio che sia messicano visto che vi è ostilità nei confronti degli stranieri. 7. Sáenz vuole che si facciano gli *arreglos* prima di cominciare la sua campagna presidenziale. Si fanno molte obiezioni tipo che Sáenz è protestante, che non è rap-

presentante ufficiale, che non ci sono sufficienti garanzie di riforma, che il delegato non sarà ricevuto ufficialmente. Il delegato migliore è Tritschler.

Documento 10. 14 febbraio 1929:
Díaz dice a Mora che il Delegato è disposto a nominare un rappresentante della Chiesa per i 2 senatori. Quando ci sarà la nomina di un rappresentante ufficiale da parte del governo, la S.S. tratterà; ora preferisce aspettare. Nel frattempo la Delegazione Apostolica, Ruíz e Díaz non vogliono far pensare di essere schierati a favore di una parte.

Documento 11. 11 marzo 1929:
Mora dice Díaz che Guízar Valencia ha detto ai sacerdoti di dire al Ministero degli Interni il loro luogo di residenza. L'ala sinistra [che è la più numerosa] mormora molto specie sulle dichiarazioni di Corona, Guízar e Banegas. Non mancano dichiarazioni dell'ala destra specie contro Mora, che viene accusato di fare dichiarazioni non sue, ma suggerite da altri. La Sinistra censura molto Guízar per i suoi rapporti con i politici. Mora continua a stare nelle «catacombe».

– Corrispondenza della Delegazione Apostolica di Washington

Documento 12. Da New York 31 maggio 1928:
Díaz scrive a Marella [segretario della Delegazione Apostolica negli Stati Uniti] affermando che ha ricevuto un telegramma dalla *Liga*, si dice che dopo le elezioni di Ruíz la *Liga* non riconosce il comitato episcopale ma solo il *sub-comité*, perché Díaz e Ruíz sono lontani dal popolo (vivono negli Stati Uniti) e quindi non sono legittimati a fare *arreglos*. Questo telegramma dimostra che la *Liga* si vuole fare avanti come corpo principale, come punto di riferimento negli *arreglos*. Disgraziatamente la *Liga* è aiutata, a Roma, da González che le invia denaro. Inoltre, Díaz aggiunge che Miguel de la Mora gli ha assicurato che quello scritto dalla *Liga* è falso perché i vescovi che risiedono in Messico sono sottomessi alle indicazioni della S.S. e non hanno contatti con la *Liga*. Ceniceros, che firma il telegramma della *Liga*, è vecchio e privo di volontà propria, mentre Palomar y Vizcarra è intransigente e non ha altre soluzioni se non il movimento armato.

Documento 13. Da New York 24 marzo 1928:
Díaz scrive a Ruíz allegando una carta di Orozco diretta a lui con data 14 marzo, nella quale si legge una sollecitudine dello stesso alla S.S. perché anche i vescovi che si sono schierati per la lotta armata abbiano un rappresentante; un suo memorandum su alcuni punti di Orozco, la sua risposta ad Orozco e una lettera di Marella.

Documento 14. Senza data «*Cifrado* N. 416:
   V.S.I. comunichi Ambasciatore Morrow che Santo Padre grato suoi buoni uffici prega insistere affinché Calles faccia proposte accettabili.»: Card. Gasparri.

– Corrispondenza del Vescovo di Tabasco Mons. Pascual Díaz

Documento 15. Da New York 9 febbraio 1928:
   Díaz commenta a Ruíz di aver visto la spassosa notizia, sull'*Herald Tribune* d'oggi, che Burke andrà a trattare con Calles come inviato speciale del Papa e chiede cosa ci sia di vero in questo.

Documento 16. Senza data:
   Fumasoni a Díaz comunica le decisioni del Santo Padre riguardo al ritorno in Messico e le relazioni con la *Liga*: per il ritorno il Papa ha affermato che le proposte fatte da alcuni inviati confidenziali dal governo non sono da prendere in considerazione, nè per la sostanza nè per la forma. Per i contenuti: è vero che un vescovo per diritto divino deve stare nella sua diocesi, però ora il governo Messicano pone condizioni inaccettabili per il ritorno e ciò ha obbligato la Chiesa a sospendere il culto. Per la forma: Non è possibile giungere ad un accordo se le persone non sono ufficialmente autorizzate dal governo, se gli accordi non si fanno per iscritto e se non si firmano. Riguardo la *Liga* il Papa non intende cambiare quanto detto nella Lettera Apostolica *Paterna sane sollicitudo* [2 febbraio 1926]: «se la *Liga* lascia l'azione armata per diventare un partito, i vescovi devono continuare a non intromettersi: non solo i vescovi non devono appoggiare l'azione armata ma devono rimanere fuori dall'appoggiare qualsiasi partito. Se la *Liga* si dà all'azione cattolica i vescovi dovranno dirigere quest'azione: occorre tenere presente che la *Liga*, essendo così con l'azione armata, è impossibile che passi all'azione cattolica con lo stesso nome e leader».

c) *Caja: Obispos G-L 1927-1930*

– Corrispondenza dell'Arcivescovo di Durango Mons. José M. González y Valencia

Documento 17. Da Roma 28 dicembre 1926:
   González scrive a Díaz che il Papa è categorico nell'affermare che in Messico bisogna proseguire fino ad ottenere la riforma delle leggi e che il Card. Boggiani glielo ha ripetuto. Aggiunge inoltre che non possiamo, nè dobbiamo, ammettere nessun altro *arreglo* se non uno basato sull'abrogazione della legge.

Documento 18. Da Roma 8 feb. 1927:
   González scrive a Díaz usando un tono molto ironico, quasi minaccioso. Si esprime sul fatto che Díaz andando negli Stati Uniti, si sia convinto che la sua diplomazia non sia fatta per gente d'umile estrazione sociale e plebea come in Messico, si permette di dargli una serie di consigli: «1) se fai dichiarazioni a favore del governo Calles, non ho scrupoli a farle sfavorevoli 2) Lavora con animo perché negli U.S.A. si faccia il possibile per aiutare coloro che combattono 3) Perché lavori meglio sappi che i professori teologi a Roma difendono la *licitud* alle armi 4) Lavora il più possibile per far rinnegare Calles dagli Stati Uniti.»

Documento 19. Da Roma 6 gennaio 1928:
   González scrive a Díaz che la Santa Sede desidera gli *arreglos*, per lui suprema vergogna, il Vaticano non approva la *Liga* nè le relazioni della Commissioni con la *Liga*.

Documento 20. Da New York 21 giugno 1928:
   Díaz scrive a González ed afferma che ha ricevuto il suo comunicato, in cui considera dissolto il comitato episcopale, ponendo piena fiducia nel *sub-comitè*. Il giorno stesso trasmetterà queste sue volontà alla delegazione.

[La corrispondenza tra Díaz e González prosegue, ma solo in modo molto formale. Fino al 26 maggio 1929, Díaz non comunica nulla del suo lavoro sugli *Arreglos*].

– Corrispondenza del Vescovo di Chihuahua Mons. Guízar y Valencia

Documento 21. Da El Paso 25 ott. 1927:
   Guízar risponde al questionario inviato da Díaz [che si trova intanto a Roma]: naturalmente è transigente; critica la formulazione del questionario affermando che c'è confusione su questioni molto differenti, l'approvazione o riconoscimento delle leggi anticattoliche, il ritorno dei vescovi alle proprie diocesi e la ripresa del culto. Sul primo punto nessun vescovo ha vacillato, non può approvare leggi persecutorie. Sul II e III punto i pareri sono discordi. Quindi per il ritorno dei vescovi è favorevole anche senza prima una riforma della legge. É meglio che per ora si faccia l'indispensabile, lavorando poi per la completa libertà della Chiesa in Messico.

Documento 22. Da El Paso 5 febbraio 1928:
   Guízar a Díaz scrive che si potrebbe fare una lettera, da fare ricopiare a molti cattolici, affinché poi la trascrivano al presidente del congresso e alle legislature degli stati, in cui si sottoscrivono i seguenti punti: a) Il paese è danneggiato dal problema religioso. b) Bisogna risolverlo. c) Da

parte dei cattolici non ci sono opposizioni irrazionali ma solo un desiderio di arrivare ad una soluzione legale e pacifica. d) Il presidente ha ragione nell'affermare che bisogna compiere le leggi, però non può opporsi ad eventuali riforme di legge. e) Che il congresso ha respinto le petizioni non riconoscendo esistenza giuridica, mentre in realtà accettandolo potevano operare in conformità con il criterio rivoluzionario.

– Corrispondenza del Vescovo di Tacámbaro Mons. Leopoldo Lara y Torres

Documento 23. Dal Messico 12 luglio 1928:
Lara esprime la sua opinione a De la Mora: 1) Non cedere niente nel *Memorial* diretto alle Camere Federali nel sett. 1926 [Documento ben conosciuto a Roma]. 2) Esigere come indispensabile che si faccia la riforma delle leggi costituzionali. 3) Fare garantire al governo le principali libertà: senza cedere su nessuna delle richieste.

d) *Caja: Corespondencia Obispos M-R 1928*

– Corrispondenza del Vescovo di Huejutla Mons. José Jesús Manríquez

Documento 24. Da Laredo 12 Ottobre 1927:
Manríquez risponde al Questionario inviatogli da Díaz [è comprensibilmente intransigente]: no ai prelati che tornano in patria, perché sarebbe visto come adesione alle leggi empie che il Papa stesso condanna. No a riprendere il culto prima della riforma delle leggi. I vescovi personalmente devono aiutare il movimento armato, alla *Liga* benedetta dal Papa si deve prestare tutto l'appoggio e lo stesso vale per eventuali partiti che si muovono all'interno della *Liga*.

– Corrispondenza del Vescovo di Tehuantepec Mons. Jenaro Méndez del Río

Documento 25. Da San Antonio 27 marzo 1929:
Méndez fa sapere a Ruíz che il movimento offensivo contro il governo controlla gli stati di Sinaloa, Chihuahuhua, Sonora e i 2/3 di Durango, compresa la capitale, gran parte di Cohahuila e tutto Tepic; gli eroici liberatori hanno Colima, gran parte di Jalisco e vaste regioni in Zacatécas, Aguascalientes, Michoacán e Guerrero. Si annuncia la presa di Puebla. Nel governo Amaro non è contento. Sembra che i cattolici si siano accordati con Escobar, mentre è evidente che i banchieri americani siano divisi fra loro.

Documento 26. Da San Antonio 8 maggio 1929:
Méndez a Díaz afferma che Armora [vescovo di Tamaulipas] informa che il vescovo di Chihuahua ha tenuto incontri con Portes, nei quali sembra che si sia trattata la possibilità di *arreglos*. Secondo la stampa è possibile che giunga ad accordi. Díaz sollecita Méndez a tenerlo al corrente dei fatti.

– Corrispondenza dell'arcivescovo di Guadalajara Mons. Francisco Orozco Jiménez

Documento 27. Dal Messico 14 marzo 1929:
Orozco spiega ad un vescovo del *sub-comité* (no sicuro) che ci sono gravissimi problemi, lui è il vescovo più anziano di quelli che stanno in Messico e si sente obbligato a scrivere questo per il bene generale. Chi li combatte ha come base della vittoria il dividere il nemico. Una volta arrivati ad un accordo i vescovi devono avere il massimo rispetto per il *sub-comité*.

Documento 28. Dal Messico 25 maggio 1928:
Orozco rimprovera a Díaz la dichiarazione, fatta ultimamente in occasione della famosa festa di Celaya, in quanto essendo di parte ha prodotto tra i cattolici una pessima impressione. Parlando con franchezza, Orozco afferma che è inutile dare opportunità a questi politici che non se lo meritano.

– Corrispondenza di Leopoldo Ruíz Arcivescovo di Morelia

Documento 29. Dal Vaticano 1 gennaio 1932:
Pacelli, in una lettera probabilmente indirizzata al Delegato, sottolinea quanto sia dolorosa la situazione in Messico, il ritorno dei vescovi, il *modus vivendi* non ha cambiato la situazione. La situazione è peggiorata per colpa per lo più d'alcuni governatori, che violando il *modus vivendi*, hanno ridotto i sacerdoti a cifre veramente bassissime. I rimedi sono suggeriti dalla dottrina e dalla storia della chiesa, abituata alla persecuzione. Anzitutto, è necessaria una perfetta unione tra tutti i cattolici: i semplici fedeli devono seguire l'istruzione dei parroci, questi quella dei vescovi e tutti i vescovi devono essere d'accordo con la Santa Sede. In secondo luogo, i vescovi evitino, per quanto possibile, la sospensione del culto, i sacerdoti facciano in modo di tenere aperta la Chiesa. Fare il possibile per sviluppare l'Azione Cattolica. Questi sono criteri generali da dire a tutti i vescovi. Per quanto riguarda la costituzione di un partito politico, Pacelli dà i seguenti consigli: a) il clero o i cattolici come tali non devono formare un partito politico b) nemmeno

i *seglares* devono formare un partito cattolico, c) l'episcopato si serva dei *seglares* per fare un partito che non porti il nome di Cattolico, ma che si rifaccia ai principi cristiani, d) se mancano candidati propriamente cattolici accordarsi con il meno peggio, e) i vescovi possono esprimere le loro opinioni, come hanno abbondantemente fatto, ma solo alla Santa Sede e al Delegato, mentre non possono mettere in discussione, nemmeno in privato, le norme della Santa Sede. É necessario impedire che ciò si ripeta con i sacerdoti e con i fedeli. Occorre tollerare l'iscrizione dei sacerdoti e, per evitare un male maggiore, i sacerdoti che s'iscrivono, compiano l'atto protestando formalmente contro la legge e dichiarando che si assoggettano per forza maggiore e non per permesso del loro superiore gerarchico.

e) *Caja: Corespondencia Obispos V*

– Corrispondenza del Vescovo di León Mons. Emeterio Valverde Téllez

Documento 30. Da New York 30 maggio 1929:
Díaz scrive a Valverde che Ruíz è stato nominato delegato e ha richiamato Díaz a New York. Díaz ignora cosa si sia sviluppato durante la sua assenza. É noto che Ruíz sta aspettando il passaporto per il Messico. Il giorno seguente sarà a Washington e saprà di più.

– Corrispondenza di Mons. Pedro Vera y Zuria Arcivescovo di Puebla

Documento 31. Da El Paso 14 ottobre 1927:
Vera risponde al questionario di Díaz mostrandosi abbastanza transigente. I punti che emergono sono i seguenti: 1) Conviene ritornare in cambio d'alcune garanzie di libertà della Chiesa 2) Conviene riprendere il culto se si ha una promessa formale. 3) Si vuole continuare a lavorare. 4) Si favorisce la *Liga* solo se rimane soggetta all'autorità ecclesiastica. Rispetto ai partiti bisogna lasciare la massima libertà.

1.1.2 Fondo Corespondencia Pascual Díaz

a) *Caja: Corespondencia A-P 1926-29 Gav. 13 1*

– Corrispondenza: 1927 Arreglos Proyectados y Viaje a Roma

Documento 32. Senza data e riferimenti, solo si ha come intestazione: «reverendissimo monsignore»:
a fine agosto [1927] Mestre si presenta a San Antonio per parlare con Mora y del Río, affermando che in cambio della ripresa del culto sarebbe accolto il rientro dei vescovi. Ma poi diventando la cosa pubblica,

Calles dichiara che non ha fatto niente per trattare con la Chiesa, e l'eventuale ritorno dei vescovi, significa la sottomissione alla Costituzione. Mentre stavamo arrivando ad un accordo González da Roma fa sapere che il Papa ordinava di non raggiungere alcun accordo. La realtà è che González è un rivoluzionario, e sta dando tutto l'appoggio ed il denaro possibile alla *Liga*.

Documento 33. Da Washington 5 sett. 1927 Díaz ad Eccellenza Reverendissima [?]:

scrive che durante le trattative tra il Governo rappresentato da Sáenz, ex-ministro degli esteri, e la Chiesa, è stata preparata una lettera con la quale i vescovi messicani pregano il Governo di revocare l'ordine d'esilio e di permetterne il ritorno alle loro Sedi. Questa lettera è stata poi presentata a Mora y del Río, debole di carattere e d'età, il quale l'ha firmata senza consultare né il mittente né altri. 1) Mora y del Río non nasconde la sua simpatia per ogni movimento rivoluzionario: si mostra compiacente con i capi rivoluzionari e non fa che sognare il trionfo della rivoluzione. Il denaro della Santa Sede e d'altri benefattori non è stato speso come si doveva, una parte è andato alla rivoluzione e non è stato distribuito ai preti poveri come indicato dal Papa. 2) Circa Mons. Manríquez, Vescovo di Huejutla: ha pubblicato *Mensaje al Mundo civilizado*: si tratta di un documento esagerato e contrario alle direttive della Santa Sede. Ne sono stati preparate copie in tutte le lingue, ma, fortunatamente, si è fermata in tempo la divulgazione. Manríquez è riuscito ad avere buona parte dei 24.000 dollari, che erano stati inviati dal Papa per i preti poveri del Messico. 3) Altri ecclesiastici che hanno agito imprudentemente: tra questi vi è Mons. Navarrete vescovo di Sonora, che partecipa direttamente al movimento armato fornendo mezzi e consigli. Molti preti a Guadalajara sono insorti, ma posso garantire che Orozco è il primo nemico della rivoluzione. 4) circa i vescovi Messicani a Roma. La commissione partita per Roma aveva la funzione di portavoce del *comité*. A quei tempi eravamo senza delegato, dato che Caruana era stato espulso. Ma la commissione non ha considerato il *comité*, anzi ha cominciato ad ordinare, affermando che rappresentavano il volere del Papa. Questi vescovi, lontani dal Messico e in territorio perfettamente sicuri, si sono persuasi che la difesa armata sia l'unica soluzione: hanno scritto che è dovere d'ogni diocesi vendere i beni e darli a favore della lotta armata. Molti hanno venduto calici e, pensando che fossero le indicazioni ufficiali, si sono messi a fare propaganda per la *Liga* andando contro le proprie convinzioni.

Documento 34. Dal Vaticano 14 nov. 1927:
Gasparri informa Fumasoni che il Santo Padre ha ritenuto che il progetto, oltre a non presentare alcuna garanzia [perché Mestre non ha avuto una missione speciale], è anche del tutto insufficiente perché lascia le cose allo stato, in cui si trovano quando la Santa Sede approva come necessaria la sospensione del culto in tutta la nazione. Riprendere il culto senza modifica recherebbe scandalo e meraviglia da parte di clero e fedeli.

– Corrispondenza: 1927-32 arreglos de P. Burke

Documento 35. Da San Antonio 31 maggio 1928:
I vescovi residenti a San Antonio [ci sono i nomi] scrivono ciò che segue a Fumasoni: «La notizia di un possibile *arreglos* non ci allieta perché nè Morrow nè Calles, ci fanno ben sperare. Ciò ha indotto i vescovi residenti in questa città a scrivere la presente. La politica di Morrow consiste nell'accreditarsi la fiducia di Calles in tutti i modi possibili per poi fare l'interesse americano. In realtà gli U.S.A. continuano ad appoggiare Calles, mentre Europa e Sud America lo stanno criticando. Per avere questa libertà occorre veramente la riforma della legge».

b) *Caja: Don Pascual Díaz Corespondencia 1926-1936 Gaveta 191*

Documento 36. Dal Messico 17 feb. 1930:
Ruíz scrive ai vescovi riguardo al comportamento da tenersi per gli *arreglos*: 1) Evitare qualsiasi pettegolezzo, anche in privato 2) Non partecipare a riunioni in cui si parla degli *arreglos* 3) Non partecipare a gruppi che non approvino gli *arreglos* 4) Adottare un unico criterio.

Documento 37. Dal Vaticano 16 marzo 1935:
Pacelli risponde a Díaz, dando indicazioni caso per caso su come comportarsi riguardo alle leggi socialiste.

c) *Caja 5 Sr. Díaz Corespondencia 1913 - 1936 Gaveta 192*

Documento 38. 26 luglio 1926:
copia di lettera a Mestre da parte di Díaz, in cui gli propone di parlare con Calles e organizzare 2 commissioni, una di governo e l'altra dell'episcopato, e gli propone di sospendere il decreto e di fare *arreglos*.

Documento 39. 11 nov. 1926:
in questa lettera di Philippi a Díaz, il mittente spiega che è inutile trattare con Obregón perché è un massone ed è anticlericale. La Santa Sede non autorizza un *arreglos* provvisorio per ripristinare il Culto.

d) *Caja 3 l 13 C Archivo del Sub-Comité Episcopal 1926-1929*

Documento 40. 11 maggio 1929:
Leopoldo [vescovo di Tacambáro] scrive al segretario del *sub-comité Episcopal* affermando che non è d'accordo su quanto annunciano i giornali riguardo all'arrivo di Ruíz in Messico per gli *Arreglos*, senza che abbia consultato nessuno del *sub-comité*. Inoltre, viste le ultime atrocità del governo, sembra che la Chiesa non voglia fare alcun genere di patti.

Documento 41. 16 maggio 1929:
si tratta di corrispondenza tra vescovi, [non so quali, però residenti in Messico]. Si dice che Ruíz ora farà incontri con il governo e visto che ha idee poco convincenti sarebbe bene che almeno chiamasse Núñez, presidente del *Subcomitè* o se non lui, almeno Orozco

Documento 42. 14 marzo 1929:
è una lettera di Orozco a tutti i vescovi del *sub-comité Episcopal*: contro chi da il domicilio a *Gobernación*. Orozco richiama i presuli ad agire contro i nemici della Chiesa come fece Gesù davanti ai giudici, che quasi non parlò.

Documento 43. 27 febbraio 1929:
lettera di Leopoldo de Tacambáro al Segretario del *sub-comité Episcopal* in cui dichiara di non seguire l'invito letto sui giornali, fatto dal Ministero degli Interni, di dare il domicilio in quanto gesto, a suo avviso, pericoloso.

Documento 44. 10 maggio 1929:
articolo senza numero di pagina del *El Universal* dal titolo: «*la actitud del lic. Portes Gíl la cuestión religiosa*» parla di come Calles abbia domato in poche settimane la ribellione nel nord, e Portes Gíl pronuncia un discorso conciliatore nei confronti della Chiesa: «*Después del discurso de Puebla: abre la puerta para el arreglo con el clero católico*».

Documento 45. Senza data e intestazione:
sono dichiarazioni pubbliche fatte da Portes Gíl, dopo che Ruíz il 2 di maggio a Washington ha parlato in modo conciliatore in cui si dichiara che è pronto al dialogo.

e) *Caja: 110 documentos clasificado 1930*

Documento 46. 12 settembre 1931:
è una lettera di Pio XI a Díaz e altri vescovi sul *modus vivendi*: è critica nei confronti dello Stato, afferma che la giurisdizione della Chiesa deve essere autonoma e lo Stato non si deve intromettere.

f) *Caja: 100 documentos clasificado 1930*

Documento 47. 1932:
Ruíz scrive ai cattolici messicani che sono giorni critici per la Chiesa, chiede l'unità dei fedeli e ciò comporta obbedienza al Papa e alla gerarchia, l'indicazione di evitare qualsiasi discussione sul Modus Vivendi.

Documento 48. 1932:
Díaz vuole spiegare ai fedeli la *Acerba Animi*, secondo questi punti: «*1) Confirmar sus instruciones del primero de enero del año en curso* [cioè l'obbedienza al Papa e alla gerarchia], *2) Resolver las dudas que se habian levantado en el ánimo de algunos, acerca de esas mismas instruciones*». [Tutto è spiegato punto per punto citando la *Acerba Animi*].

Documento 49. 23 dic. 1931:
Díaz ammonisce il presidente Ortíz Rubio affermando che la legge di limitare i sacerdoti e le chiese è anticostituzionale, inoltre la legittimità di queste leggi, secondo i principi della rivoluzione, deve venire dal popolo non da un partito.

1.2 *Centro de Estudios de Historia de México Condumex*[2] *[Archivo Cristero]*

1.2.1 Fondo CLXXXVI: Manuscriptos del Movimiento Cristero, mar. 1929 - nov. 1929, Documentos 122, Legajos 810-932, Car. 9-46

Documento 50. Da Los Angeles 7 maggio 1929:
lettera per Palomar [?] scritta da Manríquez. Ormai si pensa ad una completa disfatta di Calles. La vittoria di Tapatitlán porta Manríquez a pensare al problema religioso e sembra che il Movimento Liberatore sia preso in considerazione anche a livello internazionale.

Documento 51. 7 giugno 1929:
Manríquez dice a Palomar che occorre mettere da parte i risentimenti e che bisogna seguire la volontà del Papa. Ruíz è un semplice strumento

---

[2] Indirizzo: Paseo del Río 186, Chimalistac, San Angel, México D.F. 01070.

che compie la volontà del Papa, il quale non ha mai condannato la difesa armata. L'influenza della Liga sta enormemente crescendo e Manríquez teme che il Papa voglia che stiano fermi fino a quando non saranno conclusi gli *arreglos*. Per vedere le conseguenze René Capistrán Garza ha fatto propaganda per tutta l'America Latina, finanziato da Manríquez.

Documento 52. 17 luglio 1929: *Muerte de Luciano Herrano, Los hechos*:
È la descrizione della morte di un *Cristero*, che aveva già una lettera di resa, la quale non è stata rispettata: infatti lo hanno prelevato da casa ed ucciso.

Documento 53. Agosto 1929: *Compañeros de lucha* di Degollado:
«La nostra resistenza è stato un fatto comprensibile solo a chi l'ha fatta». La *Guardia Nacional* scompare non perché vinta dal nemico ma perché abbandonata da coloro che avrebbero dovuto vederne i primi frutti.

Documento 54. Senza data:
Palomar afferma che la *Voz de la Patria* ha pubblicato nel mese di giugno, luglio 1929, scritti del vescovo di Saltillo, in cui era naturale supporre l'esistenza d'alcuni patti segreti: «Gli *arreglos* se di *arreglos* possiamo parlare...».

Documento 55. Agosto 1929: «*parte del discurso de Portes Gíl ante la masonería poco despues de los arreglos*»:
Sostiene che la Chiesa, firmando gli *arreglos*, ha riconosciuto lo Stato e si sottomette alle sue leggi.

Documento 56. 12 nov. 1929:
Ruíz sostiene che occorre far sapere ai cattolici, quale sarà il futuro tra la LNDLR e la Chiesa. Il Papa non condanna l'azione armata però l'episcopato si deve distaccare da questa. La *Liga* pretende una sola costruzione: il rispetto dei principi cristiani.

1.2.2 Fondo CLXXXII del Movimento Cristero: May 1929-Feb. 1930, Impresos 120, Legajos 1030-1150, Car. 11-57

Documento 57. 16 mag. 1929:
è una lettera di Gorostieta scritta 3 giorni prima di morire, questa è nettamente contro i possibili *arreglos*, e scrive che i vescovi non possono fare *arreglos*, perché non rappresentano il popolo. Infatti, questi vivono all'estero da più di due anni. Solo la *Guardia Nacional* ha questo potere.

Documento 58. 5 giugno 1929:
noticias belicas y comentarios breves, sono bollettini di guerra per il mese di maggio, ed evidenziano i vari successi dei *Cristeros*; si parla anche della *huelga* universitaria che non è collegata ai *Cristeros*, ma mostra che gli studenti si oppongono ad un governo oppressore.

Documento 59. 12 giugno 1929: *LNDLR instrucciones* [firmato José Tello]:
Ruíz e Díaz già hanno iniziato a trattare; la *Liga* obbedirà al Pontefice ed all'episcopato. Anche dopo gli *arreglos* suo compito sarà quello di garantire le libertà fondamentali.

Documento 60. 1 dicembre 1929: *Manifesto a la Nación* di José Vasconcelos, unica autorità legittima, che castigherà quelle illegittime ed organizzerà un nuovo governo.

Documento 61. 12 dicembre 1929 *El conflicto religioso está en pie*:
dichiarazioni pubblicate a *El Universal*, *La Prensa* e *Excelsior*. Secondo le dichiarazioni del nuovo presidente Ortíz Rubio, la Chiesa emanando gli *arreglos*, ha accettato le leggi stabilite, ma per Ruíz quest'accettazione è solo un atto di tolleranza nei confronti dello Stato.

Documento 62. 17 febbraio 1930: *El Universal: enérgica actitud del sr. delegado apostólico, condena con firmeza a los que censuran el arreglo de la cuestión religiosa*: Viste le critiche, unico giudice competente sugli *arreglos*, è il Papa. Il discorso fatto da Manríquez a Lovania è falso: 1. uno spirito cristiano dovrebbe essere lieto degli *arreglos*. 2. Si attribuiscono al governo intenzioni insidiose mentre si è constatato che ciò si basa sulla volontà di entrambe le parti. 3. Non è stata fatta la riforma però il governo ha riconosciuto l'esistenza della Chiesa e ciò è sufficiente per ripristinare il culto. 4. La Chiesa ha solo accettato le leggi, non le ha approvate.

1.2.3 Fondo CLXXXVI: Manuscritos del Movimiento Cristero, jul. 1930-feb. 1931, Documentos 65, Legajos 1015-1080, Car. 11-46

Documento 63. 26 luglio 1930:
Varios Católicos pensano che Ruíz si dimetta e si spera anche in quelle di Díaz, poiché anche Portes Gíl se n'è andato.

Documento 64. 10 sett. 1930:
sono 35 punti che la *Liga* formula contro Ruíz e Díaz, tra i tanti si afferma che negli Usa si è sempre cercato un *arreglo*, anche indecoroso ed è ingiusto che negli *arreglos* la *Liga* non sia stata consultata.

Documento 65. 1931:
gli *arreglos* alla luce dei documenti pontifici ed episcopali. Il Papa si è mostrato profondamente indignato per gli *arreglos*, in quanto gli si è fatto credere che tali leggi sarebbero state immediatamente riformate.

1.2.4 Fondo CLXXXII: Impresos del Movimiento Cristero, feb. 1930 – oct. 1931, Impresos 130, Legajos 1151-1281, Car. 12/57

Documento 66. Marzo 1930:
volantino firmato *Varios Católicos* dal titolo «*el Delegado Apostólico y el Arzobispo de México han traicionado a la religión y la patria (unico titolo principale): ¿lo ignoran ellos? ¡quizá! puede achacárseles toda clase de ignorancia; pero lo cierto es que "si un ciego guia a otro ciego, ambos caen en el hoyo (mateo 15,14)"*».
L'articolo afferma che solo il Delegato Apostolico ha il diritto di dichiarare la verità, ma che l'autorità ecclesiastica è infallibile anche quando dimostra l'errore. Negare all'uomo la verità, significa negare la sua razionalità e quindi annullare la dottrina cattolica. «Conosci la verità e la verità ti farà libero (Gv. 8,32)»: questo è applicabile solo al Papa ed al suo Delegato?

Documento 67. 23 giugno 1930 [da un ritaglio di giornale senza numero di pagina] *La Prensa*: «*El felíz arreglo religioso*» di Pascual Díaz.
Con gli *arreglos*, la questione della riforma delle legge è ancora aperta. Nè Chiesa nè Stato hanno mostrato l'impegno di modificare le leggi, ma il governo continua a mostrare buona volontà.

Documento 68. 28 agosto 1930: *La Prensa*: «*El señor Arzobispo multado por el gobierno*»: Díaz paga una multa per avere cresimato i figli di una detenuta nelle carceri, le quali sono un edificio pubblico, e in quanto tale è vietato alcun tipo di culto.

Documento 69. 1930 *Cómo opinan los católicos* articolo da *Hombre Libre* di Silvano Valverde:
secondo l'articolo il Card. Boggiani autorizzerebbe ad informare che il Papa non era stato pienamente informato sulla questione religiosa, la maggior parte dei vescovi era disponibile a vedere Portes Gil, ma tutto è avvenuto in segreto, sostenendo che il Papa era d'accordo. Nessuno può dimostrare da un documento autentico che il Papa approvò gli *arreglos*.

Documento 70. 22 settembre 1930 [da un ritaglio di giornale senza numero di pagina] *La Prensa* dichiarazioni di Ruíz: «*entre los católicos no debe hacerse labor de escandalo ni discordia*»:
nessuno può più censurare le decisioni prese: prima un cattolico poteva decidere tra un percorso transigente ed uno intransigente, ma ora che il

Papa ha deciso per un percorso di transigenza non è permesso a nessun cattolico di ribellarsi.

Documento 71. Aprile 1931: Comunicato della *Delegación Regional D.F.* della LNDL:
Si stanno corrompendo i bambini con l'insegnamento ateo. Mancano i principali diritti: la libertà d'insegnamento, la libertà d'associazione, la libertà religiosa e il diritto di proprietà.

Documento 72. 31 luglio 1931: è un ritaglio di giornale senza numero di pagina e titolo del quotidiano: *Exhortación a los Católicos* di Leopoldo Ruíz:
Ogni giorno che passa è più urgente questa petizione per modificare le leggi. Il *Modus Vivendi* del giugno del 1929 è qualcosa di provvisorio, e da 2 anni dopo gli *arreglos* niente è cambiato. Le persecuzioni in alcuni posti hanno ulteriormente accelerato questo processo.

1.3 *Archivo Calles*[3]

Documento 73. Archivo Calles Asuntos Religiosos, Gav. 5 Arzobispados Exp. 137 Leg. 3-5 Inv. 364, Doc. N° 14, 2 maggio 1929. *Entrevista concedida por el señor arzobispo Leopoldo Ruíz y Flores a los representantes de la prensa el 2 de mayo 1929 en Washington.*

1.4 *Archivo Misioneros Josefinos Roma*[4] *[= AMJR]*

Caja: Comision Episcopal 1.1

Documento 74. Dal Messico 18 luglio 1927:
sono le proposte di Mestre: 1) i sacerdoti devono essere allo stesso livello dei professionisti. 2) il governo si deve compromettere per ristabilire il culto, assicurando che sia riformata la costituzione.

Documento 75. Messico 24 maggio 1927:
Miguel de la Mora dice a González Valencia che ha saputo che Ruíz ha ricevuto un ammonimento della Santa Sede, perché voleva fare *arreglos* indecorosi. La base fondamentale è che niente si può concordare senza

---

[3] L'Archivio si trova nella residenza in cui Calles viveva a Città del Messico. La *Segreteria de Gobernación* gestisce questo archivio. Sono quasi tutti documenti che prima appartenevano alla famiglia di Torreblanca Fernando, segretario personale di Calles.

[4] Si trova nella casa che i «Missionari di S. Giuseppe nel Messico» hanno a Roma. Indirizzo: Via di S. Alessio n.23, 00153 Roma, Italia, (tel. 06-5741375).

il permesso della Santa Sede, in tutto e per tutto. Per questo ciò che si è mandato ad Obregón non era ufficiale. Inoltre se la S.S. ha affermato che i Vescovi non devono nominare i capi della difesa, ciò significa che arrivano informazioni false.

1.5 *Archivo Cristeros*[5] *[= A.C.]*

Libro: Conflicto de 1926-1929, Documentos Varios, A.C. 972.083

Documento 76. 10 sett. 1929: ritaglio di giornale senza numero di pagina da *El Sótano*:
è una lettera di Palomar a Serrano Orozco [detto Tello: è il segretario della *Liga*] e Lopez Ortega [Morel] in cui afferma che gli *arreglos* sono una sconfitta per la Chiesa; queste sono anche le dichiarazioni di Portes Gíl che parla di una resa della Chiesa allo stato. Díaz con l'A.C. vuole togliere virilità al cristianesimo, inoltre parla del conflitto tra lui (la *Liga*) e i capi della famosa *Brigadas de Sta. Juana de Arco*: vogliono solo porsi al centro.

2. **Fonti Edite**

AQUILES, P.M., *El conflicto religioso de 1926. Sus orígenes, su desarrollo, su solución*, México D.F. 1929:
Portes Gíl non prosegue più la politica antireligiosa di Calles. Inoltre prima del 21 giugno legalmente la Chiesa non ha personalità giuridica, dopo il 21 personalmente il Presidente riconosce l'esistenza della Chiesa Cattolica.

CALLES, P.E., *Pensamiento politico y social, Antologia (1913-1936)*, México D.F. 1992.

CARREÑO, A.M., *Pascual Díaz y Barreto, Arzobispo de México (Homenajes postumos)*, México D.F. 1936.

———, *El Arzobispo de México Pascual Díaz y el conflicto religioso*, México D.F., 1943:
gli *arreglos* hanno delineato una divisione, già presente nella Chiesa: da una parte chi riceve la notizia con enorme gioia, dall'altra chi considera questi accordi per la Chiesa come la morte della libertà. I direttori della *Liga* criticano moltissimo gli *arreglos* che sono stati decisi dal Papa.

---

[5] Si trova nella biblioteca del «*Istituto Libre de Filosofia y Ciencias*» a Guadalajara.

DÍAZ, P., *Informe que rinde al v. episcopado mexicano el Obispo de Tabasco Pascual Díaz en relación con las actividades de los representantes de la Liga Nacional Defensora de la Libertad Religiosa en los estados unidos de américa*, New York 1928.
   è uno scritto di Díaz, che risponde alla critiche di René Capistrán Garza, che lo accusa di essere il responsabile del fallimento della *Liga* negli Stati Uniti.

EPISCOPADO MEXICANO, *Carta pastoral colectiva*, [del 21 aprile 1926] México D.F. 1926:
   in questo documento i vescovi messicani dichiarano il *non possumus*: non si possono accettare leggi discriminanti per la Chiesa.

———, *Carta pastoral colectiva*, [25 luglio 1929] México D.F. 1929:
   con questo documento i vescovi messicani sospendono il culto.

———, *El «modus vivendi». La verdad sobre los arreglos de la cuestión religiosa, celebrados entre el lic. E Portes Gíl, y los ilustrisimos Sres. Leopoldo Ruíz y Flores y Pascual Díaz*, México D.F., novembre 1929:
   per i vescovi che hanno scritto il documento prima del 21 giugno, legalmente la Chiesa non aveva personalità giuridica, dopo gli *arreglos* il presidente riconosce l'esistenza giuridica della Chiesa cattolica. Prima del 21 giugno la gerarchia della Chiesa non rappresenta niente per il Governo, nè legalmente nè di fatto.

Excelsior maggio-giugno 1929:
   su questo giornale si possono seguire molte vicende dei rapporti Chiesa-Stato negli anni del Conflitto Religioso; il giornale esprime la visione governativa del problema.

EL REY, F.G. – DÍAZ H., *El zar negro, Plutarco Elías Calles, Dictador bolchevique de México*, El Paso 1928.

GONZÁLES BLANCO, P., *Una experiencia politica (Las «memorias» del Lic. Portes Gíl)*, México D.F. 1945.

GONZÁLES FLORES, A., *El plebiscito de los mártires*, México D.F. 1930.

HURTADO, G.A., *El cisma mexicano*, México D.F. 1928.

IBARRA, G., *Plutarco Elias Calles y la prensa norteamericana (1924-1929)*, México D.F. 1982.

LARA Y TORRES, L., *Documentos para la historia de la persecución religiosa en México*, México D.F. 1972.

MANRÍQUEZ Y ZARATE, J., *La cuestion petrolera*, México D.F. 1938.

MEMORIA, *CROM diciembre de 1928 - septiembre de 1932*, México D.F. 1932.

OROZCO Y JIMÉNEZ, F., *Memorandum*, México D.F. 1929.

PORTES GÍL, E., *La lucha entre el poder civil y el clero, Estudio historico y juridico del señor licenciado don Emilio Portes Gíl, Procurador general de la Republica*, México D.F. 1934:
il clero in Messico è ostile alle leggi, vista l'immensa fortuna e l'enorme estensione delle proprietà che controlla la Chiesa. Ma l'ora delle responsabilità è arrivata per la Chiesa ed il governo deve limitare, reprimere e distruggere le funzioni temporali della Chiesa in Messico.

———, *La crisis politica de la revolución y la proxima elección presidencial*, México D.F. 1957.

———, *Polemicas*, México D.F. 1975.

PUIG, C., *La cuestion religiosa, en relación con la educación publica en México*, México D.F. 1928.

El Universal maggio-giugno 1929:
giornale di diffusione nazionale, politicamente vicino al governo

REGUER, C., *Dios y mi derecho, la rebelion 1927-1929*, México D.F. 1997:
è una raccolta di documenti, soprattutto articoli di giornale, che parla degli *arreglos*, in generale si esprime un giudizio dubbioso sul *modus vivendi*.

SENDER RAMÓN, J., *El problema religioso en México, catolicos y cristianos*, Madrid 1928.

TORO, A., *La Iglesia y el Estado en México*, edito dalla "Segreteria de Gobernación", México D.F. 1927.

VALDES HUERTA, N., *México, sangre por Cristo Rey*, México D.F. 1964:
Elenco di centinaia di *Cristeros* uccisi.

VARGAS DILA, J.M., *La cuestión religiosa en México*, México D.F. 1926.

VASCONCELOS, J., *Cartas politicas de José Vasconcelos*, México D.F. 1959.

BIBLIOGRAFIA

1. Letteratura[1]

ACEVEDO, C.E., *Episodios de la revolución Mexicana*, México D.F. 1988.

ALDEA, Q. – GALVÁN, E., ed., *Manual de Historia de la Iglesia. X. La iglesia del siglo XX en España, Portugal y America Latina*, Barcelona 1987.

ARROYO GAITÁN, R.A., *Calles, el conflicto religioso y el Martirio di Padre Pro*, México D.F. 1988:
vi è un piano di Morrow detto *Pacto Religioso* secondo il quale s'ingannano i vescovi messicani esiliati negli Stati Uniti. Gli *arreglos* contano molto sull'abilità politica di Morrow. La Chiesa con questi accetta il *modus vivendi* e riprende i culti. Ma l'armonia non riprende visto che centinaia di *Cristeros* sono uccisi dopo la resa e dopo avere deposto le armi.

BARBOSA GUZMÁN, F., *Jalisco desde la revolución, La Iglesia y el gobierno civil*, Guadalajara 1985:
la *Liga*, con l'approvazione di Gorostieta, si accorda per l'unione delle proprie forze con quelle *escobariste*. Nessun *Cristero* partecipa o esprime un parere agli incontri sugli *arreglos*. I *Cristeros* vengono facilmente liquidati mentre la *Liga* comincia una campagna di volantini e articoli dove esprime la propria ostilità agli *arreglos*.

BARQUÍN RUÍZ, A., *En defensa propia*, México D.F. 1948:
Ruíz e Díaz realizzano il piano di Morrow e sotto la direzione dell'ambasciatore americano realizzano gli *arreglos* del 21 giugno del 1929. Anche dopo gli *arreglos* i due prelati inventano che era Pio XI a volere cambiare nome alla *Liga*.

---

[1] Di alcune opere più significative viene indicato anche il contenuto.

BARQUÍN RUÍZ, A., *José González Valencia, Arzobispo de Durango*, México D.F. 1967:
   si afferma che è Morrow ad imporre i suoi piani per gli *arreglos* convincendo Ruíz e Díaz a discapito dei rimanenti vescovi dell'episcopato messicano.

BEGNE GUERRA, C.I., *Morrow y Calles: una nueva relacion entre México y los Estados Unidos*, México D.F. 1992:
   nelle conclusioni si afferma che ciò che interessa agli Stati Uniti è che il Messico paghi i debiti fatti con banche Americane, per questo è necessario che il Messico viva in pace. Anche se poi alla fine il Messico non riesce a pagare tutti i propri debiti, l'importante per gli Stati Uniti è la partecipazione diretta nelle politiche finanziare del Messico e la sua intromissione nei problemi interni in generale: come quello religioso.

BENÍTEZ, F., *Lazaro Cardenas y la revolución mexicana II. El Caudillismo*, México D.F. 1977.

BLANCARTE, R., *Historia de la Iglesia Católica en México*, México D.F. 1992:
   gli *arreglos* solo ufficialmente mettono fine al conflitto religioso che continua anche se non è più sotto forma di ribellione armata.

BRAVO UGARTE, J., *Temas historicos diversos, (Como se llegó al Modus Vivendi del 1929)*, México D.F. 1965:
   nel gennaio del 1928 Morrow s'incontra con P. Burke a La Habana ed è proprio l'ambasciatore americano a segnalarlo a Calles come amico personale e indicarlo per risolvere il conflitto. Bravo Ugarte delinea una prima fase (marzo-aprile 1928) che ha come protagonisti Burke e Calles che fallisce con la morte di Obregón, ed una seconda fase (maggio-giugno 1929) con protagonisti Ruíz e Portes Gíl che porta agli *arreglos*.

CAMBEROS VIZCAINO, V., *Francisco el Grande Mons. Francisco y Jimenez*, México D.F. 1966.

CANGO CHAC, M. – GARCIA GUTIERREZ, J., *Acción anticatolica en México*, México D.F. 1956.

CANTO CHAC, M. – PASTOR ESCOBAR, R., ed., *Ha vuelto Dios a México. La transformación de las relaciones iglesia estado*, México D.F. 1997.

CAPISTRÁN GARZA, R., *La iglesia catolica y la revolución mexicana, Prontuario de ideas politicas*, México D.F. 1964.

CARREÑO, A.M., *La diplomacia extraordinaria entre México y Estados Unidos, 1789-1947*, México D.F. 1961.

CEJA REYES, V., *Los Cristeros, Cronica de los que perdieron*, I-II, México D.F. 1981.

CHÁVEZ ZAMORA, I.G., *Tomas Garrido (el lider carismatico institucional)*, Tabasco 1987.

———, *La Iglesia de Mèxico entre Dictaturas Revoluciones y Persecuciones*, México D.F. 1998.

CÓRDOVA, A., *La revolución en crisis, la aventura del maximato*, México D.F. 1995:
per Córdova Portes Gíl è un presidente conciliatore visto che crede che una lotta di carattere religioso, non contro la Chiesa gerarchica ma contro un vasto settore del popolo, è completamente inutile per il paese. Per questo il presidente crede fermamente che Chiesa e Stato debbano coesistere separati.

CORREA, E.J., *Pascual Díaz, S.J. El Arzobispo Martir*, México D.F. 1945:
sono importanti due cose sugli *arreglos*: 1) se il governo del Messico non ha rispettato gli accordi la colpa non si può dare ai vescovi che hanno creduto nelle buone intenzioni dei politici. 2) che è stato Pio XI ad approvarli e non esiste responsabilità degli emissari.

———, *Mons. Rafael Guízar Valencia, El Obispo Santo 1878-1938*, México D.F. 1951.

DE LA PEÑA, L.J., *La legislación Mexicana en relación con la Iglesia*, Pamplona, 1965.

DEGOLLADO GUÍZAR, J., *Ultimo general en jefe del ejercito Cristero*, México D.F. 1957:
gli *arreglos* sono una catastrofe. Davanti ai fatti consumati (*gli arreglos*) la lotta ora è sterile.

DÍAZ RODRÍGUEZ, R., *El movimiento Cristero, sociedad y conflicto en los Altos de Jalisco*, Jalisco 1979:
la Chiesa tratta con il governo, dimenticandosi i 30.000 *Cristeros* morti in 3 anni, e dimenticandosi di tutti coloro che hanno giurato di difendere i diritti di Dio e della Chiesa.

DOOLEY, F.P., *Los Cristeros, Calles y el catolicismo mexicano*, México D.F. 1976:
quando arriva a Roma l'arcivescovo Ruíz, nel giugno del 1928 il Vaticano ha deciso di non fare nessun *arreglos* con Calles. Un si-

gnificativo lavoro per gli *arreglos* lo fa Agustín Legorreta, presidente del *Banco de México* e suo fratello Luis vicepresidente. Per l'autore è il Vaticano ad avere avuto la soluzione per la pace e quando ormai è evidente che la *Liga* non avrebbe potuto vincere, accetta le argomentazioni di Díaz. I *Cristeros* mai riescono a capire questo e sempre insistono sul fatto che Díaz, Ruíz e Morrow hanno ingannato il Papa.

GARCÍA UGARTE, M.E., *La nueva relación iglesia-estado en México, Un analisis de la problematica*, México D.F. 1993.

GODDARD, J.A., *El pensamiento politico y social de los catolicos mexicanos 1867-1914*, México D.F. 1981.

GONZÁLES RAMÍREZ, M., *Calles*, Puebla 1952.

GONZÁLEZ SCHMALL, R., *Reformas y libertad religiosa en México*, México D.F. 1992.

Hierarchia catholica, VIII, Padova, 1979.

KRAUZE, E., *Siglo de Caudillos, Biografía del poder (1810-1910)*, Barcelona 1994.

———, *Biografía del poder, Caudillos de la Revoluciòn mexicana (1910-1940)*, Barcelona 1997.

LARA, A., *Prisionero de Callistas y Cristeros*, México D.F. 1954.

LARÍN, N., *La rebelión de los Cristeros (1926-1929)*, México D.F. 1968:
la rottura della *Liga* e l'accordo separato con il governo erano necessari per il clero cattolico. Questo cambio di posizione è accettato facilmente nei circoli dirigenti degli Stati Uniti, che seguono con attenzione gli sviluppi degli avvenimenti messicani.

LEDIT, J., *El frente de los pobres*, México D.F. 1955:
si afferma che se è stato penoso per la *Liga* accettare gli *arreglos* ancora di più lo è stato per i *Cristeros* che confidavano molto più nelle armi che nelle parole di Portes Gíl.

LOMBARDO TOLEDANO, V., *La costitución de los Cristeros*, México D.F. 1963.

LOPEZ BELTRÁM, L., *La persecución religiosa en México, Carranza, Obregón, Calles, Portes Gíl*, Cuernavaca 1991:
ci si chiede se veramente si può parlare di *arreglos*.

LOPEZ CARRILLO, J., *Primer centenario de la enciclica «Rerum Novarum» 1891 – 1991*, México D.F. 1991.

LOPEZ ORTEGA, A., *Las naciones extranjeras y la persecución religiosa, Prologo del Sr.Lic. Don Miguel Palomar y Vizcarra*, México D.F. 1944.

LOPEZ ORTEGA, J.A., *Inexactitud de lo afirmado por Jean Meyer en su obra «la Cristiada» que el Santo Padre Pio XI no sufrio engaño en los arreglos de la cuestión religiosa en México, celebrados en 21 de Junio de 1929*, México D.F. 1976:
l'opinione di Jean Meyer in *La Cristiada* non rispetta la realtà dei fatti e commette numerosissimi errori, arrivando ad affermare che il Papa è stato ingannato da Ruíz e Díaz. Quest'affermazione non corrisponde alla realtà storica dei fatti.

LORET DE MOLA, C., *Angel sin ojos, Biografía de Monseñor Guizar y Valencia*, Editoria Novaro, México D.F. 1968.

——, *Angel sin ojos, la vida milagrosa del beato Rafael Guízar Valencia, con el testo de la beatificación de Jual Pablo II*, México D.F. 1995.

MANRÍQUEZ Y ZARÁTE, J., *El caso esemplar Mexicano*, México D.F. 1952:
Ruíz e Díaz, nel fare gli *arreglos* hanno seguito i piani di Morrow, con questi accordi termina il conflitto religioso in Messico con la capitolazione dell'Episcopato.

MARQUEZ MONTIEL, J., *La doctrina social de la iglesia y la legislación obrera mexicana*, México D.F. 1958.

MARTINEZ ASSAD, C., *La sucecion presidencial en Mexico, 1928-1988*, México D.F. 1992.

MEDINA ASCENSIO, L., *Resumen historico de la persecución religiosa en México (1910-1937)*, Guadalajara 1978:
Morrow prima di giungere in Messico con l'incarico di ambasciatore, aveva già parlato negli Stati Uniti con Burke. Grazie alla politica conciliatrice di Portes Gíl si arriva agli *arreglos*.

MEDINA RUÍZ, F., *Calles un destino melanconico*, México D.F. 1960:
il Papa approva gli *arreglos* a condizione che fossero restituite le chiese, i seminari e che fosse dichiarata amnistia assoluta per i *Cristeros*. Ma queste condizioni non sono rispettate.

MENDOZA BARRAGÁN, E., *Testimonio Cristero, Memorias del autor*, México D.F. 1990:
dopo gli *arreglos* il governo continua ad essere molto ostile con i *Cristeros* che non si conformano a questi accordi.

MEYER, J., *La cristiada 1, La guerra de los Cristeros*, México D.F. 1973.

MEYER, J., *La Cristiada 2, El conflicto entre la Iglesia y el Estado (1926-1929)*, México D.F. 1973:
il Vaticano vuole sempre evitare ciò che può aggravare ulteriormente la situazione. Mai il Papa parla ufficialmente ai combattenti. La Santa Sede mai considera Calles come Nerone, non dimentica mai che è anche un Cesare e mai smette di negoziare. Dei 38 vescovi la maggioranza è composta di amministratori desiderosi di rimpossessarsi delle proprie diocesi. Se i *Cristeros* non possono sperare in un trionfo militare prossimo, il governo non può sperare di vincerli. Per ottenere il ripristino del culto, unico mezzo è trattare.

———, *La Cristiada 3, Los Cristeros*, México D.F. 1973.

———, *La Cristiada*, México D.F. 1997:
gli *arreglos* si fanno esattamente sulla base degli accordi presi tra Calles e Ruíz con il tramite di Morrow e dei gesuiti americani, prima della morte di Obregón. Nel 1929 la rapida degradazione della situazione militare, economica e politica costringe il governo ad accordarsi con la Chiesa. Il volume ha un'amplia documentazione fotografica della guerra *Cristera*.

MEYER, J. – KRAUZE, E. – REYES, C., ed., *Historia de la revolución mexicana, 1924-1928, Estado y sociedad con Calles*, México D.F. 1977.

MOLINA MELIÁ, A., *Las libertades religiosas, Derecho eclesiastico mexicano*, México D.F. 1996.

MONROY HUITRON, G., *Politica educativa de la revolución 1910-1940*, México D.F. 1985.

NARANJO, F., *Diccionario biografico revolucionario*, México D.F. 1935.

NAVARRETE, F., *La lucha entre el poder civil y el clero a la luz de la historia osea: comentario al estudio historico y juridico del señor licenciado don Emilio Portes Gil procurador general de la republica*, El Paso 1929.

———, *De Cabarrus a Carranza, La legislación anticatolica en Mexico*, México D.F. 1957.

———, *La persecución religiosa en México desde el punto de vista jurídico, Collección de leyes y decretos relativos a la reducción de sacerdotes*, México D.F. 1966:
dopo gli *arreglos* la Chiesa in Messico manca di personalità giuridica e non può acquistare beni di nessuno genere, nè celebrare atti

e contratti che abbiano forza legale. In altre parole la Chiesa vive ai margini delle leggi di diritto.

NEGRETE, M.E., *Enrique Gorostieta Cristero Agnóstico*, México D.F. 1981:
Gorostieta pensa che i vescovi che negoziano con il governo non possano farlo senza considerare i più di quattro milioni di messicani che appoggiano la *Guardia Nacional*. Con gli *arreglos* vengono distrutte le possibilità di trionfo.

————, *Relaciones entre la Iglesia y el Estado en México 1930-1940*, México D.F. 1988

OLIVERA DE BONFÍL, A., *La literatura Cristera*, México D.F. 1970.

————, *Miguel Palomar y Vizcarra y su interpretacion del conflicto religioso de 1926*, [Intervista], México D.F. 1970.

OLIVERA SEDANO, A., *Aspectos del conflicto religioso de 1926 a 1929, sus antecedentes y conseguencias*, México D.F. 1987:
gli *arreglos* si firmano senza un carattere ufficiale, visto che il governo non può negoziare con un'istituzione che manca di personalità giuridica, come la Chiesa Cattolica. Due sono i modi di vedere gli *arreglos* per i cattolici, il primo è di quelli chiamati *recalcitrantes* formato da cattolici esaltati, molti dei quali facevano parte del movimento armato e l'altro è di quelli pacifisti che accettano gli *arreglos*.

OLMOS VELÁZQUEZ, E., *La Liga Nacional Defensora de la Libertad Religiosa en el Conflicto Religiosa Mexicano 1925-1929*, Guadalajara 1991:
tesi Dottorale della Pontificia Università Gregoriana della Facoltà di Storia Ecclesiastica discussa nel 1989. La Santa Sede è sempre stata per la negoziazione, anche a costo di fare concessioni enormi allo Stato, la *Liga* mai entra negli accordi perché è clandestina e quindi non riconosciuta dal governo. Per la *Liga*, l'ideale è arrivare ad un cambio totale del governo. Inizialmente gli accordi sono accettati, ma poi quando la *Liga* si rende conto che gli *arreglos* sono incondizionati e che la Chiesa è sottomessa allo Stato, comincia una protesta pubblica.

PALOMAR VIZCARRA, M., *El pensamiento Cristero*, Colima 1942.

PARSONS, W., *Mexican martyrdon*, New York 1936.

PENTE DE GUZMÁN, A., *Papel y responsabilidad social de los laicos*, México D.F. 1991.

PEÑALOSA, J.A., *Miguel M. de la Mora, El obispo para todos*, México D.F. 1963.

PEREZ JIMÉNEZ, G., *La Situación Jurídica de la Iglesia en México*, Guadalajara 1975.

RINCÓN GALLARDO, G., *Ahora y a la luz del dia, nuevas relaciones entre la iglesia y el estado*, México D.F. 1987.

RIO DE LA LOZA, R.P., *Alvaro Obregón resucita, De los tratados de Burareli al tratado de libre comercio*, México D.F. 1993.

RIUS FACIUS, A., *México Cristero, Historia de la ACJM, 1925 a 1931*, México D.F. 1966.

RIUS FACIUS, A., *Bernando Bergöend sj. Guía y maestro de la juventud mexicana*, México D.F. 1972.

ROA ORTÍZ, E., *México a cien años de la «Rerum novarum»*, México D.F. 1991.

ROMERO DE SOLÍS, J.M., *El Aguijón del Espiritu, Historia contemporánea de la Iglesia en México (1895-1990)*, México D.F. 1994.

RUBIO, E., *Aportación al estudio historico de las relaciones entre la Iglesia catolica y el estado mexicano, Durante los gobiernos de Obregón y Calles*, México D.F., 1963:
la Chiesa Cattolica e lo stato Messicano sono arrivati ad un *modus vivendi*, sotto la pressione esercitata dal governo di Hoover, candidato trionfante del Partito Repubblicano, che è un rappresentante dei grandi *trusts* petroliferi di capitale americano.

RUÍZ Y FLORES, L., *Recuerdo de recuerdos, Autobiografía del Excmo. y Rdmo Sr. Dr. Don Leopoldo Ruíz y Flores, Arzobispo de Morelia y asistente al Solio Pontificio*, México D.F. 1942:
il Papa avrebbe accettato gli *arreglos* a condizioni di avere dal governo 1) La restituzione delle chiese e immobili annessi, 2) che sarebbero state garantite queste proprietà e 3) amnistia completa ai *Cristeros*. Ruíz non ha pensato di mettere per iscritto queste condizioni avendo come testimoni Díaz e Canales.

SKIRIUS, J., *José Vasconcelos y la cruzada de 1929*, México D.F. 1978:
non ci sono dubbi che Morrow negli *arreglos* ha un ruolo decisivo. Morrow ha tutti gli interessi per risolverne in minor tempo possibile la questione religiosa perché il Messico abbia un governo forte e stabile, capace di pagare i propri debiti. Vasconcelos non cerca un'alleanza con la *Liga* ma spera di essere preferito rispetto ai candidati massoni del PNR.

TARACENA, A., *La verdadera Revolución Mexicana, 11° etapa (1925-26)*, México D.F. 1960.

———, *La Verdadera Revolución Mexicana, 14° etapa (1928-1929)*, México D.F. 1964.

URIOSTE, R., *La verdad sobre los Cristeros*, México D.F. 1977:
Portes Gíl negli *arreglos* non accetta che si scriva alcun punto riguardante il destino dei *Cristeros*, solo a parole promette l'amnistia. La missione di Cruchaga e Walsh è un segno della mancanza di fiducia che il Vaticano ha nei confronti dell'episcopato Messicano, preferisce rappresentanti particolari che non si muovono per interessi personali, capaci di un'analisi più imparziale. Esaminando la storia del conflitto e vedendo gli *arreglos*, è impossibile comprendere come la Chiesa rinuncia a tutto ciò che ha chiesto prima di cominciare il conflitto nel 1926. La sconfitta è totale, ancora di più se si pensa che non ci sono possibilità di ristabilire l'antica autorevolezza della Chiesa.

VACA, A., *Los silencios de la historia: las Cristeras*, Jalisco 1998.

VALDEZ, J., *Historia general de la revolución Mexicana, Crisis Revolucionaria*, México D.F. 1985:
gli *arreglos* sono fatti perché i *Cristeros* non hanno alcuna possibilità di trionfo. Numerosi sono stati gli atti d'eroismo da parte dei *Cristeros*, ma sono stati vani. Gorostieta è stato solo un illuso che è caduto nelle sue fantasie ed è morto in campo.

VALVERDE TÉLLEZ, E., *Biobibliografia eclesiástica mexicana, 1821-1943*, México D.F. 1949.

WILLIMAN, J.B., *La Iglesia y el Estado en Veracruz, 1840-1940*, Veracruz 1976.

2. Tesi dottorali o di licenza[2]

BODAYLA, S., *Financial Diplomacy: The United States and Mexico, 1919-1933*, Ph.D., New York University 1975.

---

[2] Sono tesi sui rapporti Stato-Chiesa, sui rapporti Messico-Stati Uniti e sulle persecuzioni religiose in Messico tra il 1926 ed il 1929. Sono tesi non pubblicate (tranne qualle di Rice M. Elizabeth Ann) che si trovano nella biblioteca dell'*Istituto de Investigaciones Históricas* [=IIH] (México D.F.) dell'UNAM. Indirizzo: l'Istituto è all'interno del Campus dell'UNAM, Coyoacán, México, D.F., C.P. 04510.

BRIAN, J.K., *The Cristero rebellion, 1926-1929: ITS Diplomacy and solution*, Ph.D., The University of New Mexico 1973.

CARPIZO, J., *La Constitución Mexicana de 1917*, UNAM, México D.F. 1973.

CHILTON BROWN, J., *Consolidation of the mexican revolution under Calles, 1924-1928: Politics, Modernization, and the roots of the revolutionary party*, Ph.D., The University of New Mexico 1979.

HANLEY, T.C., *Civilian leadership of Cristero movement: the liga nacional defensora de la libertad religiosa and the church-state conflict in Mexico, 1925-1938*, Ph.D., Columbia University 1977.

HOFMANN, E., *La controversia diplomatica entre Mexico y lo Estados Unidos (1925-1927)*, UNAM, México D.F. 1978.

JOSEPH HARRIET, D., *Church and state in Mexico from Calles, 1924-1939*, Ph.D., North Texas University 1976.

HORN, J.T., *Diplomacy by ultimatum, ambassador Sheffirld and mexican-american relation, 1924-1927*, Ph.D., State University of New York 1969.

LANE, J.A., *United states mexican diplomatic relations, 1917-1942*, Ph.D., Georgetown University 1972.

MELZER, R., *Dwight Morrow's role in the mexican revolution: good neighbor or meddling yankee*, Ph.D., The University of New Mexico 1979.

MICHAELS, A.L., *Mexican politics and nationalism from Calles to Cardenas*, Ph.D., University of Pennsylvania, 1966.

QUIGLEY R.E., *American catholic opinions of mexican anticlericalism (1910-1936)*, Ph.D., University of Pennsylvania 1965.

RICE, M.E.A., *The diplomatic relations between the United States and Mexico, as affected by the struggle for trligious liberty in Mexico, 1925-1929*, Washington D.C 1959.

RUFUS GOTSHALL, E. JR, *Catholicis and catholic action in Mexico, 1929 - 1941: a church's response to a revolutionary society and the politics of the modern age*, Ph.D., University of Pittsburgh 1970.

WARELY, F.E., *Conservative leadership and dissent among the mexican hierarchy (1913-1929)*, Ph.D., State University of New York, Bufalo 1974.

INDICE DEI NOMI

Alvarez Juan: 9
Alvarez Ricardo: 92, 158
Amaro Joaquín: 49, 67, 91, 115, 151-152, 163
Armora Serafín: 35, 37, 164
Azpeita Palomar Manuel: 106
Badillo Francisco: 47
Banegas Galván Francisco: 39, 43, 89-92, 94, 157, 160
Barajas Felix: 46
Barajas y Moreno Pedro: 12
Barba González Silvino: 49
Bergöend Lachena Bernardo: 29-32, 146, 196
Boggiani Tommaso Pio: 70, 108-109 122, 161, 172
Borah William Edgar: 55-56, 60, 137
Burke John: 71, 78-82, 84-86, 102, 149-150, 158, 161, 167, 178, 181
Calles Plutarco Elías: 24-29, 31, 36, 41-42, 45, 49, 51-56, 58-60, 62-63, 69, 71-72, 74-87, 93, 100, 102, 112, 114-116, 121, 128, 135-136, 138-139, 144-148, 150-152, 154, 158-159, 161-162, 166-169, 173-175, 177-182, 184, 186
Canales Felipe: 100, 103, 106-107, 152, 184

Capistrán Garza René: 39, 170, 175, 178
Cárdenas Lazaro: 26, 60, 115, 135-140, 142, 152-154
Carlotta Amalia del Belgio: 13
Carranza Venustiana: 16-22, 26, 143-144, 180, 182
Caruana: 34, 77, 147, 173
Cedillo Saturnino: 97, 116, 166
Ceniceros y Villareal Rafael: 82, 145, 160
Chávez Emeterio: 46
Coello Marcos: 47
Comonfort Ignacio: 9-11
Coolidge Calvin: 50-51, 53-57, 60-61
Corona y Corona Nicolás: 89-90, 160
Denby Edwin: 56
Díaz Adolfo: 60
Díaz Felix: 15
Díaz Pascual y Barreto: 8, 24, 34, 36-43, 45, 69-71, 73-74, 76-78, 80-81, 83-84, 88-89, 92-94, 97, 99-101, 103-104, 106-108, 117, 121, 123-129, 133-135, 137, 139, 149-150, 152-153, 158-169, 171-172, 174-175, 178-181, 184
Díaz Porfirio: 14-16, 20, 28, 50, 61

Dubose: 92, 101
Echevarría y Aguirre Jesús María: 106
Escobar José Gonzalo: 89, 91, 151, 163
Espinosa y Cávalos Pedro: 12
Fall Albert Bacon: 56
Ferreira Jesús M.: 49
Fulcheri Pietrasanta Manuel: 38, 148-149
Fumasoni Biondi Pietro: 37-38, 40, 77, 82, 129, 150, 161, 167
Garibi Rivera José: 140, 142
Garrido Canabal Tomás: 115, 136-137, 147
de la Garza y Ballesteros Lázaro: 12
Garza González Cecilio: 22
Gasparri Pietro: 41-42, 77, 82, 148, 161, 167
Gillow y Zavalza Eulogio Gregorio: 15
Gómez Morín Manuel: 139
González y Valencia José Maria: 36, 41-43, 70, 73, 75, 78, 100, 130, 158, 160, 162, 166, 173, 178
González Flores Anacleto: 44, 48, 50, 146, 149
González Manuel: 14
Gorostieta Enrique: 89, 94-96, 151-152, 158, 170, 177, 183, 185
Guízar y Valencia Antonio: 35, 40, 43, 89-90, 93-94, 148, 160, 162
Guízar y Valencia Rafael: 179, 196
Harding Warren Gamaleil: 53
Hayes Patrick Joseph: 37, 137

Hernández Miguel: 48
Huerta Victoriano: 15, 17-18, 22, 143
Hughes Cherles Evans: 50
Jara Corona Heriberto: 22
Juárez Benito: 10, 12-14
Kellogg Franklin: 53, 56, 58-59 147
la Follete Robert Marion: 55
Labastida y Dávalos Pelagio Antonio: 31
Lamont Thomas: 51, 62
Lane Wilson Henry: 17
Lara y Torres Leopoldo: 38, 41, 43, 94, 163, 175
Legorreta Agustín: 62, 100, 180
Lerdo de Tejada Sebastián: 10, 12-13
Machorro y Naváez Paulino: 22
Macnab Alexander J.: 63
Madero Francisco: 15-17, 22, 143
Maduro David: 65
Manríquez José de Jesús: 35, 40-43, 86, 98-100, 118, 130, 152, 163, 166, 169-171, 175, 181
Manzo Francisco R.: 89, 151
Martínez y Rodríguez Luis María: 139, 142
Massimiliano Ferdinando Giuseppe D'Asburgo: 13
Méndez Alcalde Carlos: 22
Méndez del Río Genaro: 36, 91, 93, 150, 163-164
Mestre Ghiglizza Eduardo: 69, 72-75, 77, 83, 150, 165, 167, 173
Miller Georges: 27

de la Mora Miguel: 37, 43, 73, 88-89, 100, 158-160, 163, 173, 184
Morrow Dwight Whitney: 25, 51-52, 57, 60-64, 71, 78-81, 83-85, 91, 99, 101-103, 105, 107, 142, 150, 157-158, 161, 167, 177-178, 180-182, 184, 186
Mugica Velázquez Francisco: 21
Munguía Clementge de Jesús: 12
Muñoz Lorenzo: 46
Núñez José Othón: 37, 96, 168
Obregón Alvaro: 18, 20, 26, 30, 50, 62, 65, 69, 71-74, 76-77, 81-86, 143-146, 149-150, 152, 159, 167, 174, 178, 180, 182, 184
Ocampo Melchor: 10, 12
Olvera N.: 72
Orozco Pascual: 17
Orozco y Jiménez Francisco: 34, 43-44, 74, 91, 93, 99, 145-146, 159-160, 164, 166, 168, 174, 176
Ortega Simón: 72, 149
Ortega Lopez: 174
Ortíz Eulogio: 26
Ortíz Rubio Pascual: 112-116, 124, 152, 169, 171
Pacelli Eugenio: 133-134, 164, 167
Palomar y Vizcarra Miguel: 98, 106, 160, 169-170, 174, 181, 183
Pani Alberto: 57, 62, 148
Portes Gíl Emilio: 28, 45, 87, 89, 91-94, 99-102, 105, 107-109, 113, 118, 135, 151-152, 159, 164, 168, 170-172, 174-176, 178-182, 185

Pro Juárez Agustín: 65
Pro Juárez Humberto: 65
Quintanar Pedro: 27, 49
Recio Enrique: 21
Reyes Bernardo: 16
Reyes Vega: 49, 149
Riva Palacio Carlos: 115, 126, 135
Rodríguez Adalberto L.: 62, 115, 135, 153
Rójas Luis Manuel: 21
Ruíz y Flores Leopoldo: 24, 34-36, 38, 40-42, 44-45, 69, 72-73, 78, 81-84, 87, 91, 93-94, 96-105, 107-108, 116, 118-119, 121, 123, 125, 127-131, 133, 136, 143, 149-153, 158-161, 162-163, 165, 167-173 175, 177-184
Ruíz y Flores Maximino: 38
Sacasa Juan Bautista: 53, 60
Sáenz Aarón: 27, 87-88, 150, 152, 159, 166
Sáenz Moisés: 27
Sandoval Pedro: 48, 70
Santa Anna Antonio López: 10
Santos Gonzalo N.: 120, 124
Segura Vilchis Luis: 65
Sheffield James R.: 50-51, 57, 59-60, 150
Talamante Rodrigo M.: 50
Tejada Adalberto: 100, 149
Téllez Manuel C.: 62
Toral José de León: 84-85, 150, 157
Tritschler y Córdova Martín: 88, 148, 160
Valdés José C.: 107
Valdespino y Díaz Ignacio: 72
Valenzuela Gilberto: 26

Valverde Téllez Emererio: 25, 36, 74-75, 97, 165, 185
Vargas Antonio: 47
Vargas Juan: 27
Vasconcelos José: 96, 111, 113-114, 152, 171, 176, 184-185
Velarde Silvano: 108, 122, 172
Vera y Zuria Pedro: 34, 39, 94, 165
Villa Francisco: 18, 20, 144, 146
Walsh Edmundo A.: 71, 101-102, 105, 107, 149, 185
Zapata Emiliano: 18-20, 64

INDICE DEGLI AUTORI

Acevedo: 14
Barquin Ruíz: 35
Begne Guerra: 53-62
Bravo Ugarte: 101, 105
Hofman: 51-52
Krauze: 14, 17-20
López Beltrán: 103
Martínez Assad: 112-113
Meyer: 11, 27, 31, 46-50, 62-67, 69, 72, 74, 76, 80-81, 83-87, 94, 100, 102, 106-108, 111, 114-117
Negrete: 117, 123-124, 126-128, 132-133, 135-140
Nicolson: 51
Olmos Velazquez: 29-33, 46, 49
de la Peña: 11-13
Portes Gíl: 135
Ruíz y Florez: 106
Womack: 19

INDICE GENERALE

INTRODUZIONE..7

CAPITOLO I: *Una breve panoramica dei rapporti Chiesa-Stato in Messico dal 1856 al 1929*..........................9

1. Dalla «Reforma» alla Rivoluzione.................................9
   1.1 Porfirio Díaz (1876-1911) 14
   1.2 Francisco Madero e Victoriano Huerta................15
   1.3 Venustiano Carranza (1914-1920)........................18
2. La Costituzione di Quéretaro del 1917 elimina la libertà religiosa.21
3. I protagonisti del conflitto religioso...............................24
   3.1 Plutarco Elías Calles e la legislazione anticattolica..........25
   3.2 La «Liga Nacional Defensora de la Libertad Religiosa».......29
   3.3 I vescovi...34
      3.3.1 La Commissione Episcopale.........................36
      3.3.2 Il «Subcomité Episcopal»............................37
      3.3.3 Vescovi contro il conflitto armato...............38
      3.3.4 Favorevoli al movimento armato.................41
      3.3.5 Francisco Orozco y Jiménez........................43
      3.3.6 I Vescovi sono divisi..................................44
   3.4 Il Popolo..45
   3.5 La politica degli Stati Uniti nei confronti del Messico.........50
      3.5.1 La politica americana è divisa.....................53
      3.5.2 Le Compagnie Petrolifere...........................57
      3.5.3 I Cattolici..62
4. «La Cristiada»...64

CAPITOLO II: *Gli «arreglos»* 69

1. 1926: inizio delle trattative 69
2. 1927: proseguimento delle trattative 71
3. 1928: la svolta 78
4. 1929: Stato e Chiesa si accordano 87
5. Il contenuto degli «arreglos» 101

CAPITOLO III: *Gli «arreglos» non migliorano le relazioni
 tra Chiesa e Stato* 111

1. Fallimento del «vasconcelisco» 111
2. Molti combattenti si considerano traditi 116
3. Ulteriore peggioramento dei rapporti Stato-Chiesa 121

CAPITOLO IV: *Dalla repressione ad un vero «modus vivendi»* 127

1. La forte repressione crea una frattura definitiva
 tra «Liga» ed episcopato 127
2. «Acerba Animi» 131
3. Un cambio generazionale permette un miglioramento
 nei rapporti Stato-Chiesa 134

CONCLUSIONE 141

CRONOLOGIA 143

SIGLE E ABBREVIAZIONI 155

FONTI 157

BIBLIOGRAFIA 177

INDICE DEI NOMI 187

INDICE DEGLI AUTORI 191

INDICE GENERALE 193

TESI GREGORIANA

Dal 1995, la collana «Tesi Gregoriana» mette a disposizione del pubblico alcune delle migliori tesi elaborate alla Pontificia Università Gregoriana. La composizione per la stampa è realizzata dagli stessi autori, secondo le norme tipografiche definite e controllate dall'Università.

Volumi pubblicati [Serie: Storia Ecclesiastica]

1. KAVENADIAMBUKO NGEMBA NTIMA, *La méthode d'évangélisation des Rédemptoristes belges au Bas-Congo (1899- 1919). Étude historico-analitique*, 1999, pp. 404.

2. MADIANGUNGU L. KIKUTA, *L'environnement historique de l'évangélisation missionnaire jésuite chez les Yaka du Moyen-Kwango dans l'ancienne «Mission du Kwango» (1893-1935)*, 2000, pp. 596.

3. MOMBILI THUMAINI, Melchior-Edouard, *L'aspect d'autonomie et de communion dans la praxis africaine des recours à Rome (IIIe-Ve siècles). Essai d'interprétation du comportement ambivalent de l'épiscopat africain*, 2001, pp. 376.

4. TESTA, Luca, *Fondazione e primo sviluppo del Seminario Romano (1565-1608)*, 2002, pp. 664.

5. MUTOLO, Andrea, *Gli «arreglos» tra l'episcopato e il governo nel conflitto religioso del Messico (21 giugno 1929). Come risultano dagli archivi messicani*, 2003, pp. 196.

Finito di stampare
nel mese di Febbraio 2003

presso la tipografia
"Giovanni Olivieri" di E. Montefoschi
00187 Roma • Via dell'Archetto, 10, 11, 12
Tel. 06 6792327 • E-mail: tip.olivieri@libero.it